Choix Nouveau Cours de Dictées

1875

NOUVEAU COURS

DE DICTÉES

X

DICTIONNAIRE CLASSIQUE UNIVERSEL

FRANÇAIS, HISTORIQUE, BIOGRAPHIQUE, MYTHOLOGIQUE, GÉOGRAPHIQUE ET ÉTYMOLOGIQUE, CONTENANT :

1° *Le Vocabulaire français*, avec les acceptions propres ou figurées, littéraires ou familières des mots, justifiées par des exemples; — les termes techniques et scientifiques, la conjugaison des verbes irréguliers et défectueux; *la prononciation de tous les mots difficiles;*

2° *Les Étymologies*, avec l'explication des locutions latines fréquemment employées dans le discours, etc.;

3° *Des Notices historiques* sur les peuples anciens et modernes, sur les grands événements (guerres, traités de paix, conciles, etc.), avec leur date;

4° *La Biographie* des personnages historiques de tous les pays et de tous les temps, celle des saints, des savants, des écrivains, des bienfaiteurs de l'humanité, etc.;

5° *La Mythologie;*

6° *La Géographie ancienne et moderne* avec la population de tous les pays et de toutes les villes, les distances aux capitales, etc.

Par M. Th. BÉNARD

Officier de l'Instruction publique, chef du premier bureau de la division de l'enseignement primaire au Ministère de l'Instruction publique.

Nouvelle édition (24e) revue et augmentée de 5,600 mots.

1 vol. gr. in-18 de 820 pages, carton. solidement avec dos de toile anglaise, 2 fr. 60.

Le même, relié en percaline anglaise, avec titre doré, 3 fr.

Ouvrage approuvé par le Conseil supérieur de perfectionnement de l'enseignement secondaire spécial et couronné par la Société pour l'Instruction élémentaire, qui a décerné à l'auteur la plus haute récompense :

UNE MÉDAILLE D'ARGENT.

(*Extrait du Rapport adressé au Ministre de l'Instruction publique par la Commission chargée d'examiner les moyens d'enseignement exposés au Ministère et au Champ-de-Mars, classes 89 et 90 de l'Exposition universelle.*)

«..... Parmi les Dictionnaires qui figuraient à l'Exposition, la Commission a surtout remarqué le dictionnaire Bénard.

« Ce livre n'est point une nomenclature aride de mots. Des exemples bien divisés, des définitions qui ne laissent rien à désirer, une louable discrétion, la prononciation figurée, les étymologies des mots, ont paru le recommander d'une manière toute particulière aux instituteurs.

« Ce dictionnaire, d'un format commode, présente l'avantage d'être en même temps biographique, géographique et mythologique.

AVIS DE L'AUTEUR SUR CETTE NOUVELLE ÉDITION.

Le bienveillant accueil fait par le public, et particulièrement par le corps enseignant, au *Dictionnaire classique universel*, nous imposait le devoir de perfectionner notre œuvre.

La nouvelle édition que nous donnons aujourd'hui a été l'objet d'un travail considérable : Nous avons corrigé les erreurs qui avaient pu nous échapper, réparé les omissions qui nous étaient signalées et ajouté un grand nombre de mots scientifiques et des termes de métiers qu'il n'est plus permis d'ignorer à une époque où l'Industrie est appelée à faire partie intégrante de l'éducation.

Nous y avons de plus, dans l'intérêt de nos jeunes lecteurs, compris des mots et des expressions qui sont tombés en désuétude, afin qu'on pût y trouver des explications que rend nécessaires la lecture des auteurs du siècle dernier.

Nous espérons que cet ouvrage, ainsi remanié, répondra à tous les besoins, et nous pouvons affirmer que nous nous sommes efforcé de justifier complétement le succès qui s'est attaché, dès son apparition, à notre dictionnaire.

NOUVEAU COURS
DE DICTÉES

DIVISÉ EN QUATRE PARTIES :

1º Dictées élémentaires sur les premières règles de la grammaire.

2º Dictées sur l'orthographe d'usage,
sur les homonymes et sur les
mots d'une orthographe difficile.

3º Dictées sur les difficultés du supplément et de la syntaxe.

4º Dictées données dans les exa-
mens de l'Hôtel de ville et de la
Sorbonne.

MIS EN RAPPORT

AVEC LE COURS DE LANGUE FRANÇAISE

PAR

M. LUCIEN LECLAIR

Professeur agrégé de l'Université, auteur de la Méthode d'enseignement uniforme
des langues anciennes et modernes.

TROISIÈME ÉDITION

PARIS

LIBRAIRIE CLASSIQUE D'EUGÈNE BELIN

RUE DE VAUGIRARD, Nº 52.

Tout exemplaire de cet ouvrage non revêtu de ma griffe sera réputé contrefait.

Eug. Belin

SAINT-CLOUD. — IMPRIMERIE DE Mᵐᵉ Vᵉ EUG. BELIN.

DICTÉES PRATIQUES

DIVISÉES EN QUATRE PARTIES

PREMIÈRE PARTIE

Dictées élémentaires sur les premières règles de la grammaire.

DU NOM OU SUBSTANTIF.

NOMS PROPRES ; PLURIEL DES NOMS COMMUNS.

Première dictée.

PROVENANCE DES VÉGÉTAUX.

Faites de fréquentes interrogations sur les différentes manières de former le pluriel des noms (*Gr.* § 26).
On trouve mécaniquement l'orthographe d'un nom en observant les mots qui en sont formés. Ex. : *Champ* prend un *p* parce qu'on en a formé *champêtre*. — *Fruit* prend un *t* parce qu'on en a formé *fruitier*, etc. — Cette remarque est très-importante.

Il est toujours intéressant et souvent nécessaire de connaître la provenance des *végétaux* utiles. Beaucoup de plantes que nous cultivons aujourd'hui en *France* ont une origine étrangère ; il n'y en a que fort peu qui appartiennent en propre à notre territoire ; parmi ces dernières sont les *carottes*, les *panais*, l'*oseille*, les *poiriers* et les *pommiers*. Les *radis* et les *raiforts* ne se trouvent à l'état sauvage que dans les *parties* les plus méridionales de l'*Europe*, en *Espagne*, dans l'île de *Sardaigne* et en *Grèce* ; les *raves* et les *navets*, au contraire, ne croissent spontanément qu'en *Sibérie*, en *Russie* et en *Scandinavie* (1) ; c'est-à-dire dans les pays *froids*. Les *choux* viennent sans culture sur les côtes du nord-ouest de la *France*, sur celles de l'*Angleterre*, du *Danemark* et de la *Zélande*. Les *oignons* ont été importés des *pays*

---

(1) La *Scandinavie*, ou presqu'île scandinave, est formée de la *Suède* et de la *Norwége*.

chauds ; leur patrie embrasse le vaste territoire qui s'étend de la *Palestine* (1) jusqu'à l'*Inde ;* les *échalotes* tirent leur nom de la ville d'*Ascalon*, en Judée, où on en cultivait beaucoup autrefois. Les *aulx* sont originaires de la *Tartarie*, et les *poireaux*, des bords de la Méditerranée, particulièrement de l'*Algérie*.

Les *merisiers* et les *pruniers* étaient primitivement indigènes de toute l'*Europe* tempérée ; mais l'*Asie* est la terre natale des *cerisiers*, introduits pour la première fois en *Italie* par *Lucullus* (2). Nous devons les *abricotiers* à l'*Arménie*, les *pêchers* à la *Perse*, qui les avait empruntés à la *Chine*. Quant à (3) la vigne, les deux *versants* du *Caucase* en ont été le berceau.

2. PROVENANCE DES VÉGÉTAUX (*Suite*).

Deux *céréales*, le seigle et l'avoine, reconnaissent pour patrie l'*Europe orientale*, et spécialement la *Hongrie* ; mais les *froments* et les *orges* sont nés dans des *climats* plus chauds ; les premiers étant aborigènes (4) de l'*Asie Mineure* et de la *Mésopotamie* (5), les secondes du voisinage de la mer Caspienne. Il faut aller chercher en *Chine* la patrie de nos *haricots*, en *Perse* et dans le *Cachemire* celle de nos *noyers*. La *Syrie* et la *Grèce* nous ont donné les *oliviers* qui ne s'éloignent guère des *plages* tièdes et embaumées de la *Méditerranée*. Dès les *temps* les plus reculés, une ceinture verdoyante de *groseilliers* entourait le pôle nord ; car ces *arbrisseaux* (6) se plaisent en *Sibérie*, dans l'*Europe* septentrionale et dans l'*Amérique* boréale (7). Enfin, l'*Afrique* nous a fourni ses *dattiers* et ses *caféiers* ; l'*Amérique*, ses *tabacs* et ses *pommes* de terre ; l'*Asie* australe (8), ses *cotonniers*, ses *plants* de riz, ses *indigotiers* et enfin ses *roseaux* qui produisent le sucre, et que l'on appelle pour ce motif *cannes* à sucre. Comme on le voit, d'après cette énumération, toutes les *contrées* du globe ont apporté leur contingent de *plantes* utiles ; les *travaux* des *hommes* ont multiplié celles-ci presque à l'infini.

---

(1) La *Palestine*, ou terre sainte, où se sont accomplis les mystères du christianisme.

(2) *Lucullus*, général romain qui combattait Mithridate, roi de Pont.

(3) *Quant à*, locution prépositive, signifie *en ce qui concerne*, et prend un *t ; quand*, conjonction, signifie *lorsque*, et prend un *d*.

4. *Aborigènes*, originaires.

(5) *Mésopotamie*, pays compris entre les deux fleuves du Tigre et de l'Euphrate, qui portent leurs eaux dans le golfe Persique.

(6) Tous les noms terminés au singulier en *eau*, prennent un *x*, excepté *étau, fléau, tuyau, boyau, noyau*.

(7) C'est l'*Amérique du Nord*.

(8) La partie méridionale de l'*Asie*.

3ᵉ Dictée.

LES ANIMAUX UTILES.

Au tort de juger trop souvent des *gens* sur .eur mine, nous joignons celui d'agir de la même façon envers les *animaux*. Il en est un grand nombre que nous haïssons et que nous abhorrons sans *motifs*, et ce sont précisément la plupart de ceux qui nous rendent les plus grands *services*. Que de *personnes* éprouvent pour les *chauves-souris* la plus vive répulsion ! et cependant ces pauvres *bêtes* nous sont fort utiles ; elles ne se nourrissent que d'*insectes* qui vivent à nos *dépens* ; elles nous débarrassent des *papillons* de nuit, des *hannetons*, des *cousins*, des *moustiques* (1) dont les *larves* (2) dévorent nos *cultures*. N'importe, elles n'en sont pas moins vouées à l'exécration générale. On prétend qu'elles s'attachent aux *cheveux* des *hommes* endormis, qu'elles sucent quelquefois leur sang, et ces *croyances* erronées suffisent pour que, sans examen, nous leur fassions une guerre d'extermination. Voilà comment nous savons récompenser ces puissants *auxiliaires* de nos *laboureurs*. Mais d'où vient l'aversion aveugle dont nous les poursuivons ? Uniquement de ce que ces pauvres *animaux* offrent des *formes* insolites, et de ce que nous considérons comme laids les *types* auxquels nos *regards* ne sont pas accoutumés. Ayons le courage d'ouvrir les *yeux* une bonne fois pour contempler les *chauves-souris*, et nous nous assurerons qu'il n'y a en elles rien de surnaturel, rien de diabolique.

4. LES ANIMAUX UTILES (*Suite*).

Les petites *musaraignes*, qui se trouvent en grand nombre dans nos *champs*, ont également le malheureux privilège d'offenser notre vue, et cela pour quelques *traits* de ressemblance qu'elles ont avec la race justement maudite des *souris*. Aussi croyons-nous avoir accompli une œuvre méritoire chaque fois que nous écrasons un de ces pauvres *êtres*. Eh bien! quand nous nous comportons de la sorte, nous commettons un acte d'ingratitude ; car les *musaraignes*, par la chasse qu'elles font aux *limaçons* et aux *larves* d'une multitude d'*insectes*, protègent nos *récoltes* et préservent les *fruits* de nos *espaliers*.

---

(1) *Moustiques*, insectes des pays chauds et dont la piqûre est très-incommode.
(2) *Larve*, première forme des insectes au sortir de l'œuf; les larves ressemblent à de petits vers.

Les *hérissons* purgent nos *jardins* d'une infinité d'*insectes* pillards qui dévorent nos *légumes*. Dans beaucoup de *campagnes*, comment reconnaît-on leurs *bienfaits*? Lorsqu'on les découvre pendant les mois qu'ils passent dans l'engourdissement, on se donne la satisfaction de les exposer aux *flammes* du foyer et on les rôtit bel et bien.

Il n'est pas jusqu'aux pauvres *taupes* que nous ne poursuivions à outrance: n'oublions pas qu'en les tuant, nous supprimons les *ennemis* des *vers* blancs (1) et des *courtillières* qui dévastent nos *champs*.

5° Dictée.

LES OISEAUX ET LES REPTILES UTILES.

Nous étendons à une foule d'*oiseaux*, la fureur de destruction dont nous sommes animés envers quelques *animaux* qui ont eu le malheur de nous déplaire. Les *oiseaux* de proie notamment sont en butte à nos *persécutions*. Les *effraies*, les *hiboux* et les *buses* tombent sous nos *coups* lorsque nous pouvons les atteindre. Nous ne voulons pas savoir qu'ils nous débarrassent des *rats*, des *souris*, des *mulots* et des *campagnols* qui rongent nos *récoltes*. Nous détruisons aussi les *vautours*, si utiles à la santé publique, surtout dans les *pays* méridionaux, où ils débarrassent les *habitants* des *cadavres* de tous les *animaux* qui infectent (2) les *voiries*.

Que d'*espèces* inoffensives ne poursuivons-nous pas parmi les *oiseaux* de petite taille! Nous sommes sans pitié pour les *engoulevents* ou *crapauds-volants*, pour les martinets (3), pour les *hirondelles*, pour les *pies-grièches*, tous *oiseaux* insectivores (4). Les *bergeronnettes*, qui nettoient nos *allées* et nos *pâturages* d'une multitude de *vermisseaux*; les *tarins*, qui s'acquittent de la même besogne dans les *prés* humides; les *traquets*, qui s'attaquent à la pyrale des *vignobles*; les petits *troglodytes* qui viennent s'abriter sous le toit de nos *chaumières*, et sous nos *monceaux* de *fagots*; les *grimpereaux*, qui enlèvent les *chenilles* de dessus nos *arbres* fruitiers, ne trouvent pas grâce devant nous, et cependant que d'*œufs* et de *larves d'insectes* nuisibles ne détruisent-ils point!

---

(1) Le *ver blanc* est la larve du hanneton.
(2) *Infecter*, empuantir, gâter, corrompre : *brouillard qui infecte l'air;* au fig. corrompre l'esprit. — *Infester*, ravager, piller, détruire par des actes de brigandage : *les pirates infestent la côte.* On appelle *paronymes* les mots qui, comme *infecter* et *infester*, ont une consonnance semblable.
(3) Oiseaux de rivage.
(4) Qui se nourrissent d'insectes.

6. LES OISEAUX ET LES REPTILES UTILES (*Suite*).

Les *coucous* sont d'infatigables *chasseurs* de *chenilles ;* un seul de ces *oiseaux* en mange jusqu'à cent soixante-dix par jour, et nous sommes assez malavisés pour vouer une haine aveugle à ces laborieux *auxiliaires.* Les *étourneaux*, appelés encore *sansonnets*, sont de grands *amateurs* de *chenilles*, de *vers* et de *limaçons ;* à ce titre ils devraient être respectés des *cultivateurs.* Pour quelques *cerises* qu'ils se permettent de becqueter dans nos *vergers*, faut-il se priver de leurs gracieux concours? Les *moineaux* eux-mêmes, voleurs et gourmands, il faut l'avouer, valent mieux que leur réputation. Si d'un côté ils dérobent nos *graines*, de l'autre n'oublions pas qu'ils font incessamment la guerre aux *sauterelles*, aux *vers*, aux *fourmis*, aux *larves* (1) d'un grand nombre d'*insectes* malfaisants. C'est merveille de voir avec quelle rapidité des *massifs* de *rosiers* sont nettoyés par eux des *pucerons* qui les infestent (2). Et puis un naturaliste n'a-t-il pas constaté qu'un couple de *moineaux* détruit jusqu'à trois mille *insectes* en une seule semaine? Grâce donc pour ces *oisillons*, quoique nous ayons à leur reprocher de légères *peccadilles* (3).

7. LES OISEAUX ET LES REPTILES UTILES (*Suite*).

Que notre plomb meurtrier respecte toujours les *chardonnerets*, les *linottes*, les *pinçons*, les *verdiers*, les *bruants*, les *bouvreuils :* ces *granivores* (4) ne se nourrissent pas à nos dépens, c'est pour nous un devoir de les épargner.

Point de pitié pour les *pies* ni pour les *geais*, qui consomment une énorme quantité d'*œufs* d'*oiseaux*, de *fruits* des *jardins* et de *graines* de *pois ;* mais s'il s'agit des *corbeaux*, sachons qu'il est parmi eux des *espèces* utiles ; les *freux*, par exemple, méritent toutes nos *sympathies* par le soin qu'ils mettent à suivre les *laboureurs* dans les *sillons*, et à ramasser les *larves* des *hannetons* que la charrue a déterrées.

Parce qu'un grand nombre de *reptiles* n'ont pas de *formes* aussi élégantes, aussi séduisantes que beaucoup d'autres *êtres* de la création, ce n'est pas une raison pour les exterminer.

---

(1) *Larves.* Voir page 7, note 2.
(2) *Infester.* Voir la note qui précède, page 8, note 2.
(3) Des *peccadilles*, des fautes légères.
(4) *Granivore*, qui se nourrit de graines.

Guerre aux *vipères* dont la salive est venimeuse (1) ; mais paix aux *lézards*, aux *orvets*, aux *couleuvres*, aux *grenouilles*, aux *crapauds* et aux *salamandres*, *animaux* inoffensifs et éminemment utiles dans les *jardins*. Accoutumons-nous à respecter la vie des *bêtes* dont l'existence ne menace point la nôtre ; ne tuons pas pour le plaisir de tuer.

8ᵉ Dictée.

LES BIJOUX.

Les *bijoux*, les *joyaux* dont nous aimons naturellement à nous parer, sont généralement empruntés au règne (2) minéral. Quoique les *matériaux* dont ils sont formés aient une grande valeur par eux-mêmes, ces *objets* doivent surtout leur prix aux *travaux* des *joailliers* et des *lapidaires* (3). Ces *artistes* mettent en œuvre soit les *métaux* nobles, comme l'or, l'argent et depuis peu l'aluminium, soit les *minéraux* connus sous le nom de *pierres* précieuses.

Parmi les *pierres* précieuses, les *diamants* doivent être placés au premier rang. Ces *corps*, malgré leur dureté, leur limpidité et leur brillant, ne sont que du charbon pur, aux *parties* duquel la nature a donné une disposition particulière. Les *diamants* rayent toutes les autres *substances*, et on ne peut les tailler en *facettes* (4) qu'en les usant à l'aide de leur propre poussière. On en trouve dans les *Indes* et au *Brésil*. Pour les recueillir, on déplace le lit des ruisseaux, on y ramasse le gravier, on le lave, et on y trouve des *diamants* bruts (5). Ce sont des *nègres* qui exécutent ces *travaux* sous la surveillance des *inspecteurs* dont ils réussissent parfois à tromper la vigilance (6).

9. LES BIJOUX (*Suite*).

Les autres *pierres* précieuses les plus renommées après le diamant sont constituées par de l'alumine ou de la silice. Ces

(1) *Vénéneux* se dit des végétaux qui contiennent un poison : *plante vénéneuse.* *Venimeux* se dit des animaux : *le scorpion est venimeux.*

(2) On appelle *règnes de la nature* les divisions principales des êtres créés ; il y a trois règnes : le règne *animal*, le règne *végétal*, le règne *minéral.*

(3) *Lapidaires* (du latin *lapis*, pierre), ouvrier qui taille et polit les pierres précieuses.

(4) Petite face ; partie plane de la surface d'un diamant.

(5) *Brut*, se dit de l'état des diamants, des pierres, du marbre, quand ils ne sont pas encore polis, taillés.

(6) On sait que les diamants et les perles fines qui n'excèdent pas une certaine grosseur, s'évaluent d'après une unité de poids nommée *carat ;* le carat représente en milligrammes 205,5. — L'un des plus beaux diamants est le *régent*, qui fait partie des diamants de la couronne de France ; son poids est de 137 carats, et il est estimé 12,000,000 de francs.

matières sont pures ou diversement colorées (1). Les *rubis* orientaux d'une belle couleur rouge, les *saphirs* qui sont bleus, les *émeraudes* orientales dont la magnifique couleur verte est souvent prise pour terme de comparaison, les *topazes* d'un jaune éclatant, et les *améthystes* revêtues d'une splendide teinte violette, constituent les *espèces* d'alumine les plus recherchées.

La silice fournit le cristal de roche que l'on trouve parfois dans les *montagnes* en *morceaux* volumineux, les *agates* et les *aspes, sortes* de *cailloux* peu transparents ou tout à fait opaques, mais colorés quelquefois des plus riches *nuances*. Les *matières* communes les plus propres à donner une idée exacte de ces deux dernières *substances*, sont les *pierres* à fusil, que l'on désigne encore sous les *noms* de *pierres* à feu et de *silex*.

On confectionne encore de très-jolis *ornements* avec le corail, matière pierreuse produite par l'un de ces *animaux* inférieurs qui peuplent les *profondeurs* de l'Océan. Le corail se taille facilement, malgré sa dureté. Il possède habituellement une belle couleur rouge ; mais on en trouve de *teintes* plus ou moins pâles, et il y a même du corail rose ou blanchâtre. Les *coraux* les plus estimés sont ceux que l'on pêche sur les *côtes* de *France*, aux *environs* de *Marseille*, et sur celles d'*Afrique*, non loin de *Tunis* et de *La Calle* (2).

DE L'ADJECTIF.

FÉMININ ET PLURIEL DES ADJECTIFS.

Faites ressortir la distinction qui existe entre le substantif et l'adjectif. Interrogez sur la formation du féminin et du pluriel dans les adjectifs (Gr. §§ 31-32). On trouve mécaniquement l'orthographe d'un adjectif au masculin en formant le féminin. Ex. : *Long* prend un *g* parce qu'il fait *longue* au féminin ; *grand* prend un *d* parce qu'il fait *grande* au féminin. — Cette remarque est très-utile.

10ᵉ Dictée.

L'AUTRUCHE.

L'autruche est le plus *gigantesque* des oiseaux ; elle atteint jusqu'à deux mètres de hauteur, et son poids est de quarante

(1) *Colorer* se dit des couleurs naturelles : *le soleil colore les fruits*; *colorier* se dit des couleurs artificielles : *un peintre qui colorie bien.*

(2) *Tunis* et *La Calle*, deux villes africaines sur les bords de la mer Méditerranée.

kilogrammes. Elle n'habite que les pays *chauds* et ne se trouve guère en dehors de la zone *torride* (1), si ce n'est dans les parties les plus *méridionales* des deux zones tempérées. Elle habite l'Afrique et cette *vaste* portion de l'Asie qui s'étend de la mer *Rouge* jusqu'aux bords du Gange (2). Tout le monde a remarqué les jambes *nues*, très-*musculeuses* et *charnues* de l'autruche; ses doigts *longs*, *gros* et *arrondis*, ses ailes *courtes* et *impropres* au vol, mais garnies de *magnifiques* plumes à barbes *longues* et *lâches*, *molles*, *fines* et *moelleuses*, et auxquelles on attache un très-*haut* prix; sa queue, pourvue de plumes *semblables;* sa *petite* tête *chauve*, *calleuse* et aplatie en dessus, munie de *grands* yeux à paupières *mobiles* et d'oreilles dont l'orifice est à découvert; enfin son cou effilé, *long* de près d'un mètre et recouvert seulement de quelques poils *épars*. Le mâle a le plumage *noir*, varié de blanc et de gris, avec les *grandes* plumes des ailes et de la queue alternativement *blanches* et *noires;* la femelle est *brune* et d'un gris *cendré* sur le corps. Elle n'a de plumes *noires* qu'à la queue et aux ailes.

11. L'AUTRUCHE (*Suite*).

Les œufs de l'autruche sont très-*gros*, de forme arrondie et rac-courcie, mesurant quinze centimètres de diamètre *longitudinal* et douze centimètres de diamètre *transversal*. Ils sont assez *bons* à manger.

Les autruches sont *herbivores* (3); elles vivent en *grandes* trou-pes. Elles ont l'ouïe *fine* et la vue perçante; mais les sens du goût et de l'odorat presque *nuls*. En domesticité, elles avalent non-seulement toutes les substances *végétales* et *animales*, mais encore des matières *minérales*, même les plus *pernicieuses*, telles que du fer, du cuivre, du plomb, des pierres, de la chaux, du plâtre, en un mot tout ce qui se présente à elles, jusqu'à ce que les *grandes* poches de leur estomac soient tota-lement *pleines*. La force *digestive* de cet estomac est si *considé-rable* que, quand les autruches rendent les métaux qu'elles ont avalés, on trouve souvent ces corps usés, percés et comme réduits en poudre.

(1) *Zone torride*, portion de la terre comprise entre les deux tropiques, à 23° au-dessus et au-dessous de l'Équateur.
(2) Le *Gange*, grand fleuve de l'Hindoustan.
(3) *Herbivore*, qui se nourrit d'herbes.

12. L'AUTRUCHE (*Suite*).

Les autruches ont les mœurs *paisibles* ; elles n'attaquent point les animaux plus *faibles* qu'elles, et ne se soustraient que par une *prompte* fuite aux dangers qui peuvent les menacer. Dans leur contrée *natale*, on les a réduites en domesticité. Leurs plumes sont un objet *considérable* de commerce. On tire parti de l'élégance de ces plumes *gracieuses*, soit pour orner la tête des femmes ou les coiffures *militaires* des hommes, soit pour décorer les appartements. Leur peau est assez *épaisse* pour qu'on en puisse préparer un cuir de *bonne* qualité. Quoique leur chair soit d'un goût *médiocre*, des nations *entières* de l'Arabie s'en nourrissaient autrefois, et plusieurs tribus *africaines* la mangent encore aujourd'hui.

Ce n'est qu'après une course des plus *opiniâtres* que les Arabes, grâce à leurs *excellents* coursiers, parviennent à s'emparer de l'autruche, dont la course est plus *rapide* que celle des chevaux les plus *légers*. La chasse d'un *seul* animal dure parfois huit ou dix heures. L'autruche succombe toujours, victime de son habitude de décrire pendant sa fuite de *grands* cercles que le chasseur sait couper à propos.

13ᵉ Dictée.

LES AURORES BORÉALES (1).

Les habitants des régions *voisines* du pôle (2) sont souvent *témoins* du spectacle le plus *splendide* peut-être qu'il soit donné à l'homme de contempler sur la terre. Le soir, quelques heures après le coucher du soleil, une brume *épaisse* apparaît à l'horizon dans la direction du nord. Sa forme parfaitement *régulière*, est celle d'un éventail. Bientôt, la circonférence de cet éventail se montre colorée d'une lueur *blanchâtre* dont l'éclat augmente à chaque instant. Puis, à l'intérieur de cet arc *lumineux*, il s'en produit plusieurs autres *concentriques* (3) et séparés par des bandes *obscures*. En même temps, des raies *noires*, se dirigeant du centre de l'éventail vers ses bords, divisent sa

---

(1) *Boréal*, qui se trouve du côté du côté du Nord.

(2) *Pôles*. Les deux extrémités de la ligne idéale autour de laquelle la terre décrit sa rotation diurne; il y a le pôle *arctique* ou *septentrional* et le pôle *antarctique* ou *méridional*.

(3) *Concentriques*, se dit des cercles qui ont un centre commun, tels sont les cercles qui se forment dans l'eau quand on y jette une pierre.

surface en fragments *lumineux*. On les voit s'allonger et se raccourcir lentement ou instantanément. Leurs extrémités, qui offrent toujours la lumière la plus *vive*, forment un arc plus ou moins *régulier*. Cependant l'éventail continue à s'accroître : parfois même, abandonnant l'horizon, il s'élève majestueusement dans le ciel. Alors ses plis deviennent plus *nombreux* et plus prononcés. Ils se déforment et ne présentent plus qu'une *longue* bande de rayons qui se contournent de mille façons diverses, en décrivant des courbes *gracieuses*. Celles-ci, se repliant sur elles-mêmes, forment ce que l'on nomme la couronne *boréale*. Les rayons, *semblables* à des traits enflammés dardent leurs feux vers le zénith (1), tandis que les courbes de la nappe *lumineuse* se forment et se déroulent comme les plis et les replis d'un serpent *gigantesque*.

14. LES AURORES BORÉALES (*Suite*).

Puis les rayons se colorent (2) diversement ; ils deviennent *rouges* à la base, *verts* dans leur partie moyenne, *jaunâtres* vers leur extrémité *supérieure*. C'est alors que le phénomène atteint toute sa magnificence et que mille figures *éblouissantes*, aux couleurs les plus variées et les plus *riches*, se jouent dans les hautes régions de l'atmosphère (3). L'éclat du météore diminue ensuite par degrés ou s'éteint subitement.

Telle est l'aurore *boréale* dans toute sa magnificence : c'est ainsi que la voient les habitants des régions *arctiques*, c'est-à-dire ceux de la Norwége, de la Laponie, de la Russie *hyperboréenne* (4), de la Sibérie et des localités les plus *septentrionales* de l'Ecosse, de l'Islande, du Groënland et du Canada. Elle ne paraît en France que comme une lumière *diffuse*, et très-rarement ; mais, au pôle, les nuits sans aurore *boréale* sont tout à fait *exceptionnelles*. Les aurores *boréales* sont *visibles* à des distances *considérables* du pôle et sur une *immense* étendue. Malgré les *nombreuses* explications proposées pour ce phénomène, la cause en est encore inconnue ; mais il est *certain* que l'électricité y joue un *grand* rôle. A toutes les époques, les personnes *superstitieuses* ont considéré les aurores *boréales* comme étant le présage de *terribles* et *sanglantes* catastrophes.

---

(1) *Zénith*, le point du ciel qui est au-dessus de nos têtes.
(2) Voir page 11, note 1.
(3) L'*atmosphère*, la masse d'air qui enveloppe la terre.
(4) *Hyperboréenne*, voisine du pôle Nord.

15ᵉ Dictée.

LES ARAIGNÉES.

Les bêtes les plus *hideuses* en apparence se révèlent à nous, par suite d'une étude *attentive*, comme dépourvues de la plupart des qualités *malfaisantes* que nous leur attribuons faussement. Que de mal n'a-t-on pas dit de ces *grosses* araignées *velues*, la terreur et l'effroi d'une foule de personnes *poltronnes* ou *superstitieuses !* A les entendre, ces araignées sont éminemment *venimeuses* (1), et leurs piqûres (2) seraient même *mortelles* en mainte occasion. Il y a beaucoup à rabattre de ces exagérations. La *fameuse* araignée d'Italie, connue sous le nom de *tarentule*, et qu'on regarde comme l'espèce la plus *dangereuse* de toutes, est beaucoup plus *inoffensive* qu'on ne se l'imagine communément. D'après les récits *mensongers* des voyageurs, les personnes piquées par une tarentule, éprouveraient une excitation *nerveuse* des plus *violentes*, à laquelle on n'aurait trouvé jusqu'à présent d'autre remède que la musique. On est même allé jusqu'à indiquer les *différents* airs les plus *propres* à guérir les malades ; mais on ne doit pas ajouter foi à ces contes *fantastiques*, que les naturalistes *sérieux* ont toujours relégués dans le pays des chimères.

16. LES ARAIGNÉES (*Suite*).

Les araignées passent l'hiver dans l'engourdissement. Au commencement de cette saison, on les trouve très-*grasses*, parce qu'elles ont pris en abondance une nourriture *succulente ;* mais, à leur réveil, au printemps, elles sont devenues extrêmement *maigres*. Tout le monde connaît l'adresse *merveilleuse* avec laquelle les araignées savent tisser les toiles *délicates* où viennent se prendre les mouches qui leur servent de pâture. Les fils qui composent ces toiles sont malheureusement trop *ténus* pour que l'industrie *humaine* puisse en tirer parti. Néanmoins, on assure que Louis XIV s'en était fait confectionner un habit, et un savant *français* nous a rapporté d'Amérique un échantillon de la soie d'une araignée dont les fils étaient assez *forts* pour qu'on pût les convertir en étoffes très-*bonnes* et très-*solides*. Le savant en question s'en était fait confectionner un pantalon qu'il avait longtemps porté.

---

(1) Voir page 10, note 1.

(2) La lettre *q* est toujours suivie d'un *u : liquide, paquet;* il semblerait donc qu'on dût écrire *piquure*, ce qui n'est pas ; le second *u* est remplacé par un accent circonflexe : *piqûre.*

Tout le monde a observé dans les *beaux* jours de l'automne, après un temps *brumeux*, des flocons *blancs*, *soyeux* (1) voltigeant (2) dans l'air. On les désigne vulgairement sous le nom de *fils de la Vierge* ; ils sont l'œuvre de *diverses* sortes d'araignées, surtout des *jeunes* qui, n'ayant pas encore assez de soie pour construire des toiles *entières*, jettent çà et là quelques fils à travers l'espace.

17. LES ARAIGNÉES (*Suite*).

On prétend que les araignées ont un goût des plus *vifs* et des plus prononcés pour la musique ; on cite l'histoire, probablement *erronée*, d'une araignée qui s'était accoutumée, dit-on, à venir sur le piano de Grétry (3), dès qu'il jouait, et qui s'éloignait aussitôt que ce maître cessait de tirer de l'instrument les sons *harmonieux* qui attiraient l'insecte. Tout le monde a aussi entendu parler de l'araignée de Pellisson (4), ce *fameux* prisonnier de la Bastille. Enfermé dans un de ces cachots *ténébreux* où la lumière ne pénétrait que par d'*étroits* soupiraux, et n'ayant pour toute compagnie qu'un Basque (5) *stupide* qui ne savait que jouer de la musette, Pellisson avait apprivoisé une araignée qui construisait sa toile dans un des coins de sa prison. Au bout de quelques mois la *pauvre* bête était si bien *instruite*, qu'au plus *léger* signal, elle accourait de son trou pour recevoir une mouche des mains du prisonnier. On ajoute qu'un geôlier à l'âme *inhumaine*, eut le *triste* courage d'écraser l'araignée *consolatrice* sous les yeux du *malheureux* Pellisson.

18ᵉ Dictée.

LE RÉGIME FÉODAL (6).

Ce fut au onzième siècle que la société *féodale* parvint à l'apogée (7) de son développement ; elle organisa partout des suze-

(1) *Soyeux*, qui a l'aspect et les qualités de la *soie*.
(2) *Voltigeant*, on sait que le participe présent est invariable.
(3) *Grétry*, célèbre compositeur de musique, né à Liége en 1741, mort en 1814.
(4) *Pellisson*, né à Béziers en 1624, devint premier commis de Fouquet, dont il partagea noblement la disgrâce. Louis XIV, touché de sa constance, le nomma son historiographe.
(5) *Basque*, habitant du Midi de l'ancienne Gascogne : *parler français comme un basque espagnol*, on dit par corruption, *comme une vache espagnole*.
(6) Le *régime féodal*, mode d'organisation de la société pendant le moyen âge (395-1453).
(7) *Apogée* (grec, *apo*, loin de ; *gê*, terre), point où une planète est à sa plus grande distance de la terre ; se dit, au figuré, du plus haut degré d'élévation où l'on puisse parvenir.

rains et des vassaux, les premiers, complétement *indépendants* dans l'intérieur de leurs domaines, les seconds, dévoués corps et âme à leurs seigneurs, astreints aux aides (1) *féodales*, c'est-à-dire à aider le suzerain à payer sa rançon, à marier sa fille *aînée*, à armer son fils chevalier et à s'équiper pour le voyage de la Terre *sainte*.

Les nobles, enfermés dans leurs châteaux convertis en *re-doutables* forteresses, et livrés au désœuvrement le plus *com-plet*, éprouvaient de *mortels* ennuis, dont la guerre et la chasse étaient seules *capables* de les distraire ; de sorte que, dans cette société créée uniquement pour eux, ils étaient loin de se trouver *heureux*. Tel était le sort des seigneurs : la condition des *serfs* (2), des *mainmortables*, des *vilains* était mille fois plus *lamentable*, mille fois plus *affreuse* ; il n'y avait pour eux aucune liberté d'agir. Ils ne pouvaient ni cuire leur pain, ni moudre leur blé où bon leur semblait : il fallait porter le pain à l'un des fours *banaux* (3) du seigneur, et le blé au moulin qu'on leur avait désigné. Pour quelques terres *improductives* dont on leur avait abandonné la culture, ils étaient tenus de payer de *grosses* rentes *annuelles*, d'exécuter de *lourdes* et *interminables* corvées et de souffrir, sans se plaindre, les caprices les plus *bizarres* de leurs maîtres.

19. LE RÉGIME FÉODAL (*Suite*).

Pourtant, soyons *justes* : on avait songé à égayer quelque peu cette vie si *triste* des seigneurs *féodaux* et des manants. Des usages *grotesques*, des coutumes *ridicules* en faisaient parfois oublier la *sombre* réalité. Ici, un fermier payait à son maître, à titre de redevance *annuelle*, la fumée d'un chapon, et, quand celui-ci en avait savouré l'odeur, le fermier était tenu pour *quitte*. Ailleurs, les paysans amenaient solennellement au seigneur, dans une *énorme* charrette, un tout *petit* oiseau. Ailleurs encore, les bateleurs acquittaient leurs droits *seigneuriaux* en faisant danser leurs singes devant l'intendant du château. Les *fiers* barons ne dédaignaient pas de prendre part à ces amusements *ridicules* et de jouer leur rôle dans ces comédies *popu-laires*. Le margrave de Juliers, le jour de son entrée *solennelle*

---

(1) *Aide* signifiant secours, assistance, est du féminin ; il n'est masculin que dans les acceptions telles que *aide-médecin*, *aide-major*, parce qu'il désigne *celui* qui aide.

(2) *Serf*, synonyme d'esclave, prononcez *serff* ; *cerf*, animal, prononcez *cerr*.

(3) *Banal*, qui appartient à tout le monde.

dans ses domaines, avait une monture *borgne*, une selle de bois, une bride d'écorce de tilleul, deux éperons d'aubépine, et un bâton *blanc*. Dans ces jours si *lugubres* et si *durs*, les *puissants* et les *heureux* devaient bien aux *pauvres* diables qu'ils opprimaient quelques instants d'oubli et de gaieté.

20ᵉ Dictée.

L'ARBRE STÉRILE.

Par une *belle* matinée de printemps, un paysan avait endossé ses habits de fête et était venu rendre visite à son frère, *excellent* jardinier établi à la ville. Nous laissons à penser combien ils furent *aises* de se revoir après une si *longue* séparation, et combien leur parurent *courtes* et *fugitives* les heures qu'ils eurent à passer ensemble. Ils avaient tant de choses *intéressantes* à se communiquer ! Les *premières* ombres de la nuit les surprirent comme la mort vient nous atteindre, avant qu'ils fussent *prêts* (1) à partir. Enfin, le laboureur songea à regagner ses *humbles* pénates (2). On se fit des adieux *touchants* en se promettant de se revoir bientôt. L'horticulteur fit cadeau à son frère d'un *magnifique* arbre *fruitier*, déjà tout couvert de boutons, *douce* et *frêle* espérance. « Où le planter ? se dit en lui-même le *rusé* villageois. Sera-ce sur la colline qui s'étend devant ma métairie ? Il y serait exposé à l'action *délétère* des vents, aux froids *glacials* de nos *rudes* hivers. Le mettrai-je au milieu de mes champs ? Mais alors de combien de dangers ne sera-t-il pas tous les jours menacé ? Combien de passants peu *scrupuleux*, *alléchés* par ses fruits *vermeils*, s'écarteront du chemin pour les dérober !

21. L'ARBRE STÉRILE (*Suite*).

Si je plante mon *nouvel* arbre chez moi, continuait-il, en acquerrai-je donc, hélas ! la possession *incontestée*? Mes enfants, en dépit de mes défenses *formelles*, ou peut-être même à cause de ces défenses, ne se feront-ils pas une *maligne* joie de prélever une *large* dîme sur ma *future* récolte? Puis, quand bien même le respect de l'autorité *paternelle* suffirait à les contenir, l'*insatiable* avidité des valets, *maudite* et *détestable* engeance,

---

(1) *Prêt à*, disposé à, prend un *t*; *près de*, proche de, prend un *s* : *être près de la rivière*.

(2) Ses *pénates*, sa demeure.

ne déjouera (1)-t-elle point ma surveillance : quelque *active* qu'elle puisse être ? »

Ce *beau* raisonnement décida le paysan à planter son arbre derrière sa grange, dans un endroit *inaccessible* pour tout le monde, excepté pour lui-même. Mais il n'avait pas réfléchi qu'il mettait le *jeune* plant à une exposition *septentrionale*, et qu'il le privait de la *bienfaisante* influence des rayons du soleil. L'arbre demeura *stérile*. Comme le paysan s'en plaignait un jour à son frère : « Sache, répliqua celui-ci, qu'en t'abandonnant à ta convoitise *avare* et *soupçonneuse*, tu ne recueilleras jamais le fruit de tes calculs *étroits* et *égoïstes*. »

ADJECTIFS DÉTERMINATIFS ET PRONOMS.

CE, SE, CES, SES, NOTRE, VOTRE.

Ce, avec un *e*, pronom ou adjectif démonstratif, sert à montrer : *ce chien ; se*, avec un *s*, pronom réfléchi, est mis pour *soi, lui : il se flatte*, c'est-à-dire, *il flatte soi*.

Ces, avec *e*, adjectif démonstratif, sert à montrer ; *ses*, avec un *s*, adjectif possessif, marque la possession.

Notre, votre, employés seuls, c'est-à-dire comme pronoms, prennent un accent circonflexe : *le nôtre, le vôtre (Gr. §§ 46-49)*.

22ᵉ Dictée.

LA TÊTE CHÈRE ET LA TÊTE A BON MARCHÉ.

Ce qui doit nous étonner, *ce* n'est pas qu'il y ait des hommes méchants ; car *notre* nature nous porte souvent à commettre le mal. Mais les esprits sensés ne peuvent *se* figurer qu'il existe des individus qui aiment à *se* montrer gratuitement, inutilement, barbares et atroces. *Ces* gens-là mettent autant de soin à étaler leurs mauvais côtés que vous à cacher les *vôtres*. *Ce* sont les fanfarons du crime ; ils *se* font un titre de gloire de surpasser tout le monde en scélératesse. Telle est leur manière de *se* distinguer ; *ce* n'est point la *nôtre*, à nous gens du commun. Mais que voulez-vous ? tous les hommes ne peuvent pas

---

(1) Déjouera, de *déjouer*, 1ʳᵉ conjugaison ; c'est pour cela que ce mot prend un *e* au futur. *Conclura*, au contraire, s'écrit sans *e*, parce qu'il vient de *conclure*, 4ᵉ conjugaison. Cette remarque est très-importante, nous y reviendrons dans les dictées suivantes.

se ressembler. En voici un qui crut avoir trouvé une bonne occasion de *se* signaler ; vous m'en direz *votre* avis.

*C'*était à l'époque où Stanislas-Auguste, dernier roi de Pologne, occupait encore le trône. Un soulèvement venait de *se* produire contre lui, *ce* qui n'était pas rare dans le royaume de Pologne. L'un des rebelles, un prince polonais, s'oublia au point de mettre à prix la tête du roi, Il promit vingt mille florins à qui la lui apporterait. *Ce* ne fut pas tout : il eut l'impudence d'écrire au roi lui-même, pour que *ce* monarque n'ignorât point sa promesse. Stanislas lui répondit avec le plus grand sang-froid ; « J'ai reçu *votre* lettre ; je l'ai lue avec attention ; elle m'a fait plaisir : car elle m'a démontré que dans *votre* for (1) intérieur, vous pensez que ma tête vaut encore quelque chose. Cependant je puis vous assurer que je n'use pas de réciprocité à *votre* égard, attendu que je ne donnerais pas un rouge liard de la *vôtre.* »

23ᵉ Dictée.

LA RICHESSE.

Un pauvre jeune homme ayant rencontré un jour son vieux maître d'école, *se* plaignit amèrement à lui de *ses* infortunes.

Ses chagrins étaient d'autant plus vifs qu'il voyait plusieurs de *ses* camarades de classe en pleine prospérité. *Ces* derniers nageaient dans la richesse et dans l'opulence, tandis qu'il avait à endurer *ces* mille privations qui paraissent fort supportables quand on les considère isolément, mais qui accablent celui sur la tête duquel elles viennent fondre toutes à la fois.

« Etes-vous donc réellement tant à plaindre ? dit le maître ; ne jouissez-vous pas d'une santé florissante ? » Puis, lui saississant les deux mains : « Et *ces* deux mains ? poursuivit-il, *ces* deux mains vigoureuses qui semblent faites exprès pour le travail, consentiriez-vous à les perdre pour mille écus ? — A Dieu ne plaise ! répondit le jeune homme ; *ce* serait une folie de sacrifier *ses* mains pour une si faible somme. — Et *ces* yeux magnifiques que la Providence vous a accordés, et grâce auxquels vous pouvez admirer les beautés de la nature, à quel prix les estimez-vous ? Et *cette* précieuse faculté de l'ouïe (2) qui vous transmet le chant harmonieux des oiseaux et la pensée de vos amis, l'échangeriez-vous volontiers contre *ces* monceaux

---

(1) Remarquez l'orthographe de *for* dans cette expression, *for intérieur,* c'est-à-dire *la conscience.*

(2) *L'ouïe,* l'un des cinq sens : la vue, l'ouïe, l'odorat, le goût, le toucher.

d'or entassés dans les palais des rois? — Assurément non, répondit le jeune homme. — Eh bien alors, répliqua le maître, cessez de vous plaindre de *votre* pauvreté ; la nature vous a comblé de *ses* dons, elle vous a prodigué les vraies richesses. Quel est le potentat valétudinaire (1) qui ne voudrait les acquérir au prix de tous *ses* trésors ? »

24ᵉ Dictée.

CATINAT.

Catinat, *ce* modèle à proposer aux hommes qui veulent être grands par le caractère comme par le génie, dut le gain de la bataille de la Marsaille, en 1693, à l'activité remarquable qu'il déploya pour changer, par des marches forcées, les positions de son armée, *ce* qui contraignit le duc de Savoie au combat qu'il voulait éviter. Hors du champ de bataille, Catinat portait la même activité ; il détestait la cour, les salons, *ces* gouffres où le temps s'abîme par masses ; il savait autant, et mieux peut-être que qui que *ce* fût à cette époque, l'agriculture, l'industrie, le commerce ; il avait recueilli un nombre immense d'idées et de vues d'améliorations qui *se* présentaient à son esprit pendant *ses* voyages, *ses* guerres et *ses* loisirs à la terre de Saint-Gratien : fortifications, détails des places, discipline militaire, manœuvres, courses sur mer en temps de guerre, finances, culture des forêts, colonies françaises ; *ses* vues embrassaient tout, et s'il était possible que tous *ses* projets s'exécutassent, dit un de *ses* panégyristes (2), *ses* Oisivetés (car *c*'est le nom que Catinat donnait aux douze volumes manuscrits de *ce* recueil) seraient plus utiles que *ses* travaux.

LEUR , LEURS.

Leur est adjectif possessif pronom personnel; comme adjectif il s'accorde avec le nom qui suit : *leurs maisons, leur régime.* — Comme pronom personnel il est invariable et signifie *à eux, à elles* : je leur parle, c'est-à-dire *je parle à eux* (*Gr.* § 196 — Cette distinction est très-importante.

25ᵉ Dictée.

LES ANCIENS SPARTIATES.

La rigidité des anciens Spartiates (3) est passée en proverbe. *Leurs* maisons étaient petites et construites sans art, *leurs*

---

(1) Se dit des personnes faibles et maladives.

(2) *Panégyrique,* discours public à la louange de quelqu'un ; *panégyriste,* celui qui fait l'éloge.

(3) Les *Spartiates,* peuple du Péloponèse, célèbres par leurs mœurs austères, leur courage militaire, leur mépris du luxe et des délicatesses de la vie.

meubles grossiers et *leur* régime austère. Les étrangers qui les avaient vus étendus autour d'une table et sur le champ de bataille trouvaient qu'il *leur* serait plus aisé de supporter une telle mort qu'une telle vie. Cependant *leur* législateur Lycurgue n'avait retranché de *leurs* repas que le superflu, et s'ils étaient frugaux, c'était plutôt (1) par vertu que par nécessité. Ils avaient de la viande de boucherie. Le sommet et les flancs du Taygète (2) *leur* fournissaient une chasse abondante ; *leurs* plaines, des lièvres, des perdrix et d'autres espèces de gibier; la mer et l'Eurotas (3), du poisson. *Leurs* cuisiniers n'étaient destinés qu'à préparer la grosse viande, et certains articles de *leurs* lois *leur* interdisaient les ragoûts, à l'exception du brouet noir.

Les Spartiates avaient la permission de boire du vin tant qu'ils en avaient besoin ; ils en usaient avec plaisir, et n'en abusaient jamais. La marche chancelante et les propos extravagants (4) d'un esclave qu'on avait enivré, et qu'on jetait quelquefois sous *leurs* yeux, lorsqu'ils étaient encore enfants, *leur* inspiraient une profonde aversion pour l'ivresse, et *leur* âme était trop fière pour consentir jamais à se dégrader.

26. LES ANCIENS SPARTIATES (*Suite*).

Rois, magistrats, simples citoyens, tous s'assemblaient pour prendre *leurs* repas dans les salles où étaient dressées quantité de tables, le plus souvent de quinze couverts chacune (5). Là on *leur* donnait du brouet noir, de la chair de porc bouillie, du vin, des gâteaux, ou du pain d'orge en abondance. Ceux qui offraient des sacrifices, ou qui allaient à la chasse, pouvaient à *leur* retour manger chez eux ; mais ils devaient envoyer à *leurs* commensaux une partie du gibier ou de la victime.

Les Spartiates instruits faisaient *leurs* délices des poésies d'Homère et de Tyrtée, parce qu'elles élèvent l'âme ; mais ils ne représentaient ni tragédies, ni comédies, et *leur* théâtre n'était destiné qu'à *leurs* exercices gymnastiques. *Leur* aversion pour

---

(1) *Plutôt*, en un mot, marque la préférence : *plutôt mourir que souffrir l'esclavage. Plus tôt*, en deux mots, est l'opposé de *plus tard : vous venez plus tôt que d'habitude.*
(2) Le *Taygète*, montagne de la Laconie, partie du Péloponèse habitée par les Spartiates.
(3) L'*Eurotas*, fleuve de la Laconie.
(4) *Extravagant*, adjectif verbal, ne prend pas d'*u*; *extravaguant*, qui extravague, participe présent, prend un *u*. Plusieurs adjectifs verbaux et participes présents ont une différence analogue dans l'orthographe. Voir notre *Grammaire complète*, page 118, note.
(5) De quinze couverts *chacune*, et non pas de quinze couverts *chaque*.

la rhétorique était extrême. On peut en juger par les traits suivants. Un jeune Spartiate s'était exercé, loin de sa patrie dans l'art oratoire; de retour à Lacédémone, il voulut faire briller son éloquence aux yeux de ses compatriotes et *leur* donner un échantillon de son savoir-faire ; mais les magistrats le punirent pour avoir conçu le dessein (1) de les tromper.

27. LES ANCIENS SPARTIATES (*Suite*).

Dans une circonstance où les Spartiates, d'une part, et les Athéniens (2), de l'autre, cherchaient à attirer dans *leur* alliance le satrape Tissapherne (3), les ambassadeurs d'Athènes déployèrent tout le faste de leur éloquence. Quant à celui de Sparte il tira deux lignes qui aboutissaient au même point, l'une droite, l'autre tortueuse, et les montrant au général perse, il *se* contenta de lui dire : « Choisis. »

Deux siècles auparavant, les habitants d'une île de la mer Egée, pressés par la famine, songèrent à s'adresser aux Lacédémoniens, *leurs* alliés, et *leur* envoyèrent un ambassadeur. Les Lacédémoniens répondirent à *ce* député : « Nous n'avons pas compris la fin de votre harangue, et nous en avons oublié le commencement. » Les insulaires choisirent d'autres ambassadeurs, en *leur* recommandant d'être bien concis. Le chef de la députation commença par montrer aux Lacédémoniens un de ces sacs où l'on tient la farine. Le sac était vide. L'assemblée résolut aussitôt d'approvisionner l'île ; mais elle avertit le député de n'être plus si prolixe (4) une autre fois. En effet, il *leur* avait dit qu'il fallait remplir le sac.

---

(1) *Dessein*, avec un *e*, intention, projet : *former un dessein* ; *dessin* avec un *i*, représentation graphique d'un objet, d'où vient *dessiner*.

(2) Les *Athéniens*, peuple célèbre de la Grèce.

(3) Le *satrape Tissapherne*, gouverneur d'une province de l'empire des Perses.

(4) *Prolixe*, qui parle trop, verbeux.

DU VERBE.

PREMIÈRE PERSONNE DU SINGULIER.

Il est indispensable que les élèves connaissent à fond les quatre conjugaisons. — Cette connaissance une fois acquise, l'orthographe des verbes repose *exclusivement* sur la recherche du sujet. On devra donc habituer l'élève à cet exercice, en lui faisant faire la demande et la réponse à l'aide de *qui est-ce qui? qu'est-ce qui?*

28ᵉ Dictée.

LES TRIBULATIONS D'UN SAVANT.

Monsieur, je *suis* un homme qui m'*occupe* toutes les nuits à regarder, avec des lunettes de trente pieds, ces grands corps qui roulent sur nos têtes ; et quand je *veux* me délasser, je *prends* mes petits microscopes et j'*observe* un ciron ou une mite.

Je ne *suis* point riche, et je n'*ai* qu'une seule chambre ; je n'*ose* même y faire du feu ; parce que j'y *tiens* mon thermomètre et que la chaleur étrangère le ferait hausser. L'hiver dernier, je *pensai* mourir de froid ; et quoique mon thermomètre, qui était au plus bas degré, m'avertît que mes mains allaient se geler, je ne me *dérangeai* point ; et j'*ai* la consolation d'être instruit exactement des changements de temps les plus insensibles de l'année passée.

Je me *communique* fort peu, et de tous les gens que je *vois*, je n'en *connais* aucun. Mais il y a un homme à Stockholm (1), un autre à Leipsick (2), un autre à Londres (3), que je n'*ai* jamais vus, et que je ne *verrai* sans doute jamais, avec lesquels j'*entretiens* une correspondance si exacte, que je ne *laisse* pas passer un courrier sans leur écrire.

Mais, quoique je ne *connaisse* personne dans mon quartier, je *suis* dans une si mauvaise réputation que je *serai* à la fin obligé de le quitter. Dès qu'il s'écarte quelque chien au bout de la rue, il est aussitôt décidé qu'il a passé par mes mains, et que j'en *ai* fait la dissection.

---

(1) *Stockholm*, capitale de la Suède ; l'homme dont il s'agit ici est Linné, célèbre naturaliste.

(2) *Leipsick*, ville de Saxe, en Allemagne ; on fait allusion à Leibnitz, illustre mathématicien et philosophe.

(3) *Londres*, capitale de l'Angleterre, où résidait l'immortel Newton, qui découvrit les lois de l'attraction universelle.

SECONDE PERSONNE DU SINGULIER.

La seconde personne du singulier se termine toujours par un *s*, excepté à l'impératif des verbes de la première conjugaison.

29ᵉ Dictée.

CE QUE VAUT LE TEMPS.

Que *fais-tu* là, Eusèbe ? disait un père à son fils. — Moi, papa, répondit le fils, j'*attends* qu'il soit trois heures. — Je comprends, répliqua le père, comme tu *prends* ta leçon de danse à trois heures un quart, tu *attends* présentement qu'il soit trois heures, et quand il sera trois heures, tu attendras qu'il soit trois heures un quart. Je *sais* bien ce que tu *vas* me dire pour te justifier : tu *prétendras* qu'en un quart d'heure tu *as* le temps de mettre tes chaussons de danse et de te préparer pour la leçon ; et, content de cela, tu *penses* n'avoir rien de mieux à faire que de regarder passer le temps, comme d'autres, moins badauds, regardent couler la rivière. Tu t'*étonnes* sans doute que je te trouve plus badaud que ceux-là ; mais eux, au moins, contemplent quelque chose de visible ; l'eau qui marche est un spectacle intéressant d'où peuvent naître toutes sortes de réflexions ou au moins de rêveries ; tandis que toi, tu *imites* le loir qui attend le printemps en dormant. Tu me *demanderas* peut-être ce que je veux que *tu fasses* d'un quart d'heure. Un quart d'heure ! mais c'est parfois une éternité. *Oublies*-tu donc que si la femme de Barbe-Bleue n'eût obtenu un petit quart d'heure pour faire sa prière, ses frères n'eussent jamais eu le temps d'arriver et de lui sauver la vie ? Un quart d'heure ! mais la vie n'est faite que de quarts d'heure.

30. CE QUE VAUT LE TEMPS (*Suite*).

Quand même tu *serais* aussi riche qu'un Crésus (1) ou qu'un Rothschild (2), si tu *venais* à me dire : que voulez-vous que je fasse d'un shelling (3), je *prophétiserais* ta ruine. Un sage disait : Ayez soin des sous, car les louis prendront soin d'eux-mêmes. Je te dirai semblablement, *aie* soin des quarts d'heure, car tu *trouveras* toujours de l'occupation pour tes journées. Si tu m'*objectes* que tu ne *peux* pas toujours travailler, je te *répondrai* que je ne t'*oblige* pas à un travail continu, mais seule-

(1) *Crésus*, roi de Lydie (Asie), célèbre par ses richesses.
(2) *Rothschild*, célèbre banquier israélite.
(3) *Shelling*, monnaie anglaise qui vaut 1 fr. 25 c.

ment à une occupation continue, ce qui est bien différent. Au lieu de te voir demeurer oisif, j'aime mieux que tu *joues* au bouchon ou au palet avec des sous ; j'aime mieux, à la rigueur, que tu *emploies* ces sous à faire des ricochets sur la rivière, plutôt que de les laisser tomber niaisement de ta poche percée. *Joue* si tu *veux*, *promène*-toi, mais n'*attends* pas que le temps passe. Il y a beaucoup de gens qui, comme toi, perdent deux ou trois heures par jour, par fractions d'un quart d'heure, ou même par fractions plus petites.

CE QUE VAUT LE TEMPS (*Suite*).

Si l'on venait te dire : « La nature *t'avait* destiné cinquante années d'existence (ce qui dépasse de beaucoup la proportion moyenne), tu me *ferais* bien plaisir si tu *consentais* à mourir à quarante ans, » tu *trouverais* la proposition indiscrète et ridicule. Eh bien ! en défalquant les heures que tu *dors*, les heures que tu *manges*, les heures que tu *gaspilles* chaque jour à attendre qu'il soit trois heures, c'est précisément le cinquième de ta vie que tu *perds*.

Je te *répète* que je n'exige pas que tu *travailles* sans cesse ; j'aime mieux que tu *sautes* à la corde ou que tu te *livres* à tout autre exercice corporel que tu *préféreras* ; mais si tu *veux* employer utilement ces miettes de temps que tout le monde perd, *imite* ce savant homme qui avait chez lui sur un pupitre un dictionnaire toujours ouvert, dictionnaire de chronologie ou de géographie, ou de toute autre science ; n'eût-il que deux minutes, c'était assez pour lire un article, et il faisait une corne à la page. Il comparait ingénieusement les immenses connaissances qu'il avait acquises de la sorte, à ces fortunes que, d'après les journaux, on trouve quelquefois dans la paillasse de certains mendiants, fortune de liards et de centimes.

TROISIÈME PERSONNE DU SINGULIER.
32ᵉ Dictée.
LE CORPS HUMAIN.

Il n'y *a* guère de machine qu'on ne *trouve* dans le corps humain. Pour sucer quelque liqueur, la bouche *sert* de tuyau, et la langue de piston. Au poumon *est* attachée la trachée-artère (1) comme une espèce de flûte douce, d'une fabrique parti-

---

(1) La *trachée-artère*, tuyau qui amène l'air dans les poumons. Il y a dans le texte l'*âpre-artère*, dénomination usitée du temps de Bossuet.

culière, qui, s'ouvrant plus ou moins, *modifie* l'air et *diversific*
les tons. La langue *est* un archet qui, battant sur les dents et
sur le palais, en *tire* des sons exquis. L'œil *a* ses humeurs et
son cristallin. Les réfractions s'y ménagent avec plus d'art que
dans les verres les mieux taillés ; il *a* aussi sa prunelle, qui se
dilate et se *resserre* ; tout son globe s'*allonge* ou s'*aplatit*, selon
l'axe de la vision, pour s'ajuster à la distance, comme la
lunette à la longue-vue. L'oreille *a* son tambour, où une peau
aussi délicate que bien tendue *résonne* (1) au bruit d'un petit
marteau que le moindre bruit *agite* : elle *a*, dans un os fort
dur, des cavités pratiquées pour faire retentir la voix de la
même sorte qu'elle *retentit* dans les rochers et dans les échos.
Les vaisseaux ont leurs soupapes tournées en tous sens ; les os
et les muscles ont leurs poulies et leurs leviers. Les proportions qui font et les équilibres et la multiplication des forces
mouvantes, y sont observées dans une justesse où rien ne
manque. Toutes ces machines sont simples ; le jeu en *est* si
aisé et la structure si délicate, que toute autre machine *est*
grossière en comparaison. (D'après Bossuet.)

_____

PREMIÈRE PERSONNE DU PLURIEL.

33ᵉ Dictée.

PRIÈRE D'UNE SERVANTE.

Mon Dieu ! faites-moi la grâce de trouver la servitude douce
et de l'accepter sans murmure, comme la condition que vous
nous avez imposée à tous en nous envoyant dans ce monde. Si
nous ne nous *servons* pas les uns les autres, nous ne *servons* pas
Dieu, car la vie humaine n'est qu'un service réciproque. Les
plus heureux sont ceux qui servent leur prochain sans gages,
pour l'amour de vous. Mais nous autres, pauvres servantes, il
faut bien gagner le pain que vous ne nous avez pas donné en
naissant. Nous *sommes* peut-être plus agréables encore à vos
yeux pour cela, si nous *savons* comprendre notre état ; car,
outre le pain, nous *avons* l'humiliation du salaire que nous
sommes forcées de recevoir pour servir souvent ceux que nous
aimons.

_____

(1) *Résonner*, avec un *é*, rendre un son ; *raisonner*, avec *ai*, faire usage de sa *raison.*
Ces deux mots sont des homonymes.

34. PRIÈRE D'UNE SERVANTE (*Suite*).

Nous *sommes* de toutes les maisons, et les maisons peuvent nous fermer leurs portes ; nous *sommes* de toutes les familles, et toutes les familles peuvent nous rejeter; nous *élevons* les enfants comme s'ils étaient à nous, et quand nous les *avons* élevés, ils ne nous reconnaissent plus pour leurs mères ; nous *épargnons* le bien des maîtres, et le bien que nous *avons* épargné s'en va à d'autres qu'à nous ! Nous nous *attachons* au foyer, à l'arbre, au puits, au chien de la cour ; et le foyer, l'arbre, le puits, le chien nous sont enlevés quand il plaît à nos maîtres ; le maître meurt, et nous n'*avons* pas le droit d'être en deuil ! Parentes sans parenté, familières sans familles, filles sans mères, mères sans enfants, cœurs qui se donnent sans être reçus : voilà le sort des servantes. Accordez-moi de connaître les devoirs, les peines et les consolations de mon état ; et, après avoir été ici-bas une bonne servante des hommes, d'être là-haut une heureuse servante du Maître parfait !

(DE LAMARTINE.)

TROISIÈME PERSONNE DU PLURIEL.

La 3ᵉ personne du pluriel dans les verbes est en *ent*

35ᵉ Dictée.

CRIS ET MANIÈRE D'ÊTRE DES ANIMAUX.

Quelle diversité dans les cris qui *entrent* dans le langage des animaux !

Les chevaux *hennissent*, les ânes *braient*, le taureau, la vache et le bœuf *beuglent* ou *mugissent*, les chiens *aboient*, les cochons *grognent*, les moutons *bêlent*, les chats *miaulent*, les coqs *chantent*, les poules *caquètent* et *gloussent*, les poulets *piaulent*, les lions *rugissent*, les loups *hurlent*, les renards *glapissent*, les cerfs (2) *brament*, les pigeons et les tourterelles *roucoulent*, les corbeaux *croassent*, les grenouilles *coassent*, les pies *jacassent*, les moineaux *pépient*, les merles *sifflent*, les petits oiseaux *gazouillent*, les insectes *bourdonnent*, les hommes *parlent*, *chantent* et *sifflent* tout à la fois.

Il n'existe pas moins de variétés dans le mode de locomotion des différents genres d'animaux. Les chevaux *marchent, trot-*

---

(1) Voir page 17, note 2.

tent ou *galopent* ; quelques-uns *vont* l'amble, c'est-à-dire qu'ils *avancent* alternativement les deux jambes du côté droit, puis celles du côté gauche. Tous les autres quadrupèdes *marchent* et *courent* ou *sautent* ; les oiseaux *volent*, *grimpent* ou *sautillent*, les aigles *planent* au haut des airs ; les serpents *rampent* ; les poissons *nagent* ; les hommes *marchent*, *dansent*, *courent*, *sautent*, *grimpent* et *nagent*.

36ᵉ Dictée.

LES FEUILLES.

A peine le soleil du printemps a réchauffé la terre, qu'on voit de toutes parts les feuilles s'empresser de déchirer les tuniques qui leur *ont* servi de berceau. Les arbres se *coiffent* de vertes chevelures sous lesquelles leurs fronts se *rajeunissent*. Variées dans leur port comme dans leurs teintes, elles se *groupent*, se *divisent* et *s'étalent*, ou *flottent* avec grâce. Tantôt elles *s'arquent* et *retombent* en guirlandes ; tantôt, moins modestes, elles *s'élèvent* en faisceaux et en gerbes. Ici, c'est une flèche que l'on décoche ; là, c'est une touffe azurée qui se marie élégamment à l'horizon. Des feuilles innombrables *s'étendent* tout à coup dans les airs, pareilles à l'épée qui sort du fourreau, à l'éventail que l'on déplisse, ou à la pièce d'étoffe que l'on déroule. Peu de jours se *sont* écoulés, et déjà l'ombre est tellement épaisse que l'on serait tenté de demander où donc *avaient* été mises en réserve ces riches et fraîches tentures, dont s'est paré en un instant le séjour de l'homme.

IMPÉRATIF DE LA PREMIÈRE CONJUGAISON.

La 1ʳᵉ personne de l'impératif des verbes de la première conjugaison ne prend pas d's.

37ᵉ Dictée.

SENTENCES EXTRAITES DE L'ÉVANGILE.

Quand tu *apportes* ton offrande à l'autel (1), si tu te souviens que ton frère a quelque chose contre toi, *laisse* ton offrande et

---

(1) *Autel*, table sur laquelle on célèbre le sacrifice de la messe. — *Hôtel*, maison de maître : l'*hôtel Saint-Paul* ; maison meublée ; *hôtel du Lion d'Or* (homonymes).

va (1) te réconcilier avec lui ; *reviens* ensuite et *présente* ton offrande.

Au lieu de plaider, *accorde*-toi avec ton adversaire pendant que tu te *rends* avec lui chez le juge.

Si ton œil droit est pour toi un objet de scandale, *arrache*-le et *jette*-le loin de toi ; de même, si ta main droite est pour toi un sujet de scandale, *coupe*-la et *jette*-la au feu.

Non-seulement ne te *parjure* point, mais encore ne *jure* jamais, ni par le ciel qui est le trône de Dieu, ni par la terre qui est son marche-pied, ni par ta tête dont tu ne *peux* faire devenir un seul cheveu blanc ou noir ; mais *contente*-toi de ces paroles: oui, oui, non, non ; celles que tu *profères* au delà sont superflues.

Ne *résiste* pas à celui qui te *fait* du mal, et si quelqu'un te *frappe* sur la joue droite, *présente*-lui aussi la gauche.

38. SENTENCES EXTRAITES DE L'ÉVANGILE (*Suite*).

Donne à celui qui te *demande* ; *aime* tes ennemis ; *bénis* ceux qui te maudissent ; *fais* du bien à ceux qui te haïssent ; *prie* pour ceux qui t'outragent et te persécutent. *Comporte*-toi de la sorte afin que l'on reconnaisse en toi l'enfant de Celui qui fait lever son soleil sur les bons et sur les méchants, qui fait pleuvoir sur les justes et sur les pécheurs (2).

Garde-toi de faire l'aumône en public ; mais quand tu la *fais*, que ta main gauche ne sache pas ce que fait ta main droite.

Lorsque tu *pries*, *entre* dans ton cabinet et *fermes*-en (3) la porte ; ne *ressemble* pas aux païens ; n'*use* pas comme eux de vaines redites ; *pardonne* aux hommes leurs offenses, afin que Dieu te *pardonne* aussi les tiennes.

Si tu *jeûnes*, n'*affecte* pas un air triste, comme les hypocrites, mais *parfume* ta tête, et *lave* ton visage.

Demande et tu *recevras* ; *cherche* et tu *trouveras* ; *frappe* et on *t'ouvrira* ; *évite* de faire aux autres ce que tu ne *voudrais* pas qu'on te *fît*.

---

(1) *Va* ne prend pas d's, excepté dans l'expression *vas-y*. *Va-t-en* prend un *t* euphonique.

(2) *Pécheur*, avec un accent aigu, qui commet des péchés (féminin *pécheresse*). *Pêcheur*, avec un accent circonflexe, qui va à la pêche (féminin *pêcheuse*). Cette différence dans l'accentuation est très-importante.

(3) *Fermes-en*, remarquez l's euphonique.

VERBES EN GER, EER, ELER, ETC. (*Gr.* § 88).

39ᵉ Dictée.

LA JEUNE HIRONDELLE.

Une toute jeune hirondelle, qui sortait de son nid pour la première fois, vit des fourmis occupées à recueillir des provisions pour l'hiver. Ne comprenant rien à leur façon d'agir, elle les *interrogea.* « Pourquoi, leur dit-elle cette activité fiévreuse ? — C'est que nous *songeons* à l'avenir, répliquèrent les fourmis. *Jugeant* que l'hiver est proche, nous nous *efforçons* d'amasser des vivres (1) pour nous nourrir pendant cette saison. Autrement nous péririons de faim, ou du moins nous *végéterions* misérablement jusqu'au retour des zéphyrs.—Que Dieu vous *protége!* s'écria l'hirondelle, vous me donnez une leçon qui, j'espère, ne sera point perdue.

A dater de ce moment, la novice hirondelle passait tout son temps à tuer des mouches et des araignées qu'elle mettait en réserve pour l'époque où les frimas *régneraient* sur notre hémisphère (2). Elle n'eut plus un instant de repos. Aussi maigrissait-elle à vue d'œil.

40. LA JEUNE HIRONDELLE (*Suite*).

Sa mère s'en *affligeait* beaucoup ; mais elle ne savait comment y remédier. « Ta santé, ma chère enfant (3), s'*altère* de plus en plus, lui dit-elle un jour. A quoi bon ce travail incessant. — Ma mère, il vous *révèle* une prévoyance qui nous sera utile à tous. J'*amoncelle* des subsistances pour l'hiver ; car d'après ce que m'*apprirent* dernièrement des fourmis bienveillantes, nous n'aurons plus alors aucun moyen de nous en procurer. — Tes paroles, ma fille, *décèlent* une ignorance qui ne trouve d'excuse que dans ton extrême jeunesse. Songe donc qu'à l'approche de la mauvaise saison, nous quittons ces lieux pour aller habiter sous un ciel plus clément. Nous nous *élançons* gaiement à travers les airs à la recherche d'une nouvelle demeure. Dès que le printemps *ramènera* les beaux jours, nous reviendrons au nid qui t'a vue naître. Nous *voyageons* de la sorte afin d'avoir constamment des vivres frais en abondance. Ceux que tu t'in-

---

(1) *Vivres*, substantif masculin : *les vivres furent consommés* en peu de jours.
(2) *Hémisphère*, substantif masculin : *l'hémisphère boréal*.
(3) Remarquez que *enfant* est du féminin lorsqu'il s'agit d'une petite-fille, soit de lait, soit par analogie, comme dans cette phrase.

quiètes tant d'amasser se corrompraient (1) bien vite, et rien n'y *suppléerait* pour nous aider à vivre. Aussi ne *balançons*-nous jamais à partir dès que les feuilles, en *commençant* à tomber, nous *rappellent* l'approche de la saison rigoureuse. Cesse d'imiter les fourmis; ne *règle* plus désormais ta conduite sur la leur, et souviens-toi que le sage ne se *modèle* que sur les gens qui lui ressemblent. »

<hr>

IMPARFAIT DE L'INDICATIF.

41ᵉ Dictée.

NOURRITURE DES PREMIERS HOMMES.

Si les hommes des anciens âges *pouvaient* revenir pour converser avec nous, « Mortels bien-aimés du ciel, nous diraient-ils, comparez les temps; voyez combien vous êtes heureux, et combien nous *étions* misérables! La terre nouvellement formée, et l'air chargé de vapeurs, *étaient* encore indociles à l'ordre des saisons : le cours incertain des rivières *dégradait* leurs rives de toutes parts ; des étangs, des lacs, de profonds marécages *inondaient* les trois quarts de la surface du monde; l'autre quart *était* couvert de bois et de forêts stériles. La terre ne *produisait* nuls bons fruits, nous n'*avions* nuls instruments de labourage; nous *ignorions* l'art de nous en servir; et le temps de la moisson ne *venait* jamais pour qui n'*avait* rien semé : aussi la faim ne nous *quittait* point. L'hiver, la mousse et l'écorce des arbres *étaient* nos mets ordinaires. Quelques racines vertes de chiendent et de bruyère *étaient* pour nous un régal ; et, quand les hommes *avaient* pu trouver des faînes, des noix et du gland, ils en *dansaient* de joie autour d'un chêne ou d'un hêtre, au son de quelques chansons rustiques, appelant la terre leur nourrice et leur mère : c'*était* là leur unique fête, c'*étaient* (2) leurs uniques jeux ; tout le reste de la vie humaine n'*était* que douleur, peine et misère. »

<hr>

(1) *Corrompraient*, sans e parce que ce verbe est de la quatrième conjugaison.

(2) *C'étaient*. Le verbe *être* précédé de *ce*, ne se met au pluriel que lorsque le mot suivant est à la troisième personne du pluriel, comme dans cette phrase. Mais on dira en employant le singulier : *c'est* nous trop souvent qui faisons nos malheurs ; *c'est la pluie et le beau temps* qui fécondent la terre, parce que les mots *nous, la pluie et le beau temps*, quoique étant au pluriel ne sont pas à la troisième personne du pluriel.

PARFAIT DÉFINI.

42ᵉ Dictée.

UN VOYAGE DE COLONISATION DANS L'ANTIQUITÉ.

Après avoir adressé nos adieux, Céphas et moi, à la terre d'Égypte, nous nous *embarquâmes* sur un vaisseau phénicien qui allait chercher des pelleteries dans les Gaules, et de l'étain dans les îles Britanniques. Nous *emportâmes* avec nous des toiles de lin, des modèles de chariots, de charrues et de divers métiers ; des cruches de vin, des instruments de musique, des graines de toute espèce. Nous *fîmes* attacher dans des caisses autour de la poupe (1) du vaisseau, sur son pont et jusque dans ses cordages, des ceps de vigne qui étaient en fleur, et des arbres fruitiers de plusieurs sortes. Nous *mouillâmes* (2) d'abord sur les côtes de l'île de Crète (3), pour y prendre des plantes convenables au climat des Gaules.

Un vent favorable nous *poussa* ensuite jusqu'à la hauteur de Mélite (4). C'est une petite île de pierre blanche, paraissant de loin sur la mer comme des toiles tendues au soleil. Nous y *jetâmes* l'ancre pour y faire de l'eau (5). Les habitants ne vivent que de brigandages ; nous leur *fîmes* présent de graines de melon et de celle d'une herbe dont la bourre sert à faire des toiles très-blanches et très-légères (6). Chaque année, vers l'équinoxe d'automne (7), on prend à Mélite une quantité prodigieuse de cailles qui s'y reposent en passant d'Europe en Afrique. Elles sont si fatiguées qu'on les attrape à la main, et qu'un homme en ramasse en un jour plus qu'il n'en peut manger dans une année.

43ᵉ Dictée.

INTELLIGENCE DES OISEAUX.

Un jour de l'été, je me promenais le long d'une petite rivière, lorsque mon attention fut éveillée par un bruit insolite qui semblait partir de l'autre rive ; je *levai* les yeux et j'*aperçus* à quel-

(1) *Poupe*, l'arrière du vaisseau ; *proue*, l'avant.
(2) *Mouiller*, jeter l'ancre en quelque endroit de la mer pour arrêter le bâtiment.
(3) L'*île de Crète*, aujourd'hui *Candie*.
(4) *Mélite*, aujourd'hui l'île de Malte, dans la Méditerranée.
(5) On dit d'un navire qu'il *fait de l'eau*, lorsqu'il fait sa provision d'eau bonne à boire. — *Faire eau* se dit lorsque l'eau s'introduit dans la cale du navire.
(6) Cette herbe est le *colon*.
(7) *Équinoxe* (latin, *æquus*, égal ; *nox*, nuit), époque de l'année pendant laquelle le jour est égal à la nuit. L'équinoxe d'automne a lieu le 21 septembre.

que distance un oiseau de proie d'assez grande taille (quelque
faucon, je pense), planant au-dessus d'un point qui paraissait
fixer son attention, et vers lequel bientôt je le vis fondre avec
rapidité ; sa course l'avait déjà entraîné à quelques mètres du
sol, lorsque je *vis* partir de terre et s'élever tout droit à sa rencontre un groupe de sept ou huit perdrix, serrées en bataillon
les unes contre les autres. Ces pauvres oiseaux avaient évidemment pour but d'imposer (1) à leur adversaire par leur nombre
et par leur audace, et ce plan *réussit*, car ce dernier s'*éloigna*
aussitôt et *remonta* dans les airs, tandis que de leur côté les
perdrix s'abattant, se *blottirent* dans l'herbe, en faisant entendre des cris qui *témoignèrent* hautement de leur effroi.

Cependant, quoique déçu, leur ennemi n'était point décou-
ragé ; trois ou quatre fois il *revint* à la charge, mais chaque
fois il fut repoussé de la même manière et avec le même avantage. J'ignore quelle eût pu être l'issue de ce drame émouvant ;
mais sans doute l'agresseur m'*aperçut*, car il *finit* par s'éloigner,
au moment où il allait recevoir le renfort de l'un de ses pareils,
qui se dirigeait vers le théâtre de ce petit événement. (D'après
la Science pour tous.)

44ᵉ Dictée.

COMMENT BUFFON DEVINT MATINEUX

« Dans ma jeunesse, disait Buffon, j'aimais beaucoup à dormir, et ma paresse me dérobait la moitié de mon temps. Mon
pauvre Joseph faisait tout ce qu'il pouvait pour la vaincre, sans
pouvoir réussir. Je lui *promis* un écu toutes les fois qu'il me
forcerait de me lever à six heures. Il ne *manqua* pas le jour
suivant de venir me tourmenter à l'heure indiquée, mais je lui
répondis fort brusquement. Le jour suivant il *vint* encore : cette
fois-là, je lui *fis* de grandes menaces qui l'*effrayèrent*.

« — Ami Joseph, lui *dis*-je dans l'après-midi, j'ai perdu mon
« temps et tu n'as pas gagné ton argent ; tu n'entends pas bien
« ton affaire : ne pense plus qu'à ma promesse et ne fais désor-
« mais aucun cas de mes menaces. »

« Le lendemain, il *revint*. D'abord je le *priai*, je le *suppliai*,
puis je me *fâchai* ; mais il n'y *fit* aucune attention, et me *força*

---

(1) *Imposer*. Il est important de ne pas confondre les deux expressions *imposer* et
en imposer. *Imposer* veut dire *imposer du respect*, prendre de l'ascendant : *notre fière
contenance imposa aux ennemis*. — *En imposer*, c'est prendre de l'ascendant *avec
l'intention de tromper* : *en imposer à ses juges*.

(2) *Matineux*, qui a l'habitude de se lever matin ; *matinal*, qui se lève matin par
hasard.

à me lever malgré moi. Ma mauvaise humeur ne durait guère plus d'une heure après le moment du réveil ; il était récompensé alors de sa fermeté par mes remerciements et par ce qui lui était promis. Je dois au pauvre Joseph dix ou douze volumes au moins de mes ouvrages. » (D'après BUFFON.)

FUTUR.

La première personne du singulier du futur est terminée en *ai* ; la deuxième personne du pluriel est terminée en *ez*.

RÈGLE DE FORMATION DU FUTUR (1re et 4e conjugaison). — Pour la première conjugaison, ajoutez à l'infinitif les terminaisons du futur : *Aimer, j'aimer ai ; avouer, j'avouer ai ; crier, je crier ai*. — Pour la quatrième, supprimez l'e final avant d'ajouter ces terminaisons : *conclure, je conclur ai ; mettre, je mettr ai*, etc.

Cette règle bien appliquée donne le moyen d'écrire avec correction le futur, dont l'orthographe est souvent l'occasion de fautes graves. Ainsi *j'avouerai*, prend un *e* parce qu'il appartient à la première conjugaison ; *je conclurai* ne prend pas d'*e*, parce qu'il appartient à la quatrième conjugaison.

45° Dictée.

RUTH ET BOOZ.

Une famille israélite, composée du père, de la mère et des deux fils, pour échapper à la famine qui désolait Bethléem (1), était allée habiter le pays des Moabites (2). Les deux fils, après y avoir pris des épouses, étaient morts, et leur père Elimélech n'avait pas tardé à les suivre dans la tombe. Il ne restait donc plus que trois pauvres veuves, Noémi, la belle-mère, et ses deux brus du pays de Moab, Ruth et Horpa.

Ayant appris que l'abondance avait reparu dans les champs de Bethléem, Noémi avait entrepris d'y retourner ; elle s'était mise en route avec ses deux belles-filles ; mais après quelques jours de marche, craignant d'imposer à celles-ci un trop grand sacrifice en les emmenant loin de leur pays : « *Retournez* mes filles, leur dit-elle, dans la maison de vos parents : que *deviendrez*-vous avec moi ? Je *prierai* l'Eternel pour vous, afin qu'il vous comble de ses dons. » Horpa prit en pleurant congé de sa belle-mère, mais Ruth ne voulut pas la quitter : « Je ne vous *délaisserai* point, dit-elle, je ne me *résoudrai* jamais à m'éloigner de vous. Je me *rendrai* partout où vous *irez* et je *demeurerai* où vous *demeurerez* ; votre peuple sera mon peuple et votre Dieu sera mon Dieu. Je *mourrai* où vous *mourrez* et j'y *serai* ensevelie ; mais tant que vous *vivrez*, je ne vous *abandonnerai* point,

(1) *Bethléem*, petite ville de la tribu de Juda, en Palestine, célèbre par la naissance du Sauveur.

(2) Les *Moabites*, peuples idolâtres habitant dans le voisinage de la Terre sainte.

je vous *servirai* en fille respectueuse et soumise, je m'*efforcerai* d'adoucir les chagrins que vous *ressentez* de la perte de ceux que vous *pleurez* aussi amèrement que moi. Que si vous *persistez* dans votre projet de séparation, je vous *suivrai* malgré vous et je vous *supplierai* tant que tôt ou tard vous *consentirez* à me *considérer* de nouveau comme votre fille. » Noémi, touchée d'un tel dévouement, ne résista plus, et elles continuèrent toutes deux leur route vers Bethléem.

46. RUTH ET BOOZ (*Suite*).

La belle conduite de Ruth, sa piété filiale furent bientôt connues de toute la ville. Au temps de la moisson, elle alla glaner dans le champ d'un riche Israélite nommé Booz, qui était parent d'Elimélech. Booz lui dit : « Ma fille, vous ne *glanerez* point dans un autre champ que le mien ; à l'heure du repas, vous vous *approcherez*, vous *partagerez* le pain de mes moissonneurs et vous *tremperez* comme eux votre pain dans le vinaigre, vous *demeurerez* avec mes filles et je vous *considérerai* comme l'une d'elles. » En même temps le bon vieillard adressa cette recommandation à ses ouvriers : « *Traitez* Ruth avec égards, qu'elle glane même entre les javelles ; de temps en temps vous lui *laisserez* comme par mégarde quelques poignées d'orge, et lorsqu'elle les *recueillera* vous ne l'en *reprendrez* point. »

Grâce à la bonté de Booz, Ruth pourvut facilement à sa subsistance et à celle de sa belle-mère. Cette dernière remerciait chaque jour le Seigneur de lui avoir accordé une belle-fille aussi dévouée. Ce ne fut pas tout : Booz, qui avait appris sa parenté avec Ruth, consentit à l'épouser, comme la loi de Moïse le lui prescrivait. De leur mariage naquit Obed, grand-père du roi David.

47° Dictée.

CE QUE CONTIENT UNE GOUTTE D'EAU.

Que peut contenir une goutte d'eau ? A cette question plus d'un écolier *sourira* peut-être et s'*écriera* avec assurance : rien, ou, du moins, pas grand'chose. Nous le *prierons* de vouloir bien nous permettre d'avoir une opinion diamétralement opposée à la sienne, et s'il veut pousser la complaisance un peu plus loin, nous *essaierons* de lui démontrer son erreur. Les merveilles que nous *découvrirons* à ses regards stupéfaits *modifieront* radicalement ses idées sur la taille et le volume des animaux qui peuplent le monde. Qu'il veuille bien nous suivre chez certain savant de notre connaissauce ; cet excellent homme *nettoiera* sur-le-champ les verres de son microscope (1), sur le porte-objet duquel il *placera* une goutte d'eau. Il ne *choisira* pas à la vérité l'eau la plus limpide qu'il *pourra* trouver ; il *prendra* de l'eau qu'il *aura* puisée dans un fossé marécageux. Aussitôt le magique instrument *étalera* aux regards de notre jeune incrédule tout un monde de petits insectes pour lesquels la goutte d'eau *constituera* un vaste océan. L'écolier *apercevra* des myriades d'animalcules infusoires (2) aux formes bizarres, étranges, capricieuses : tous ces petits êtres *remueront*, *frétilleront*, *grouilleront* sous ses yeux. Il *suivra* leurs évolutions avec une avide curiosité ; il s'*enquerra* de leur manière de vivre, de toutes les particularités de leur existence ; il *avouera* qu'il était loin de s'attendre à un spectacle aussi attachant ; il s'*effraiera* en songeant que s'il buvait de cette eau, il introduirait dans son estomac des milliers de mondes semblables à celui dont il embrasse l'ensemble d'un coup d'œil ; enfin il *suppliera* le savant de lui faire connaître quelques-uns de ces petits animaux qu'il *aura* sous les yeux.

48. CE QUE CONTIENT UNE GOUTTE D'EAU (*Suite*).

Alors le vieux naturaliste lui *nommera* d'abord les géants de cet univers lilliputien (3), les animaux dont la taille atteint un dixième de millimètre. Ce sont les INFUSOIRES CILIÉS, qui doivent leur nom aux poils mobiles recouvrant la surface de leur corps, et qui vivent dans les eaux stagnantes. Passant ensuite aux MONADES, dont la forme rappelle celle d'un gland, il lui *apprendra* qu'il en faudrait deux mille, rangés à la file, pour couvrir une longueur d'un milimètre ; enfin il *descendra* à la famille des VIBRIONIENS, composée d'individus dont les corps se réduisent à des filaments très-minces. Il lui *dira* que ces êtres se divisent en trois classes : les *bactéries*, toujours raides comme de petits bâtons ; les *vibrions*, qui s'agitent comme des vers, et les *spirilles*, dont les formes rappellent celle de nos tire-bouchons. Le savant *ajoutera* qu'un nombre immense d'autres

(1) *Microscope*, instrument d'optique qui fait paraître les objets beaucoup plus gros qu'ils ne sont.
(2) *Animalcules infusoires*, très-petits animaux que le microscope fait découvrir dans les liquides où l'on a fait infuser les végétaux.
(3) Allusion à un pays imaginaire où l'on feint que la taille des hommes n'était que de quinze centimètres.

infusoires peuvent vivre et se développer dans les infusions de foin, de poivre, de blé, d'avoine et de beaucoup d'autres substances. Il *conclura* en célébrant la Puissance-Créatrice, et l'écolier le *remerciera* de lui avoir révélé l'existence de ces infiniment petits. En outre, il ne se *donnera* point de repos qu'il ne se soit procuré un petit microscope ; il *étudiera* par lui-même le monde des invisibles, et il s'*habituera* à ne point nier sans examen les faits qui nous paraissent impossibles au premier abord.

CONDITIONNEL.

Le présent du conditionnel se forme de la même manière que le futur; les terminaisons seules diffèrent dans ces deux temps.

Nous appelons l'attention sur cette règle de formation qui mettra en garde contre une faute de langage que l'on fait fréquemment, et qui consiste à dire : nous *prenderions* au lieu de nous *prendrions*; vous *metteriez* au lieu de vous *mettriez*.

49ᵉ Dictée.

SI J'ÉTAIS RICHE.

Si j'étais riche, je n'*irais* pas me bâtir une ville à la campagne ; mais sur le penchant de quelque agréable colline bien ombragée, j'*aurais* une petite maison rustique, une maison blanche avec des contrevents verts ; et, quoiqu'une couverture de chaume soit en toute saison la meilleure, je *préférerais* magnifiquement, non la triste ardoise, mais la tuile, parce qu'on ne couvre pas autrement les maisons dans mon pays, et que cela me *rappellerait* un peu l'heureux temps de ma jeunesse.

Là, je *rassemblerais* une société d'amis aimant le plaisir, et s'y connaissant. Là, tous les airs de la ville *seraient* oubliés ; et, devenus villageois au village, nous nous *trouverions* livrés à des foules d'amusements divers, qui ne nous *donneraient* chaque jour que l'embarras du choix pour le lendemain. L'exercice et la vie active nous *feraient* un nouvel estomac et de nouveaux goûts. Tous nos repas *seraient* des festins, où l'abondance *plairait* plus que la délicatesse. La salle à manger *serait* partout, dans le jardin, dans un bateau, sous un arbre, quelquefois au loin, près d'une source vive, sur l'herbe verdoyante et fraîche, sous des touffes d'aulnes (1) et de coudriers (2) ; une

---

(1) On écrit ce mot *aulne* ou *aune*.
(2) Les *coudriers* sont souvent appelés *noisetiers*.

longue procession de gais convives *porterait* (1) en chantant l'apprêt du festin ; on *aurait* le gazon pour table et pour chaises. Les bords de la fontaine *serviraient* de buffet, et le dessert *pendrait* aux arbres.

50. SI J'ÉTAIS RICHE (*Suite*).

L'appétit *dispenserait* des façons ; chacun, se préférant ouvertement à tout autre, *trouverait* bon que tout autre se préférât de même à lui : de cette familiarité *naîtrait* sans grossièreté un conflit badin plus charmant cent fois que la politesse, et plus fort pour lier les cœurs. Nous *serions* nos valets pour être nos maîtres ; le temps *passerait* sans le compter, et le repas *durerait* autant que l'ardeur du jour. S'il *passait* près de nous quelque paysan retournant au travail, les outils sur l'épaule, je lui *réjouirais* le cœur par quelques bons propos, par quelques coups de bon vin qui lui *feraient* porter plus gaiement sa misère.

Si quelques fêtes champêtres *rassemblaient* les habitants du lieu, j'y *serais* des premiers avec ma troupe. Si quelques mariages se faisaient dans mon voisinage, on *saurait* que j'aime la joie, et j'y *serais* invité. Je *porterais* à ces bonnes gens quelques dons simples comme eux, qui *contribueraient* à la fête, et j'y *trouverais* en échange des biens d'un prix inestimable, la franchise et le vrai plaisir ; *je souperais* gaiement (2) au bout de leur longue table. J'y *ferais* chorus au refrain d'une vieille chanson rustique, et je *danserais* dans leur grange.

FUTUR ET CONDITIONNEL.

Faites bien attention au sens de la phrase, pour distinguer le futur du conditionnel. On peut dire en général que si le premier verbe est au présent, le second se met au futur ; si je *veux*, j'*apprendrai*. — Si le premier verbe est à l'imparfait, le second se met au conditionel : si je *voulais*, j'*apprendrais*.

De même si le premier verbe est au futur, le second se met au futur ; si le premier verbe est au conditionnel, le second se met au conditionnel : quand tu *viendras* je *serai* prêt ; quand bien même tu *partirais*, je *resterais*.

51ᵉ Dictée.

LES PRONOSTICS DU TEMPS.

Si je veux être attentif à une foule de présages que me *fourniront* les animaux, je *pourrai* prévoir d'avance les changements

---

(1) Ce ne serait pas une faute d'écrire *porteraient* au lieu de *porterait.*
(2) On peut écrire à volonté *gaiement* ou *gaîment.*

de temps. L'araignée *sera* sous ce rapport un excellent baromètre (1). Si je la *voyais* raccourcir notablement les derniers fils auxquels est suspendue sa toile, je *devrais* voir dans cette manœuvre un signe de pluie ou de vent ; si au contraire elle les *allongeait*, ce *serait* un indice de beau temps ; et la durée plus ou moins grande de ce beau temps *dépendrait* de l'allongement plus ou moins considérable de ces fils. Quand je *verrai* l'araignée inerte au centre de sa toile, j'en *conclurai* que la pluie est proche. Mais quand l'insecte se *mettra* tout à coup à travailler par le mauvais temps, j'en *inférerai* que la pluie *sera* de courte durée et qu'un beau temps fixe lui *succédera* bientôt. Si par hasard, à l'approche du crépuscule (2), l'araignée introduisait des changements importants dans la disposition de sa toile, je *pourrais* m'attendre à une nuit claire et sereine.

52. LES PRONOSTICS DU TEMPS (*Suite*).

Les particularités qui accompagnent le vol de l'hirondelle sont également des signes infaillibles d'un prochain changement de temps. Toutes les fois que cet intéressant oiseau *volera* en rasant le sol et en poussant des cris rares et plaintifs, je m'*attendrai* à la pluie. Lorsque l'hirondelle se *maintiendra* à une grande hauteur dans les airs, lorsqu'en volant elle *déviera* soudain, tantôt à droite, tantôt à gauche de la direction qu'elle *aura* prise, lorsqu'elle *jouera* avec ses compagnes, je *compterai* sur la continuation du beau temps. Enfin dans le cas où l'hirondelle *monterait* dans les nuages d'un vol lent et majestueux, dans le cas où elle *planerait* plutôt (3) qu'elle ne *volerait* au milieu des hautes régions de l'atmosphère, je *pronostiquerais* (4) un orage imminent (5).

Au printemps, une seule pie *viendra-t-elle* (6) à sortir d'un nid en ma présence, je *considérerai* ce fait comme le symptôme d'une pluie prochaine ; mais si le père et la mère quittent leur nid simultanément, j'en *induirai* (7) que le temps sera beau.

---

(1) Instrument de physique servant à mesurer la pesanteur de l'air et à indiquer à l'avance les changements de temps.

(2) Le *crépuscule*, temps qui s'écoule entre le coucher du soleil et l'instant où il fait tout à fait nuit.

(3) *Plutôt* et *plus tôt*, voyez page 22, note 1.

(4) *Je pronostiquerais*, je prédirais ; un *pronostic* est l'annonce anticipée d'un événement, d'un fait quelconque.

(5) Ne pas confondre *imminent*, qui menace, avec *éminent*, placé en évidence, important, remarquable : *un poste éminent, un homme éminent* (paronymes).

(6) *Viendra-t-elle.* Remarquez que le *t* est euphonique et qu'il n'appartient pas au mot *viendra*. Le *t* euphonique sert à éviter l'hiatus qui résulterait de *viendra-elle* ; il se place entre deux traits d'union.

(7) *J'en induirai*, j'en conclurai.

53. LES PRONOSTICS DU TEMPS (*Suite*).

A l'approche de la pluie, les paons crient, les piverts gémissent, les perroquets babillent, les pintades cherchent à se percher, les oies donnent des signes manifestes d'inquiétude. On les voit aller et venir, prendre leur course, puis s'arrêter subitement, agiter leurs ailes, voler ou s'élancer dans l'eau. Je n'*oublierai* aucun de ces indices, je les *recueillerai* tous, quand j'*aurai* intérêt à prévoir le temps qu'il *pourra* faire le lendemain.

Si j'*habitais* non loin des rivages de l'Océan et que je visse les mouettes (1) prendre leur vol vers la pleine mer, j'en *conclurais* le beau temps ; mais si ces oiseaux se rapprochaient des côtes, j'y *verrais* un indice de pluie.

Enfin quand j'*entendrai* le chant du grillon, ou cri-cri, quand j'*apercevrai* ces fils blancs dus à une araignée filandière (2) et que l'on appelle poétiquement fils de la Vierge, quand je les *apercevrai*, dis-je, voltigeant dans les airs, je me *féliciterai* de voir le beau temps se maintenir.

IMPARFAIT DU SUBJONCTIF.

Ne pas confondre la troisième personne du singulier du passé défini des verbes de la première conjugaison, *il aima*, avec la troisième personne du singulier de l'imparfait du subjonctif des mêmes verbes, *qu'il aimât*.

La 3e personne du singulier de l'imparfait du subjonctif prend un accent circonflexe et un *t* : qu'il *aimât*, qu'il *finît*, qu'il *reçût*, qu'il *rendît*.

EMPLOI DES TEMPS DU SUBJONCTIF. — Si le premier verbe est au présent ou au futur, le second se met au présent : je *désire* que l'on *s'occupe* de cet enfant. — Si le premier verbe est à un temps passé ou au conditionnel, le second se met à l'imparfait du subjonctif : je *désirerais* qu'on *s'occupât* de cet enfant (*Gr.* § 410).

54' Dictée.

LE DANGER DES PRÉOCCUPATIONS.

La manie de juger des gens sans les connaître et d'interpréter à mal toutes leurs actions est plus commune qu'on ne (3) pense. Peut-être ne serait-il pas inutile que, pour s'en corriger, on *méditât* sur l'aventure suivante.

Un beau matin, M. Jacques Méher, honnête rentier du Marais,

---

(1) Les *mouettes*, oiseaux de mer.
(2) *Filandière*, qui sait produire des fils.
(3) On emploi *ne* après les expressions comparatives, telles que *plus*, *moins*, *mieux*, *autre*, *autrement*. Ex.: On se voit d'un autre œil qu'on *ne* voit son prochain.

s'estimait l'homme le plus heureux qu'il y *eût* au monde ; il venait de recevoir du Havre une lettre qui lui annonçait pour le soir du même jour l'arrivée de son neveu Jules, son fils d'adoption, qui habitait l'Amérique depuis dix-sept ans. Comme il lui tardait que la nuit *arrivât !* Est-il besoin de dire qu'il se *trouva* plus de deux heures d'avance à la gare du chemin de fer de la rue Saint-Lazare, où son neveu devait descendre. Bien loin que son impatience se *calmât* à mesure que le temps s'écoulait, elle paraissait au contraire s'accroître de moment en moment. Dieu *voulut* enfin que le train du Havre entra en gare. Aussitôt que M. Méher aperçut les premiers voyageurs à travers les vitrages qui séparaient le public de la voie ferrée, il n'y *put* tenir davantage ; malgré son extrême timidité, il se *précipita* au plus épais de la foule qui attendait la descente des voyageurs ; il se *démena* si bien, il *joua* si énergiquement des coudes, qu'il *fallut*, bon gré, mal gré, qu'on le *laissât* passer. Il allait atteindre la limite que les règlements opposent aux flots envahissants des parents et des amis quand il se *heurta* tout à coup contre un grand gaillard qui ne paraissait pas moins affairé que M. Méher lui-même.

55. LE DANGER DES PRÉOCCUPATIONS (*Suite*).

En toute autre circonstance, le digne homme *eût* demandé qu'on *voulût* bien excuser sa maladresse ; mais dans sa préoccupation, l'idée ne lui en *vint* pas à l'esprit ; tout au contraire, il *manifesta* en termes fort rudes le mécontentement qu'il ressentait de ce choc, et apostrophant le voyageur, cause innocente de l'accident : « Grand maladroit ! » *s'écria*-t-il. A quoi ce dernier répondit par un : « Gros brutal ! » des mieux accentués. Une fois parvenue à ce point, la querelle n'en *resta* pas là. Se saisir mutuellement au collet et se secouer d'importance, ce *fut* pour les deux antagonistes l'affaire d'un clin d'œil. Tous les spectateurs s'attendaient à ce qu'une lutte sérieuse *s'engageât* entre eux. Il en *eût* été certainement ainsi, si des sergents de ville, accourus au bruit, ne se *fussent* interposés entre les combattants. Mais tout n'était pas fini : les représentants de l'autorité conduisirent les deux adversaires devant le commissaire de police. « Votre nom, *dit* ce magistrat, au plus jeune des délinquants. — Jules Meher. — Jules Méher ! *s'écria* l'autre stupéfait. Et le voilà qui se précipite vers le jeune homme, non pour le battre mais pour l'embrasser. On se figure la stupéfaction du commissaire et celle des sergents de ville qui, au premier abord, ne comprenaient rien à cet imbroglio.

IMPARFAIT DE L'INDICATIF DES VERBES EN IER ET EN YER.

Les verbes en *ier* prennent deux *i* à la première et à la deuxième personne du pluriel de l'imparfait de l'indicatif et du présent du subjonctif : *nous priions, vous priiez, que nous priions, que vous priiez.*

Les verbes en *yer* prennent un *y* et un *i* aux mêmes personnes : *nous payions, vous payiez, que nous payions, que vous payiez.*

56ᵉ Dictée.

LE MIRAGE.

Quand nous *traversions* les sables brûlants du désert disait un vieil officier qui avait fait partie de l'expédition d'Egypte (1), nous étions souvent le jouet d'une cruelle illusion. Au moment où nous *pliions* sous le poids de la chaleur du jour, si accablante dans ce climat ; au moment où, dévorés d'une soif ardente, nous *priions* le ciel de changer en un vent frais les feux de la fournaise où nous *respirions* ; au moment où nous le *suppliions* de guider nos pas dans le voisinage de quelque flaque d'eau saumâtre, tout à coup nous *apercevions* au loin, dans les profondeurs du désert, un paysage enchanteur : nous *voyions* un lac aux eaux bleues et limpides, dont les bords étaient ombragés de palmiers au feuillage d'un vert sombre. Nous *croyions* qu'un temps assez court nous suffirait pour arriver à ces eaux, et aussitôt nous *essayions* de nous y transporter. Nous *déviions* donc un peu de notre route, soit à droite, soit à gauche, pour atteindre l'objet de notre convoitise Quelle ardeur nous *déployions* tous ! Comme les traînards eux-mêmes se montraient diligents ! comme nous *oubliions* pour un instant nos fatigues !

57. LE MIRAGE (*Suite*).

Mais après avoir couru un certain temps, nous *constations* que la magique apparition semblait fuir devant nous. Alors nous nous *récriions*, mais en vain ; le frais paysage s'éloignait toujours ; puis soudain nous le *voyions* s'évanouir pour ne plus reparaître. Nous *venions* d'être témoins d'un phénomène assez commun dans les pays chauds, et désigné sous le nom de mirage. Le mirage a pour effet de faire voir, au-dessous des objets, des images ren-

---

(1) En 1798, une armée française, commandée par le général Bonaparte, fit la conquête de l'Egypte.

versées, absolument comme si ces objets se reflétaient dans l'eau. Une température élevée et le calme absolu de l'atmosphère sont deux conditions indispensables pour la production de ce phénomène. Le beau lac ombragé à la poursuite duquel nous nous *fourvoyions* était toujours l'image de quelque lointaine oasis que les couches de l'air voisines du sol réfléchissaient vers nous comme l'eût fait un miroir. Après quelques minutes de découragement, nous *prenions* le parti de rire de notre déconvenue. Mais aujourd'hui que ces événements sont loin (1) de nous, je n'hésite pas à avouer que nous *riions* du bout des dents.

PARTICIPES PASSÉS TERMINÉS PAR I, IS ET IT.

Un moyen mécanique de connaître l'orthographe d'un participe, tel que *pris, choisi, enduit*, est de former le féminin de ce participe : *prise, choisie, enduite*. On reconnaît ainsi que le premier prend un *s*, le second un *t* simple, le troisième un *t*. Nous avons fait une remarque analogue sur l'orthographe des noms et des adjectifs.

58ᵉ Dictée.

LE REPAS D'UN HINDOU.

L'Européen nouvellement arrivé dans l'Hindoustan (2) sans être *instruit* d'avance des usages des habitants, sans avoir *acquis* une connaissance suffisante de leurs mœurs, sans s'être *enquis* de ce qui est *permis* ou de ce qui est défendu par la loi du pays, s'expose à encourir l'animadversion des indigènes, quoiqu'il ne se soit jamais *départi* des règles de la bienséance et du savoir-vivre. Si, par exemple, il a *choisi* pour aller se promener l'heure où les Hindous prennent l'unique repas qu'ils font chaque jour, il est tout *surpris* de se voir subitement arrêté dans sa marche par quelque Hindou qui se dresse à l'improviste devant lui, et lui fait signe de s'éloigner. L'Européen n'avait pas d'abord aperçu cet homme, par la raison que ce dernier se tenait *assis* ou tout au moins *accroupi* sur le sol. Mais pourquoi cet indigène (3) a-t-il *agi* de la sorte à son égard ? C'est que celui-ci avait *choisi* pour effectuer sa promenade un moment inopportun, le

---

(1) *Loin de.* Remarquez que *loin de* est une locution prépositive *invariable*, et que, comme telle, elle ne peut prendre la marque du pluriel.

(2) *L'Hindoustan*, vaste contrée du sud de l'Asie.

(3) *Indigène* (latin, *inde*, de là ; *genitus*, né), qui est du pays, qui y est né.

moment où les sectateurs de Brahma (1) vont se livrer à l'un des
actes religieux les plus importants de la journée ; car chez eux,
les repas offrent ce caractère. Donc l'Hindou, quand il veut manger, gagne quelque lieu solitaire : et lorsqu'il a *acquis* la certitude de n'avoir point été *suivi*, il trace sur le sable un cercle
de quatre à cinq pieds de diamètre ; puis, après en avoir *enduit*
la surface d'une couche de boue, de façon à obtenir une aire
plane et parfaitement *unie*, il laisse sécher son ouvrage.

59. LE REPAS D'UN HINDOU (*Suite*).

Cela fait, il peut songer en toute sûreté de conscience à préparer sa cuisine. C'est dans cet unique but que le plancher dont
nous venons de parler a été *construit*, et vous en aurez *compris*
bien vite l'utilité : les Hindous admettent la métempsychose (2).
Chacun d'eux se croirait perdu s'il s'était *nourri* une fois seulement
d'une substance ayant eu vie, comme dans le cas, par exemple,
où quelque petit insecte se serait *introduit* dans ses aliments.
Grâce au plancher en terre battue, cette introduction devient
impossible ; mais quel travail pour en arriver là !

Ce n'est pas tout encore ; il existe dans l'Inde une classe
d'hommes voués au mépris et à l'exécration, c'est celle des
parias (3). Le paria, conspué, *honni*, est *banni* de toute société ;
il est redouté et *fui* à l'égal de la peste ; sa présence souille tous
les objets à portée de sa vue. Eh bien ! il y a des Hindous si
scrupuleux, qu'on les voit jeter leurs aliments, recommencer
toutes leurs cérémonies et même préparer pour leur repas un
nouveau terrain, uniquement parce que l'ombre d'un paria est
venue se projeter sur le vase où ils avaient *cuit* leur nourriture.
L'ombre d'un Européen eût été considérée comme aussi impure
et eût *produit* le même effet.

---

(1) *Brahma*, nom de la Divinité chez les Hindous.
(2) Le dogme de la *métempsychose* consiste à admettre qu'après la mort l'âme humaine passe dans le corps d'un animal. Les âmes des hommes qui ont le mieux vécu
habitent alors les corps des animaux réputés les plus nobles.
(3) Les *parias* sont les individus qu'on a chassés de l'une des quatre classes qui
composent la population de l'Hindoustan.

DISTINGUER LE PARTICIPE PASSÉ DE L'INFINITIF DANS LES VERBES DE LA PREMIÈRE CONJUGAISON.

Lorsque deux verbes se suivent, le second se met à l'infinitif : *je l'envoie jouer*. — On emploie encore l'infinitif après les prépositions : *à aimer, pour aimer*.

60° Dictée.

L'ÉRUDIT (1).

Hermagoras ne sait pas qui est roi de Hongrie, il est *étonné* de n'entendre faire aucune mention du roi de Bohême. Inutile de lui *parler* des guerres de Flandre et de Hollande (2), à moins que vous ne consentiez à le *dispenser* de vous répondre ; il ignore quand elles ont *commencé*, quand elles ont *cessé* ; mais il est *renseigné* sur les moindres détails de la guerre des géants, dont rien ne lui est *échappé*. Il a *passé* beaucoup de temps à *débrouiller* l'horrible chaos des deux empires, le babylonien et l'assyrien (3); il s'est mis à *étudier* à fond les Egyptiens et leurs dynasties. Il n'a jamais *visité* Versailles ; il ne le visitera point. Il a presque *contemplé* la tour de Babel : il en a *compté* les degrés. Il sait combien d'architectes ont *présidé* à cet ouvrage, il sait le nom des architectes. Dirai-je qu'il croit Henri IV fils de Henri III? Il a toujours *négligé* de rien connaître aux maisons de France, d'Autriche, de Bavière. « Quelles minuties! » dit-il, pendant qu'il est *occupé* à *réciter* de mémoire toute une liste de rois des Mèdes et de Babylone.

61. L'ÉRUDIT (*Suite*).

On lui a dit que le roi avait toujours *possédé* une santé parfaite, et il s'est aussitôt *rappelé* que Thetmosis, un roi d'Egypte (4), était valétudinaire (5), et qu'il tenait cette complexion de son aïeul Alipharmutosis. Rien ne lui est *caché* de la vénérable antiquité. Il vous dira que Sémiramis parlait comme son fils Ninyas, de sorte qu'on ne les pouvait *distinguer* d'après leur parole ; si c'était parce que la mère avait la voix mâle comme son fils, ou le fils une voix efféminée comme la mère, qu'il

---

(1) Un *érudit* est un homme d'un vaste savoir et qui possède à fond la connaissance d'une ou plusieurs branches de la science .

(2) Guerres faites par Louis XIV.

(3) Ces deux empires avaient pour capitales respectives Babylone et Ninive, en Mésopotamie.

(4) L'*Egypte*, contrée du nord-est de l'Afrique, dont les habitants furent au nombre des peuples les plus civilisés de l'antiquité.

(5) *Valétudinaire*, qui est d'une constitution faible, maladive.

n'ose pas le *décider.* Il est homme à nous *révéler* que Nembrot (1) était gaucher et Sésostris ambidextre (2) ; il nous dira que c'est une erreur de *s'imaginer* qu'un Artaxerce (3) ait été *appelé* Longue-Main, parce que les bras lui tombaient jusqu'aux genoux, et non à cause qu'il avait une main plus longue que l'autre. Il ajoutera qu'il y a des auteurs graves qui inclinent à *penser* que c'était la droite, mais qu'il se croit néanmoins bien *fondé* à *affirmer* que c'est la gauche. (D'après LA BRUYÈRE.)

VERBES EN IR ET EN IRE.

Les verbes en *ire* sont en petit nombre, ce sont : 1° *Dire* et ses composés ; 2° *lire* et ses composés ; 3° *rire* et ses composés ; 4° *écrire* et ses composés ; 5° *cuire* et ses composés ; 6° *duire* et ses composés *enduire, conduire* ; 7° enfin trois verbes en *ire : suffire, confire, déconfire,* ainsi que *luire, nuire, bruire, détruire, instruire.* — Tous les autres, et ils sont en grand nombre, appartiennent à la 2° conjugaison, en *ir.*

62ᵉ Dictée.

LE FER, LA FONTE ET L'ACIER.

Le fer n'a pas seulement une valeur de convention ; s'il est en réalité le plus précieux des métaux, c'est à cause des nombreuses qualités que la nature s'est plu à *réunir* en lui. Sa ductilité, sa malléabilité et sa ténacité (4) nous permettent de nous en *servir* dans les circonstances les plus diverses, et d'en fabriquer la plupart de nos ustensiles domestiques. Pour souder ensemble deux barres de fer, on n'a qu'à les faire *rougir* jusqu'au point de les *ramollir*, à les juxtaposer ensuite, et à les battre au marteau. Pour donner au fer plus de nerf et de densité, il faut l'*écrouir*, c'est-à-dire le frapper à froid sur une enclume avec un marteau.

La fonte est une combinaison que l'on voit se *produire* toutes les fois que l'on chauffe ensemble dans de gigantesques foyers, nommés hauts fourneaux, un mélange de fer et de charbon. Les marmites, les chenêts, les plaques de cheminées, les fers à repasser, les bombes, les boulets, les rails de chemins de fer et

---

(1) *Nembrot* ou *Nemrod* fut le fondateur de Babylone et le premier conquérant connu. L'Écriture sainte l'appelle un *violent chasseur devant le Seigneur.*
(2) *Ambidextre* (latin *ambo*, deux ; *dextra*, droite), qui est adroit de deux mains.
(3) Roi de Perse.
(4) La *ductilité* d'un métal est la propriété qu'il possède de pouvoir être étiré en fils ; sa *malléabilité* consiste dans la propriété qu'il a de pouvoir être étendu en lames sous le marteau ; sa *ténacité* est son aptitude à supporter, sans se rompre, après avoir été converti en fil, un poids plus ou moins lourd. Le fer est le plus tenace des métaux ; l'or le plus ductile et le plus malléable.

48   DICTÉES ÉLÉMENTAIRES.

une multitude d'autres objets sont en fonte. Pour *convertir* la
fonte en fer, il faut la liquéfier, et ensuite la battre avec un
énorme marteau appelé *martinet*.

63. LE FER, LA FONTE ET L'ACIER (*Suite*).

L'acier est une espèce particulière de fonte. Pour *l'obtenir*, il
n'y a qu'à *introduire*, deux ou trois millièmes de charbon dans
le fer pur. On voit cette dose de charbon, toute minime qu'elle
est, *suffire* cependant pour modifier profondément les propriétés
du fer. L'acier possède la faculté de *devenir* beaucoup plus dur
et plus élastique par la *trempe*, opération qui consiste à le faire
rougir, puis à le *refroidir* subitement en le plongeant dans un
liquide froid. Quand la trempe est trop forte, l'acier devient très-
fragile. On remédie à ce défaut en le faisant *recuire*, c'est-à-dire
en le chauffant par degrés et en le faisant *refroidir* lentement.
Les ressorts de voitures, les sabres, les épées, les faux, les cou-
teaux, les rasoirs, les canifs, les burins sont en acier. On doit
aussi *recourir* à cette substance pour *construire* les aiguilles
aimantées des boussoles ; car en frottant l'acier avec une pierre
d'aimant on lui fait *acquérir* la propriété d'attirer le fer.

64. LE FER, LA FONTE ET L'ACIER (*Suite*).

On peut *polir* l'acier de façon à lui communiquer un brillant
extraordinaire. On peut aussi, sous l'influence de la chaleur, lui
faire prendre les teintes les plus diverses, telles que le jaune
paille, le jaune d'or, le rouge, le violet, le bleu foncé, le gris et
le blanc. Nous ne savons pas *produire* un acier d'aussi bonne
qualité que celui qu'on fait dans l'Inde, et au moyen duquel on
coupe facilement notre acier le plus dur. C'est avec cet acier de
l'Inde que l'on fabrique les sabres précieux connus sous le nom
de Damas.

L'homme qui abuse des meilleures choses, n'a pas eu honte de
convertir l'acier en armes homicides. Il l'a façonné en épées, en
glaives, en cimeterres. Ce serait un beau spectacle que de voir
ces lames *reluire* au soleil et *resplendir* de mille feux, si trop
souvent cette scintillation n'était le prélude d'un sanglant carnage. Combien ne devons-nous pas *gémir* de ce que la fureur de
détruire ait porté l'esprit humain à faire un si funeste emploi
des brillantes facultés que la Providence a bien voulu lui
départir !

INDICATIF PRÉSENT DES VERBES IRRÉGULIERS.

65ᵉ Dictée.

LE REPENTIR.

C'est un heureux mortel que le meunier Cyprien : son moulin à vent, fort bien achalandé, *suffit* de reste à ses besoins. Si le vent *prend* une nouvelle direction, il y tourne son aile et *s'endort* satisfait ; le blé se *moud* tout seul, il n'a pas besoin de s'en préoccuper. De plus le père Cyprien possède un magnifique verger qu'*enclot* parfaitement une haie vive, infranchissable aux larrons, et qui *s'étend* au midi de la colline où s'élève le moulin. De plus encore, ce meunier a un fils, Anatole, qui est la docilité même : il exécute tout ce que son père lui *enjoint*, et n'*enfreint* jamais les ordres de ses supérieurs. Son père lui *prescrit* par-dessus tout d'éviter la fréquentation de son jeune voisin Paul, le plus mauvais garnement du village. D'habitude Anatole *obéit* sans murmure, tant il *craint* d'affliger l'auteur de ses jours. Paul s'en *plaint* souvent, mais en vain ; le fils du meunier résiste stoïquement (1) à ses agaceries. Un jour cependant, jour de fatale mémoire, il se laisse tenter par la promesse que Paul lui *fait* d'un nid de chardonnerets bon à dénicher et il se *met* à suivre le jeune vaurien. Le nid, *dit* ce dernier, est dans le clos de ton père, tu en *prends* la clef en cachette et nous y pénétrons, le reste me regarde.

66. LE REPENTIR (*Suite*).

Aussitôt *dit*, aussitôt fait : on entre dans l'enclos, on *rend* visite au nid ; Paul, du haut de l'arbre, déclare qu'il n'est pas encore temps de le dénicher et propose de remettre cette importante opération à une autre fois. Mais il ne *descend* pas sans avoir bourré ses poches des plus beaux fruits que sa main *peut* atteindre. Dès qu'il est à terre, il *mord* dans ces fruits à belles dents et conseille à Anatole de suivre son exemple. Après bien des hésitations, Anatole s'y *résout*. De retour sous le toit paternel, il est interrogé par le meunier sur l'emploi de son temps. Quel trouble est le sien ! Pour la première fois de sa vie peut-être, il ne *répond* pas avec sa franchise habituelle. Comme il n'est pas coutumier du fait, il *ment* timidement et avec tant d'embarras que son père s'en *aperçoit*. Grande surprise du meunier qui, d'abord, ne *veut* pas croire son fils ca-

(1) *Stoïquement*, avec une fermeté extrême. Les philosophes stoïciens affectaient de se montrer tout à fait insensibles à la douleur.

DICT. PRATIQUES. 3

pable d'un mensonge ; à la fin cependant la contenance abattue
d'Anatole le *convainc* totalement ; il ne *peut* maîtriser sa peine,
des pleurs mouillent ses paupières. A cette vue Anatole *fond*
en larmes, confesse sa faute, et conjure son père de la lui
pardonner. Le remords, qui lui était inconnu jusqu'ici, entre
dans son âme, et le malheureux enfant tombe dans le plus
violent désespoir. Le meunier *sent* son cœur soulagé d'un
immense fardeau quand il a pu voir combien son fils regrette
la faute qu'il *vient* de commettre. Il lui déclare à diverses reprises qu'il l'en *absout*, qu'il ensevelira dans le plus profond
oubli tout ce qui *vient* de se passer.

VERBES CONJUGUÉS SOUS LA FORME INTERROGATIVE.

Quand la première personne du singulier se termine par un *e* muet, on change cet
e muet en *é* fermé : *aimé-je ? dussé-je ?*

Quand la troisième personne du singulier se termine par *e* ou par *a*, on met un *t*
euphonique entre le verbe et le pronom. Ex. : *Arrive-t-il aujourd'hui ? Jamais roi
aima-t-il à connaître la vérité ?*

67ᵉ Dictée.

UNE AVENTURE DE THOMAS MORUS.

Quelqu'un de vous *ignore-t-il* ce que fut en son vivant
Thomas Morus ? S'il l'ignore, *désire-t-il* que je le lui apprenne ?
Thomas Morus fut grand chancelier d'Angleterre et premier
ministre de Henri III. Longtemps il jouit des faveurs du tyran ;
mais le roi ayant exigé que l'intègre Thomas Morus secondât
ses projets injustes et sanguinaires, le chancelier s'y refusa ;
aussi *tomba-t-il* d'abord dans la plus complète disgrâce ; et *finit-
il* par payer ensuite de sa tête sa courageuse résistance. Mais
ce n'est pas de ces faits importants qu'il sera question ici.

Un jour que Thomas Morus visitait l'observatoire de Green-
wich (1), il était monté au sommet de la tour d'où il considérait
le magnifique panorama dont il occupait le centre. Pendant
qu'il était comme absorbé dans cette contemplation il se sent
tout à coup frapper sur l'épaule, il se retourne : *Qu'aperçoit-il?*
Une sorte de géant aux bras vigoureux, aux formes athléti-
ques. Cet homme a dans le visage je ne sais quoi de bizarre et
de sinistre qui ferait frissonner les plus intrépides. « *Sais-tu*
ce qui m'amène ? *dit-il* à Thomas Morus. Ton habileté comme
sauteur m'est bien connue ; je voudrais te voir à l'œuvre.

---

(1) C'est à partir du méridien de cet observatoire, situé dans le voisinage de
Londres, que les Anglais comptent les longitudes.

Veux-tu sauter du haut de cette tour sur le pavé ? — Plaisantez-vous ? réplique le chancelier. Ne me *romprais-je* pas cent fois le cou ? — A Bedlam (1), nous ne plaisantons jamais, répond le singulier personnage. *Sautes-tu* ou ne *sautes-tu* pas ? Si tu ne saute pas de ton plein gré, je saurai bien t'y contraindre. » Ce disant, il se place devant l'étroite ouverture qui communique avec l'escalier de la tour.

68. UNE AVENTURE DE THOMAS MORUS (*Suite*).

Morus est attéré : il vient de s'apercevoir qu'il est en présence d'un individu échappé de la maison des fous. Qu'*a-t-il* à faire pour se dérober à la catastrophe qui le menace ? *Criera-t-il* pour appeler au secours ? Mais sa voix ira se perdre dans les airs. *Essaiera-t-il* de s'ouvrir un passage de vive force ? Il sera sur-le-champ terrassé par son redoutable antagoniste. Ne *hâtera-t-il* pas son malheur en employant la violence ? *N'exaspérera-t-il* pas l'insensé au delà de toute mesure ? Telles sont les réflexions qui s'offrent à son esprit. D'ailleurs, *pense-t-il*, j'échouerais (2) dans ma tentative, *fussé-je* cent fois plus fort. Et la crainte du pauvre chancelier devint de l'anxiété, presque de la terreur. Combien ne se *reproche-t-il* pas la malencontreuse idée qu'il a eue de monter au sommet de la tour ! « Une semblable distraction *sied-elle* bien à mon âge ? se *dit-il*; *est-ce* que je ne deviens pas fou comme ce malheureux ? *possédé-je* encore ma raison ? *veillé-je* ou *suis-je* le jouet d'un songe ? » Et le désespoir de Thomas Morus s'accroît encore.

Tout à coup la scène change, le chancelier dit au fou : « Mon ami, je suis prêt, si vous le voulez, à exécuter ce que vous désirez ; mais ne *puis-je* pas faire mieux pour charmer le plus enthousiaste de mes admirateurs ? Souffrez que du pied de cette tour je saute jusqu'ici. » Les yeux de l'aliéné s'illuminent; il fait un signe d'assentiment, il se dérange pour livrer passage au chancelier. Celui-ci enfile l'escalier, et je vous laisse à penser avec quelle rapidité il en descend les degrés. Il ne respire à l'aise que quand il se voit dans la cour.

69° Dictée.

L'INSULAIRE ET LE COCOTIER.

Tout est là, dit l'insulaire (3) en montrant son arbre. Le co-

---

(1) Hôpital des fous en Angleterre.

(2) *J'échouerais.* Remarquez que ce conditionnel prend une *e*, parce qu'il vient d'*échouer*, 1re conjugaison.

(3) *Insulaire* (du latin *insula*, île), habitant d'une île.

cotier (1) *n'est-il* pas né du sang d'un dieu ? Ses larges feuilles ne *suffisent-elles* pas pour couvrir ma cabane et me garantir de l'ardeur du soleil ? De leurs fibres les plus déliées ne me *tresse-je* point des nattes ? Ne *trouvé-je* point dans son fruit le lait qui me désaltère et me donne la santé, l'amande qui me nourrit, l'huile qui assouplit mes membres et ranime mon goût ? La première écorce du coco ne me *fournit-elle* pas cette bourre précieuse dont j'ai tissu le pagne qui m'enveloppe et les filets qui m'approvisionnent de poisson ? Les vases, les ustensiles de mon ménage, *n'est-ce* point encore à lui que je les dois ? qu'*ai-je* à désirer ? Ne *reçois-je* point quelquefois les visites des pêcheurs et leur rareté ne m'en *rend-elle* pas la jouissance plus vive ? Mes souvenirs sont ici ; qu'*irais-je* faire ailleurs ? Et mon arbre ? *peut-il* se transplanter comme moi ? *n'est-il* pas mon père de naissance ? mon bienfaiteur, mon soutien, l'interprète pour moi des décrets de la Providence ? N'y *retrouvé-je* pas écrites comme dans un livre les plus douces émotions de ma jeunesse ? Mon père ne le *planta-t-il* pas ? Ma mère ne l'*entoura-t-elle* pas de ses soins, quand tous deux nous étions jeunes et faibles ? Ne *fut-il* pas le témoin des époques heureuses de ma vie ? Chacune de mes années écoulées *n'est-elle* pas gravée sur sa tige par un cercle noueux, par une pousse nouvelle ? Le quitter ! non ! Comptez ces nœuds : ils vous apprendront mon âge et vous me direz si c'est aujourd'hui qu'il me faut recommencer une nouvelle existence. (D'après X.-B. SAINTINE.)

DE L'ADVERBE

Ou, où, la, là.

Ou, sans accent, est une conjonction signifiant *ou bien* : *J'irai ou je mourrai*. — *Où*, avec un accent grave et un adverbe de lieu : *Où allez-vous ?*
La, sans accent, est l'article féminin. — *Là*, avec un accent grave, est un adverbe de lieu : *Je vais là*.

70ᵉ Dictée.

LA TERRE SAINTE.

Le pays qui a vu naître et mourir le Sauveur des hommes a porté et porte encore aujourd'hui plusieurs noms: les écrivains l'appellent indifféremment Palestine, Judée *ou* Terre-

---

(1) *Cocotier*, arbre à fruits des pays chauds.

Sainte. Ils le nomment encore terre de Chanaan, parce que c'était *là* qu'habitaient les anciens Chananéens. La Palestine est couverte de montagnes qui sont des ramifications de la chaîne du Liban. Elle est baignée au couchant par la mer Méditerranée et son territoire renferme deux lacs importants.

Le premier est le lac Asphaltite *ou* mer Morte, si célèbre par la catastrophe qui lui donna naissance. C'était primitivement une vallée *où* étaient les villes de Sodome et de Gomorrhe, qui furent détruites par le feu du ciel. *Là où* régnaient autrefois l'abondance et la fertilité, on ne voit plus aujourd'hui qu'une eau extrêmement salée, bitumineuse, très-lourde, complétement immobile, et *où* personne n'osa jamais naviguer. *Là,* point de végétaux qui embellissent *la* solitude, point d'oiseaux qui l'animent; des vapeurs méphitiques (1) corrompent l'air et le rendent irrespirable.

Tout autre est le lac de Génésareth *ou* mer de Galilée, dont les rivages enchanteurs ont été témoins des premières prédications de Jésus-Christ, et *où* saint Pierre exerçait le métier de pêcheur (2) avant d'être appelé à l'apostolat. C'est *là* qu'eut lieu la pêche miraculeuse.

71. LA TERRE SAINTE (*Suite*).

Le Jourdain, *où* saint Jean baptisait, est le cours d'eau le plus important de *la* contrée. Les autres ne sont que des ruisseaux *ou* des torrents à sec une partie de l'année. Le Jourdain coule du nord au sud, traverse le lac de Génésareth, et se jette dans *la* mer Morte. Comme celle-ci n'a point d'issue, on se demandait autrefois par *où* pouvait s'échapper le trop-plein de ses eaux; mais dans cette terre *où* les chaleurs de l'été sont considérables, l'évaporation suffit pour empêcher tout débordement.

La principale ville de *la* Terre-Sainte est Jérusalem, l'antique capitale des Juifs, qui comprend dans son enceinte *la* montagne de Sion *où* était *la* cité de David et le mont Moria *où* Salomon bâtit le temple. Puis viennent : Bethléem, *où* naquirent David et N.-S. Jésus-Christ ; Jéricho, *la* première place forte *où* pénétrèrent les Israélites au moment de leur entrée dans *la* Terre promise ; Samarie, *où* les rois d'Israël avaient fixé leur résidence ; Cana, *où* N.-S. Jésus-Christ changea l'eau

(1) *Méphitique*, fétide, infect.
(2) Voyez la note 2, page 30.

en vin ; Nazareth, *où* il fut élevé et *où* il exerça le métier de charpentier.

72. LA TERRE SAINTE (*Suite*).

Avec quelle joie, avec quel recueillement les croisés (1) *ou* les pèlerins du moyen âge parcouraient cette terre sacrée ! avec quelles délices ils longeaient le torrent de Cédron *ou* entreprenaient l'ascension du Thabor, cette montagne célèbre *où* l'on place *la* scène (2) de *la* Transfiguration ! Les plus fervents poussaient jusqu'aux rivages de *la* mer Rouge, jusque dans le désert *où* séjournèrent les Israélites pendant quarante ans, jusqu'au mont Sinaï *où la* loi leur fut donnée, jusqu'au mont Horeb *où* Dieu apparut à Moïse, jusqu'aux antres solitaires de *la* Thébaïde, *où* les anachorètes (3) s'étaient retirés en foule dès les premiers siècles de l'ère (4) chrétienne. Les rois *ou* les princes, les puissants barons *ou* les simples chevaliers, les laboureurs *ou* les marchands quittaient en foule les pays *où* ils étaient nés pour aller visiter les lieux saints, *où* un grand nombre d'entre eux s'établissaient et passaient le reste de leurs jours.

A, À, AS.

a, troisième personne du singulier du présent de l'indicatif du verbe *avoir*. — *à*, préposition. — *Tu as*, deuxième personne du singulier du présent de l'indicatif du verbe *avoir*.

73ᵉ Dictée.

L'IMMATÉRIALITÉ DE L'AME.

Pour peu que je consente *à* rentrer en moi-même, *à* me consulter, j'entendrai retentir *à* mes oreilles ces mots que l'Éternel *a* gravé dans mon cœur: *Sois juste, et tu seras heureux !* Il n'en est rien pourtant, *à* considérer l'état présent des

(1) Les *croisés*, ceux qui prirent les armes pour conquérir les lieux saints, tombés au pouvoir des Musulmans. On nommait ainsi ces guerriers à cause de la croix rouge qu'ils portaient sur l'épaule.

(2) Homonymes : La *scène* d'un théâtre. — *Cène*, dernier repas de N.-S. Jésus-Christ avec ses Apôtres. — La *Seine*, fleuve. — *Senne*, sorte de filet, s'écrit aussi *seine*. — *Saine*, féminin de l'adjectif *sain*.

(3) Un *anachorète* est un religieux qui vit retiré dans un désert.

(4) *Air*, que l'on respire : *l'air atmosphérique*; mine, façon, figure : *il a bon air*; mélodie : *chanter un air*. — *Aire*, surface unie et dure sur laquelle on bat le blé, surface plane, surface quelconque, direction du vent, nid de l'aigle. — *Ère*, époque fixe d'où l'on commence à compter les années : *l'ère chrétienne*. — Il ERRE, du verbe *errer*. — ERRES, traces d'un cerf. — ERS, genre de plantes semblable aux pois et dont les lentilles font partie. — HAIRE, chemise de crin que l'on met pour faire pénitence. — HÈRE, pauvre diable.

choses, *à* voir le méchant prospère et le juste opprimé. Voyez aussi quelle colère s'allume en nous *à* ce contraste! La conscience n'*a* pas assez d'indignation pour le déplorer, elle s'élève et murmure contre son auteur ; elle lui crie en gémissant : « Tu m'*as* trompée ! »

« Je t'*ai* trompée, téméraire ! qui te l'*a* dit ? Ton âme est-elle anéantie ? *as*-tu cessé d'exister ? O mon fils ! pourquoi n'*as*-tu pas confiance en moi ? Pourquoi es-tu sans cesse *à* répéter que *la vertu n'est rien*, au moment où on t'*a* appelé *à* jouir du prix de la tienne ! Tu vas mourir, penses-tu ; non, tu vas vivre, et c'est alors que l'on te tiendra tout ce que l'on t'*a* promis. »

74. L'IMMATÉRIALITÉ DE L'AME (*Suite*).

On dirait, *à* entendre les murmures des impatients mortels, que Dieu leur doit la récompense avant le mérite, et qu'il est obligé de payer leurs vertus d'avance. Oh ! soyons bons premièrement, et puis nous serons heureux. N'exigeons pas le prix avant la victoire, ni le salaire avant le travail. Ce n'est point *à* l'instant où il est engagé dans la lice, disait Plutarque, que le vainqueur de nos jeux sacrés est couronné, c'est après qu'il *a* achevé de la parcourir.

Si l'âme est immatérielle, elle peut survivre *à* ce corps périssable auquel elle est unie ; et, si elle *a* cette faculté, la Providence est justifiée. Quand je n'aurais d'autres preuves de l'immatérialité de l'âme que le triomphe du méchant et l'oppression du juste en ce monde, cette preuve, *à* elle seule, m'empêcherait d'en douter. Une si choquante dissonance dans l'harmonie universelle me ferait chercher *à* la résoudre. Je me dirais : tout ce qu'il y *a* de plus certain, c'est que tout ne finit pas pour moi avec la vie ; c'est qu'au contraire tout rentre dans l'ordre *à* la mort.

ADVERBES DE MANIÈRE.

Ne pas oublier qu'en général les adverbes de manière sont formés du féminin singulier des adjectifs. Il y a une exception pour ceux qui dérivent d'adjectifs en *ant*, ou *ent*; ils sont en *amment* et *emment* : *constamment*, de *constant*; *prudemment*, de *prudent*.

75ᵉ Dictée.

L'ÉGOÏSTE.

C'est *véritablement* une triste infirmité que l'égoïsme : l'homme qui a ce défaut demeure *complétement* étranger aux douces

émotions du cœur. En recherchant *constamment* et *exclusivement*
les moyens de se rendre heureux, il n'arrive qu'à se dessécher
le cœur et à y creuser un vide affreux ; il ne fait que s'éloigner
continuellement du but qu'il poursuit *ardemment* (1). Y a-t-il un
malheureux exposé à périr dans les flammes d'un incendie ou au
milieu des flots en courroux, ce n'est pas lui qui risquera *réso-*
lûment (2) sa vie pour le sauver : oh ! non, il s'en abstiendra
prudemment ; car il pratique *assidûment* cette odieuse maxime :
Chacun chez soi, chacun pour soi.

Vous ne verrez pas non plus l'égoïste s'exposer à la moindre
gêne, accepter le moindre sacrifice, s'imposer un léger surcroît
de travail pour être utile à son prochain. Si vous l'engagez à le
faire, il vous répondra *crûment* qu'il n'a pas trop de tous ses
instants pour s'occuper de pourvoir à ses propres besoins. Il s'en
faudra de beaucoup que l'égoïste s'acquitte *gaîment* de ses devoirs envers la société et envers l'État ; il vous dira qu'il déteste
la société, afin d'avoir un prétexte pour être dispensé de traiter
poliment ses semblables. Quant à sa patrie, il avouera (3) *har-*
diment qu'il ne l'aime pas *éperdûment,* et il approuvera l'adage
matérialiste : que l'on est dans sa patrie partout où l'on est bien.
Si, d'après tout ce qu'on vous a déjà dit, vous ne vous faites
pas encore une idée *suffisamment* exacte de l'égoïste, j'achèverai
brièvement de le peindre en le comparant à ces fruits de superbe apparence que les vers rongent *intérieurement.* L'égoïste,
qui repousse si *durement* tout le monde et qui se prouve si *sa-*
vamment à lui-même que chacun de ses semblables est un
ennemi, se trouve, par un juste retour, sinon haï, du moins
regardé avec indifférence par tout le monde. Je soupçonne
véhémentement qu'à sa mort on ne le pleurera guère ; à peine
aura-t-il été bien et *dûment* enterré, qu'il sera déjà *complète-*
ment oublié.

---

(1) Remarquez que *ardemment* s'écrit avec un *e* bien qu'il se prononce *ardamment*
ardemment vient de *ardent,* qui prend un *e.*

(2) Remarquez que dans les adverbes en *ûment,* tels que *résolûment, assidûment,* l'*e*
du féminin *résolue, assidue* est remplacée par un accent circonflexe.

(3) *Avouera* de *avouer,* voilà pourquoi il s'écrit avec un *e.*

QUAND, QUOIQUE, PARCE QUE.

Quand, conjonction. — *Quant à*, locution prépositive. — *Quoique*, s'écrit en deux mots quand il signifie *quelle que soit la chose que : quoi qu'il dise, on ne le croit pas*. — *Parce que* s'écrit en trois mots quand il signifie *par la chose que : par ce que vous me dites, je vois qu'on m'a trompé*.

76ᵉ Dictée.

LES DÉCOUVERTES GÉOGRAPHIQUES.

Quoique les hommes aient toujours eu le désir de connaître le globe qu'ils habitent, il s'en faut bien qu'ils en aient déjà parcouru toute la surface. *Quoi* qu'ils aient pu faire soit dans l'antiquité, soit dans les temps modernes, ils ont laissé d'immenses pays inexplorés. Les peuples les plus civilisés qui fleurirent (1) avant l'ère (2) chrétienne ne connurent jamais que le centre de l'ancien continent; *quant* à sa partie septentrionale, c'est à peine s'ils en soupçonnaient l'existence. *Quand*, au reste, ils l'auraient soupçonnée, ils ne se fussent point aventurés dans ces régions qu'ils croyaient plus froides qu'elles ne (3) le sont en réalité. Les Grecs et les Romains tentèrent peu de faire des découvertes ; *quant* aux Phéniciens, *quoique* leur qualité de marchands les rendît plus entreprenants, l'exiguïté de leurs vaisseaux leur interdisait de longs voyages. D'ailleurs, ils ne connaissaient point la boussole, et *quoi* qu'ils eussent pu imaginer pour tâcher d'y suppléer, *quoiqu*'ils possédassent en astronomie des notions assez étendues, ils n'eussent jamais réussi à se diriger au milieu des mers.

77. LES DÉCOUVERTES GÉOGRAPHIQUES (*Suite*).

Par ce que nous voyons, même de nos jours, nous pouvons nous faire une idée des difficultés inhérentes aux voyages de découvertes. *Quand*, au quinzième siècle, les Espagnols eurent abordé en Amérique, on crut que bientôt il ne resterait pas un seul coin de terre ignoré. Cependant, *quoique* bien des voyageurs aient exploré ce nouveau continent, que de régions en sont encore inconnues ! *Quand*, à la fin du quinzième siècle, Barthélemy Diaz eut touché au cap de Bonne-Espérance, on pensa que l'Afrique pourrait être parcourue tout entière en peu d'années ; néanmoins elle ne l'a pas encore été de nos jours, *quoique*

---

(1) On dirait *qui florissaient* avec un *o*, si le verbe était employé à l'imparfait.
(2) Voir page 54, note 4, les homonymes du mot *air*.
(3) Sur cet emploi de *ne* après *plus*, voyez page 41, note 3.

des expéditions très-nombreuses aient eu lieu dans ce but. *Quant* aux courageuses victimes de ces tentatives, on peut dire qu'il y en a eu par centaines ; et *quoi qu'*on fasse à l'avenir pour éviter les catastrophes, on n'est pas bien sûr d'y réussir.

Par ce que nous savons de l'état florissant des colonies anglaises de la Nouvelle-Hollande, il serait naturel de présumer que l'on a une connaissance exacte de cette île, dont l'étendue égale presque celle de l'Europe. Mais qu'il est loin d'en être ainsi ! *Quoiqu'*on ait aujourd'hui le relevé des côtes, *quoique* sur certains points on ait pénétré assez avant, *quoiqu'*on ait même traversé une ou deux fois ce continent, il n'en est pas moins incontestable qu'on en est encore réduit aux hypothèses *quant* à la géographie de l'intérieur. Toutefois, *par ce que* nous voyons s'accomplir sous nos yeux, nous pouvons prévoir l'instant où, à l'exception peut-être du pôle Nord, les hommes auront enfin visité et décrit toute la surface de la terre.

DEUXIÈME PARTIE.

Orthographe d'usage et homonymes.

78ᵉ Dictée.

LE CERF.

L'*existence* de plusieurs espèces de cerfs (1) est un fait connu de tout le monde ; mais si les *ressemblances* sont nombreuses entre ces espèces, des *différences* d'une *importance* considérable ne les séparent pas moins d'une manière nette et tranchée les unes des autres. Puisque tous les cerfs sont pourvus d'une *panse*, ce sont des animaux ruminants (2), et c'est de l'herbe des forêts et des prairies que se compose leur *subsistance*. Ils se tiennent tous de *préférence* dans les lieux où les graminées (3) croissent en *abondance*. Parmi les cerfs les plus remarquables, il faut citer l'élan, qui se distingue de tous les autres par la *prédominance* de son train de devant sur son train de derrière ; le renne, qui sait gratter la terre pour découvrir la mousse dont il se nourrit, et qui doit à cette *circonstance* de pouvoir habiter les climats les plus froids ; le chevreuil, dont la taille et les *défenses* n'atteignent que de faibles proportions ; le cerf commun, dont la rare *élégance* a fait de tout temps l'admiration des hommes. Ce cerf au moment de sa *naissance*, n'a point le pelage dont il sera revêtu lorsqu'il sera parvenu à l'*adolescence* ; il vient au monde avec une livrée, qu'il ne perd qu'assez tard, et certains individus ont une *tendance* des plus prononcées à l'albinisme (4), et il en est dont le pelage blanchit complétement.

(1) Voyez page 17, note 2.

(2) *Ruminants*, qui mâchent plusieurs fois leurs aliments.

(3) On appelle *graminées* toutes les herbes analogues au blé, à l'orge, à l'avoine au seigle, etc. Tous nos gazons sont composés de graminées.

(4) Du mot latin *album*, couleur blanche. L'*albinisme* est une sorte de dégénérescence des animaux, par suite de laquelle tout leur pelage devient blanc.

79. LE CERF (*Suite*).

Les *défenses* du cerf tombent à certaines époques fixes ; sous l'*influence* de différentes causes externes, il peut se produire de grandes variations dans le mode de *croissance* de cet appendice. Par exemple, dans les climats chauds, les *défenses* n'offrent que de petites dimensions ; mais dans les climats froids, elles se développent avec une *magnificence* extraordinaire. Certaines maladies changent, pour ainsi dire, la nature des *défenses* : elles les rendent tellement *denses*, qu'on les prendrait presque pour de l'ivoire. C'est au printemps que les bois tombent chez le cerf commun, et chose singulière, la mue de la tête *avance* quand l'hiver est doux ; elle retarde, au contraire, s'il est rude et de longue durée. Le cerf vit dans des *transes* continuelles, à cause de la chasse dont il est l'objet. Il ne se fie pas entièrement à la *puissance* de ses jambes, et il n'est sorte de ruses qu'il n'imagine pour échapper aux limiers. Dans l'*urgence* du péril, il cherche à se faire accompagner d'autres bêtes de son espèce pour donner le change. Quant la poursuite de l'*engeance* canine l'a réduit aux abois, il se résigne à mourir, mais non sans chercher à tirer *vengeance* de ses ennemis. Il essaye de blesser ou de tuer à coups d'andouillers (1) les meutes et les chevaux des chasseurs.

MOTS EN ANT, ENT.

80ᵉ Dictée.

LES QUALITÉS NÉCESSAIRES AUX CULTIVATEURS.

L'agriculture est peut-être, de toutes les professions, celle qui réclame les aptitudes et les qualités les plus nombreuses et les plus variées. En premier lieu, le fermier doit déployer une activité *incessante* ; ses soins doivent s'étendre aux choses du dehors et du dedans. S'il est *négligent*, à combien de pertes n'est-il pas exposé ! En *négligeant* (2) de surveiller ses ouvriers, il se fait tort à lui-même sans profit pour ces derniers, dont il

---

(1) Petite corne qui vient au bois du cerf.

(2) Remarquez *négligent* et *négligeant*. Quelques participes présents ont pour correspondant des adjectifs dont l'orthographe est différente. Tels sont : *adhérant, affluant, coïncidant, différant, équivalant, excellant, extravaguant, fabriquant, fatiguant, affluant, intriguant, négligeant, précédant, présidant, vaquant, violant,* qui ont pour adjectifs correspondants : *adhérent, affluent, coïncident, différent, équivalent, excellent, extravagant, fabricant, fatigant, influent, intrigant, négligent, précédent, président, vacant, violent.*

favorise le *penchant* à l'oisiveté. Ainsi la *négligence* doit être bannie de la ferme. Il faut de plus que le fermier s'éloigne le moins souvent possible de son exploitation : ce n'est qu'en *résidant* au milieu des siens qu'il peut tout voir de cet œil du maître auquel rien ne supplée ; si donc le fermier établissait sa *résidence* dans une localité autre que celle où se trouvent ses terres, il commettrait une grave *imprudence*. Enfin pour être *excellent* fermier, il faut que, ne *négligeant* aucune occasion de s'instruire des méthodes et des procédés de culture les plus parfaits, et *excellant* dans l'art d'en tirer tout ce qu'ils peuvent produire, il ne tombe jamais dans une routine étroite et aveugle ; néanmoins il ne convient pas que, *précédant* tout le monde et *extravaguant* comme à plaisir, il se lance dans les essais onéreux et *extravagants* dont les agronomes pourraient lui suggérer l'idée : de nombreux *précédents* lui montrent combien cette route serait semée d'écueils.

81. LES QUALITÉS NÉCESSAIRES AUX CULTIVATEURS (*Suite*).

La *prudence présidant* à tous ses actes, on ne le verra donc ni trop en avant, ni trop en arrière de ses voisins. Que si sa position est telle, qu'il soit plus en vue que les autres; si, par exemple, il est *président* ou *vice-président* d'un comice agricole, alors il est tenu de montrer encore plus de circonspection, son exemple *influant* dans ce cas sur les résolutions de ses confrères; et plus il sera *influent*, plus il se fera un devoir de ne rien entreprendre sans y avoir d'abord mûrement réfléchi. Il va de soi qu'un fermier ne peut jamais devenir *fabricant* dans toute la rigueur du terme, attendu qu'une métairie n'est pas une fabrique; néanmoins, en *fabriquant* chez lui *différents* objets de consommation, il réalisera d'*importantes* économies. Comme rien n'est plus *fatigant* qu'un changement continuel d'occupations, il ne multipliera pas trop le nombre des plantes qu'il cultivera chaque année. Il n'oubliera pas qu'en *fatiguant* à l'excès ses chevaux et ses bœufs, il risquerait de les voir contracter de dangereuses maladies. Un homme *extravagant* pourrait seul ne pas s'apercevoir de cette conséquence inévitable. Nous n'en finirions pas si nous voulions énumérer toutes les perfections qu'exige la profession du cultivateur; mais comme cette énumération deviendrait *fatigante*, nous nous bornerons à ce que nous venons de dire.

DIFFÉRENTES MANIÈRES D'ÉCRIRE LE SON AN.

82ᵉ Dictée.

L'ASSOCIATION DES IDÉES.

C'est une chose des plus intéressantes que de voir comment nos idées sont associées dans notre esprit et comment elles se tiennent de telle sorte qu'elles puissent, pour ainsi dire, se réveiller mutuellement. Très-souvent une ressemblance fortuite dans les mots qui les représentent suffit pour les unir étroitement dans notre souvenir. Je suis seul à écrire au coin du feu : tout à coup je songe à l'*embarcadère* (1) du chemin de fer ; ce qui m'amène à l'idée de voyager. J'*embrasse* mes parents et je pars. Je descends au premier *embranchement* que je rencontre et je me mets à marcher à pied dans la campagne. J'aspire à pleins poumons les odeurs printanières qui *embaument* l'air. Je considère que ces parfums des champs seront bien plus pénétrants encore quand les foins coupés et disposés en *andains* se dessécheront sous les feux *embrasés* du soleil. Mon imagination se porte du fourrage aux bestiaux dont il sera la nourriture, et qui le préféreront à l'*ambroisie* des habitants de l'Olympe. Je me figure alors ces animaux paissant dans la prairie les pieds *engagés* dans des *entraves*. J'oppose à ce troupeau du gros bétail la troupe légère des chèvres broutant les plantes qui *végètent* dans les *anfractuosités* des rochers. J'éprouve les plus vives *angoisses* quand ces créatures capricieuses se penchent sur l'abîme.

83. L'ASSOCIATION DES IDÉES (*Suite*).

Cependant je continue ma route. Où m'arrêterai-je ? Si je poussais jusqu'aux *antipodes* (2), j'y pourrais observer les *anthropophages* qui s'y trouvent encore. Mais non, je n'irai pas si loin ; car j'aperçois un village si magnifiquement disposé en *amphithéâtre* sur le penchant de ces collines qu'*embellissent* des bouquets de verdure, que je prends soudain la résolution de me fixer dans ce séjour *enchanteur !* Car je renonce à tous mes pro-

---

(1) Les mots qui contiennnent le son *an*, *on*, *in*, changent l'*n* en *m* devant *b*, *p*, *m* : *Ambition*, *ombrelle*, *imprudence* : ils gardent l'*n* devant les autres consonnes : *ancien*, *onguent*, *insolence*.

(2) Les *antipodes*, le lieu où une droite dirigée de l'endroit où nous sommes vers le centre de la terre et prolongée suffisamment irait percer de nouveau la surface du globe. On sait que les antipodes de Paris sont situés dans l'océan Pacifique, à l'est de la Nouvelle-Zélande.

jets *ambitieux*; je ne veux devenir ni *ambassadeur* ni ministre. Aussitôt je gravis le chemin escarpé qui y mène ; à mi-côte, je me croise avec une noble châtelaine montée sur sa haquenée (1), dont l'*amble* mollement cadencé lui épargnera bien des secousses. A l'*entrée* du village, je salue un vieil invalide, *amputé* de Wagram (2). Il me fait le récit de tout ce qu'il a souffert autrefois à l'*ambulance*. Je constate avec plaisir qu'il jouit maintenant d'une santé robuste, comme le témoigne son *embonpoint* (3). Plus loin, un jardinier est perché sur un sauvageon, qu'il veut *enter*. A quelques pas de là, je me heurte contre le médecin qui court administrer l'*antimoine* à ses malades. Si par hasard il leur en donnait trop, quel serait l'*antidote* (4)? Viennent ensuite cinq ou six jeunes conscrits partant pour l'armée. Ils ont dit adieu à leurs cabanes *enfumées*, et ils courent *endosser* l'uniforme. Quelques-uns ne marchent qu'avec peine, car ils ont déjà les pieds tout *endoloris*.

84. L'ASSOCIATION DES IDÉES (*Suite*).

Cependant les sons de l'*Angelus* m'appellent vers l'*église*, d'où sort un *antiquaire*, et où l'on respire un suave parfum d'*encens*. L'organiste s'y exerce en prévision de la solennité du lendemain. Je suis ravi de la douceur du jeu d'*anches* de son harmonieux instrument. Cependant les tintements de la cloche me remettent en mémoire mes *ancêtres* trépassés. J'espère qu'avec la foi pour *ancre* et l'espérance pour gouvernail, ils ont pu se faire admettre au céleste séjour. — Tout à coup, un bruit que j'*entends* au dehors me ramène à la réalité ; j'étais à écrire quand je suis parti pour le pays des chimères, et j'ai laissé mon *encre* se sécher dans ma plume. Que me reste-t-il de la vision délicieuse que je viens d'avoir? Où sont ces frais paysages dont je contemplais les charmes? Mais où sont donc les neiges d'*antan* (5)?

---

(1) *Haquenée*, cheval de moyenne taille, qui est aisé et doux à monter. Cette expression s'appliquait autrefois aux montures des dames.

(2) *Wagram*, village d'Autriche, célèbre par la victoire remportée par les Français sur les Autrichiens (1809).

(3) *Embonpoint* et *bonbon* sont deux exceptions à la règle que nous donnons ci-dessus page 62, note 1.

(4) *Antidote*, contre-poison.

(5) *Antan*, l'année dernière; vieux mot qu'on doit regretter d'avoir vu disparaître de notre langue.

DIFFÉRENTES MANIÈRES D'ÉCRIRE LE SON ON.

85ᵉ Dictée.

LES VÉGÉTAUX.

Que de merveilles le *monde* des végétaux ne nous présente-t-il pas ! Voyez cet arbre dont le *tronc* séculaire semble braver les *aquilons* et les autans (1). Il s'élève verticalement et *d'aplomb* comme un mât sur sa base ; plusieurs hommes se tenant par la main réussissent à peine à en embrasser la circonférence ; il dirige vers les cieux sa cime majestueuse ; cet arbre est un chêne dont les êtres les plus divers peuvent tirer parti. Son feuillage *ombrageait* naguère la tête des *triomphateurs* ; son bois est le *don* le plus précieux que le Créateur nous ait fait pour la construction de nos demeures ; son écorce nous fournit le tan et *dom* pourceau se délecte des glands *dont* la terre est *jonchée* en *automne*. Quel que soit le *rhumb* (1) du vent qui domine, le chêne n'en ressent guère l'influence, et dans la plantation de cette essence, *on* ne doit guère tenir *compte* que de la nature du terrain.

Il est un certain nombre d'arbres qui paraissent être l'accompagnement obligé des *tombeaux* ; leurs branches affectent la disposition d'une chevelure épaisse et en désordre ; quand on les voit s'agiter de loin dans la *pénombre*, on dirait les Titans qui gémissent de leur défaite et ne peuvent se *pardonner* à eux-mêmes d'avoir été vaincus dans le *combat* qu'ils ont osé livrer au maître des dieux (3). Le saule pleureur, en inclinant ses branches flexibles jusque sur nos monuments funéraires, semble *compatir* à la douleur de ceux qui *ont* survécu aux *personnes* qui leur étaient chères.

L'aspect des arbres fruitiers réveille des souvenirs d'une nature toute différente : le printemps venu, ils se couvrent de *bourgeons*, indice d'une récolte *abondante* et *féconde* ; et bientôt on voit entremêlés aux jeunes *scions* des fruits *rubiconds* et vermeils.

---

(1) *Aquilon*, vent du Nord. — *Autan*, vent du Midi.
(2) Chacune des trente-deux parties de la boussole.
(3) *Titans*, enfants d'Uranus et de Titée ou Ghé. Excités par leur mère, ils firent la guerre à leur père. Ils furent vaincus par Jupiter, et précipités dans le Tartare (Mythologie).

86. LES VÉGÉTAUX (*Suite*).

Quelle variété dans la forme et la couleur des feuilles! Il y en a de *rondes*, d'ovales, de découpées en cœur, de *rhomboïdales* (1); d'autres qui affectent la forme d'une lyre. Leur verdure présente toutes les nuances depuis l'azur des mers jusqu'au vert gai des prairies.

Il y a des végétaux dont la croissance est si *longue*, qu'on les croirait *stationnaires*, et d'autres qui, *comme* l'acacia, acquièrent *promptement* la grosseur à laquelle ils peuvent parvenir. Mais parfois un froid excessif *interrompt* soudain leur développement, *comme* il arriva pendant le rigoureux hiver de dix-sept cent neuf.

Certains végétaux, à l'instar du *jonc*, sont extrêmement flexibles; d'autres, les *concombres* par exemple, rampent et se traînent péniblement à la surface du sol.

Il en est *dont* les graines sont enveloppées d'une bourre filamenteuse qui les protége *contre* les intempéries des *saisons*. Tels sont le *cotonnier*, les épilobes, le *dompte-venin* et quelques autres plantes encore.

Si l'homme se *montrait* attentif aux merveilles sans *nombre* qui se *rencontrent* dans les végétaux, nul doute qu'il n'en tirât un parti plus avantageux qu'il ne l'a fait jusqu'à présent. Je *réponds* qu'il aurait de la peine à trouver une plante qui lui fût totalement inutile; mais il est à craindre que, pendant *longtemps* encore, nous ayons des yeux pour ne point voir.

DIFFÉRENTES MANIÈRES D'ÉCRIRE LE SON IN.

87ᵉ Dictée.

LE CHANT DU ROSSIGNOL.

Pendant les belles nuits de l'été, par un temps calme et *serein*, la voix du rossignol n'est-elle jamais venue faire vibrer délicieusement votre *tympan*? Quant à moi, j'en éprouve une telle impression que, chaque fois que je l'entends, je me sens près de tomber en *syncope*. Non, il n'est pas de *symphonie* musicale qui puisse produire des effets aussi ravissants. Supposez que vous ayez à votre disposition les *instruments* les plus harmonieux ou les plus bruyants, les flûtes, les violons, les trompettes, les

---

(1) *Rhomboïdal*, qui a la forme d'un *rhombe* ou *losange*.

cymbales les plus retentissantes, et jamais vous n'*atteindrez* à la sublimité du chant du rossignol. Imitez donc ce *refrain* où tant de sentiments opposés se trouvent *peints* si *distinctement* ; imaginez, s'il vous est possible, un *timbre* plus pur et plus argentin. Quelle *simplicité* et en même temps quelle majesté dans cet *hymne* qui ne nous *importunerait* jamais, quand bien même nous nous verrions *contraints* de l'entendre répéter sans cesse. Que le rossignol exprime la confiance ou la *crainte*, qu'il module des *plaintes* ou qu'il entonne un chant d'allégresse, sa composition est toujours *empreinte* de je ne sais quoi de supérieur et de presque *divin*.

Le feu sacré dont il est *plein*, et qu'il sait communiquer aux êtres qui l'écoutent, rend ceux-ci, pour *ainsi dire*, *insensibles* au monde extérieur ; ils sont soustraits à l'empire de la matière ; leur corps n'éprouve plus aucun *besoin*. Ils négligent la proie qui peut rassasier leur *faim* ; le loup féroce et le *daim* timide, également charmés, viennent écouter ensemble, sans remarquer ce qu'il y a d'*insolite* dans leur réunion. La chanson si gaie du *pinson*, le babil du *serin*, ne sont que des bruits discordants en comparaison de la mélodie du rossignol.

88. LE CHANT DU ROSSIGNOL (*Suite*).

On raconte que le prieur d'un monastère étant un jour sorti pour visiter les *biens* du couvent, et voulant se reposer, s'assit l'ombre d'un grand arbre, sur un frais gazon tout parfumé de l'odeur du *thym* sauvage ; un rossignol chantait, perché dans les branches de l'arbre. Ce chant *sympathique* plongea le bon religieux dans l'extase. *Combien* de temps dura son ravissement ? C'est ce que va nous dire le naïf *écrivain* à qui nous empruntons cette légende. A la *fin*, il reprend le *chemin* du couvent ; sa *main* soulève, pour le laisser retomber, le marteau dont le bruit appelle l'attention du frère portier. Celui-ci ouvre la porte, mais la referme *soudain*. En *vain* le prieur décline-t-il son nom ; on lui répond que ce nom est *inconnu* dans le monastère. On fait venir le *chapelain*, le *sacristain* et *bien* d'autres dignitaires ; tous méconnaissent le pauvre prieur. Cependant ils lui offrent le *pain* de l'hospitalité et l'*introduisent* dans le couvent. On consulte les registres et l'on reconnaît que le religieux dont l'*inconnu* a pris le nom était prieur cent ans auparavant, et qu'il avait subitement disparu, sans qu'on n'entendit (1) plus jamais parler de lui. Or c'était précisément notre homme qui, dit la

---

(1) *N'entendit*, remarquez l'*n*, qui fait partie de la négation *ne... plus*. Les élèves

légende, s'était oublié pendant un siècle à écouter les accents du rossignol.

***

MOTS TERMINÉS EN IN, EIN, AIN, EINT, AINT, YM, ETC.

89ᵉ Dictée.

LES DIFFICULTÉS DE L'ORTHOGRAPHE PEUVENT ÊTRE APLANIES.

On se *plaint bien* souvent des difficultés dont paraît hérissée l'orthographe française. On a presque toujours tort; en effet, quand on a des doutes relativement à la manière d'écrire un mot, on *parvient* d'ordinaire à les lever en passant en revue les différents vocables (1) dérivés de celui-là. Pour peu que vous vous conformiez à cette recommandation, vous réussirez à écrire correctement ce qui suit : Des volcans *éteints* ; le *butin* fait sur l'ennemi ; une cuiller d'*étain* ; un bois composé de *sapins* et de *pins* ; cinq *pains* d'orge ; la vie des *saints* ; religieux *ceint* d'une corde : un fruit *sain* ; nous retournerons dans le *sein* de la terre d'où nous sommes sortis ; nous exerçons notre *main* droite plus que notre *main* gauche ; *maint* larron jouit de l'impunité ; le *tain* des glaces est composé d'*étain* et de mercure ; un *teint* incarnat n'est pas toujours l'indice d'une bonne santé ; le *thym* est une plante odoriférante fort recherchée des abeilles ; les *anciens* regardaient la rosée du *matin* comme formée des larmes de l'aurore ; Prétextat, évêque de Rouen, *tint* Mérovée, l'un des fils de Chilpéric, sur les fonts (2) baptismaux ; ils seront *contraints* de réparer le dommage qu'ils ont occasionné ; on donne le nom de *parpaings* à des pierres de taille qui occupent toute l'épaisseur d'un mur et ce mur lui-même est dit aussi un *parpaing* ; j'ai écrit à mon *parrain* ; l'humeur onctueuse sécrétée par les bêtes à laine porte le nom de *suint*.

90. LES DIFFICULTÉS DE L'ORTHOGRAPHE APLANIES (*Suite*).

La plupart des mots précédents qui finissent par le son *in* ont des dérivés qui déterminent l'orthographe convenable pour ce son. C'est en remontant ainsi au mot principal que vous écrirez

---

oublient souvent cet *n*, surtout lorsque le mot qui précède se termine par un *n*. On exprimera la négation *ne* si la phrase contient le second terme de la négation, tel que *pas, point, jamais, rien, guère, personne*, etc. Ex. : On *n*'est *pas* toujours jeune. *Rien n*'est parfait en soi. On n'a *jamais* vu chose semblable !

(1) *Vocable*, synonyme de *mot*.

(2) *Fonts*, du latin *fons, fontis*, source, fontaine, prend un *t*.

sans embarras les phrases suivantes : Diogène se promenait en *plein* jour une lanterne à la *main* ; nous avons vu un beau manuscrit sur *vélin* ; on peut sucer sans danger le *venin* des serpents ; l'*instinct* des animaux ne les trompe jamais ; c'est dans l'*intestin* grêle que s'achève la digestion commencée dans l'estomac ; le *plantain* et l'*orpin* sont deux végétaux employés par les *médecins* ; on dort commodément quand on a la tête appuyée sur de moelleux *coussins* ; mon *cousin germain* m'est venu voir ; le *parchemin* fut inventé par un roi de Pergame (1) ; nous n'avons guère peur des *lutins* ; un regard *hautain* n'est guère fait pour concilier les cœurs ; gardez-vous du *levain* des *pharisiens*, le prisonnier a vu tomber ses *liens* ; il ne faut pas jurer en *vain* ; la Bourgogne produit d'excellents *vins* ; nous étions *vingt* personnes à table ; j'ai perdu un *essaim* d'abeilles ; la *faim* est mauvaise conseillère ; on a tort de dire que la *fin* justifie les *moyens* ; les *daims* habitent les forêts ; le *bouquetin* se rencontre quelquefois dans les Alpes ; on appelle *chevrotin* la peau de chevreau corroyée ; son ressentiment était *feint*.

SUFFIXES (2) QUE L'ON PRONONCE SION.

91ᵉ Dictée.

LES DIFFICULTÉS DE L'ORTHOGRAPHE APLANIES (*Suite*).

Bien que tous les mots de notre langue n'aient pas nécessairement des dérivés qui vous en révèlent l'orthographe, la *considération* de ces dérivés est cependant le moyen le plus sûr que l'on possède pour se guider dans le labyrinthe des finales analogues que peuvent présenter nos substantifs. En conséquence vous feriez bien de songer au principe de la *dérivation* pour écrire les *expressions* que nous allons mettre sous vos yeux : d'humbles *génuflexions* ; la propriété d'*expansion* des gaz ; tenir un individu en *suspicion* ; éprouver une vive *appréhension* ; prier avec *componction* ; être plongé dans l'*affliction* ; être l'objet d'une *expulsion* violente ; traiter de la *reddition* d'une place de guerre ; entreprendre une *ascension* périlleuse ; émettre les *assertions* les plus erronées ; être embarrassé à la *jonction* de deux routes. La *ponction* (3) est souvent pratiquée dans les hy-

---

(1) La ville de Pergame, sur les côtes de l'Asie Mineure, donna son nom à l'un des royaumes qui naquirent du démembrement de l'empire d'Alexandre-
(2) *Suffixe*, syllabe qu'on ajoute à la fin des mots et qui en modifie la signification *justification*, *justifiable*.
(3) *Ponction* (lat. *punctio*. piqûre), opération de chirurgie qui consiste à pratiquer une ouverture dans le ventre d'un hydropique pour en évacuer le liquide.

dropisies; la *réflexion* ne gâte jamais rien; sa *fluxion* le rend bien malade; les *fluctuations* de l'opinion sont souvent inexplicables; les *désertions* étaient nombreuses dans l'armée ennemie; le malade a fini par avaler la *potion* pour laquelle il avait une si grande *aversion;* la poésie ne vit que de *fictions ;* je ne ne comprends pas cette *immixtion* d'un étranger dans nos affaires ; les *nations* les plus célèbres ne sont pas les plus heureuses ; la *discussion* fait jaillir la lumière; nous assistâmes à une magnifique *procession;* le colosse de Rhodes était une statue de *dimensions* gigantesques ; la *décoction* de gentiane est fort amère ; nous avons donné une grande *extension* à notre établissement ; il a des *inflexions* de voix désagréables ; beaucoup de gens se trouvent réduits à la *portion* congrue (1); sachons résister aux *tentations*; je ne sais si vous serez nommé à la prochaine *élection*; nous avons obtenu votre *admission* dans notre société.

MOTS D'UNE ORTHOGRAPHE DIFFICILE.

92ᵉ Dictée.

LES MALADIES.

(La plupart des mots contenus dans cette dictée et dans la suivante étant d'un usage presque quotidien, il nous a paru utile d'en donner l'explication. C'est ce que nous avons fait dans la liste alphabétique placée au bas de la page.)

A combien de maladies notre pauvre humanité n'est-elle pas exposée ! Ouvrez les livres de médecine, et vous frémirez à la seule énumération de ces maux innombrables. Voici la *phthisie*, propre aux climats tempérés, les *catarrhes* ou inflam-

(1) *Portion congrue*, traitement, rente peu considérable.
Absinthe, sf., plante amère et aromatique.
Anesthésique, adj., qui rend insensible à la douleur.
Anévrisme, sm., tumeur contre nature formée par le sang et se continuant avec l'intérieur d'un artère.
Antiphlogistique, adj., qui combat l'inflammation.
Antispasmodique, adj., qui calme les nerfs.
Aphthe ou *aphte*, sm., petit ulcère très-superficiel qui vient dans la bouche.
Apoplexie, sf., privation subite de sentiment et de mouvement.
Asphyxie, sf., suspension subite des signes extérieurs de la vie.
Asthme, sm., affection qui rend la respiration très-difficile.
Astringent, adj., se dit des remèdes qui resserrent.
Bronchite, sf., irritation des bronches, c'est-à-dire des conduits par lesquels l'air s'introduit dans les poumons.
Maladie chronique, maladie dont les symptômes se développent avec lenteur et dont la durée est longue, par opposition à la maladie *aiguë*, dont l'invasion est brusque et la marche rapide.
Calvitie, sf., absence de cheveux.

mations des membranes muqueuses, les *pneumonies*, les *hémorrhagies* ou pertes de sang, les *asthmes* suffocants, mais qui souvent n'empêchent point les personnes *asthmatiques* de vivre fort longtemps, les *gastrites* ou inflammations de l'*estomac*, les *paralysies*, les *apoplexies* plus ou moins foudroyantes, les *coryzas* appelés aussi *rhumes* de cerveau, la *dyssenterie*, si souvent mortelle, les *diarrhées* débilitantes, le *choléra morbus*, les *ophthalmies*, si fréquentes dans certains pays et notamment en Egypte, le hideux cortége des maladies de la peau, les *aphthes*, les *cancers* rongeurs, l'*hydropisie*, l'*épilepsie*, les *asphyxies* lentes, les *pleurésies*, les *érysipèles phlegnomeux* ou non, la fièvre *typhoïde*, la fièvre *scarlatine*; le *scorbut*, les *scrofules* ou *écrouelles*, la *gangrène*, le *rachitisme*, l'*hydrophobie*, la rupture des *anévrismes*, le *goître*, les *bronchites chroniques*, la *toux*, le *tétanos*, la *calvitie*, les *hallucinations*, l'*hypocondrie*.

Cantharides, sf., sorte de mouches dont on se sert pour les vésicatoires.

Chloroforme, sm., substance liquide dont on se sert pour priver momentanément quelqu'un de la sensibilité.

Collyre, sm., remède pour les yeux.

Créosote, sf., caustique (qui brûle) puissant employé contre le mal de dents.

Émétique, sm., remède vomitif.

Emollient, sm., qui a la propriété de ramollir les tissus.

Erysipèle, sm., maladie inflammatoire de la peau.

Expectorant, adj., qui facilite l'émission des crachats.

Gangrène, sf., mort d'une partie du corps, désordre contagieux qui se répand et se communique.

Goître, sm., tumeur qui se développe sur le cou, au devant du larynx.

Hydrophobie, sf., la rage.

Hydropisie, sf., accumulation de sérosités dans une partie du corps, ordinairement dans le ventre.

Hydrothérapie, sf., traitement par le moyen de l'eau.

Hypocondrie, sf., sorte de maladie qui rend bizarre et morose.

Ipécacuanha, sm., plante du Brésil dont la racine est employée comme vomitif.

Julep, sm., potion adoucissante, composée simplement d'eau distillée et de sirops.

Looch, *loch* ou *look*, sm. (pron. *lok*), médicament employé dans les rhumes pour faciliter l'expectoration et adoucir les douleurs.

Narcotique, adj., qui endort.

Ophthalmie, sf., affection inflammatoire de l'œil.

Opiat, sm., pâte pour l'entretien des dents.

Pleurésie, sf., inflammation de la plèvre, membrane qui enveloppe les poumons.

Pneumonie, sf., inflammation des poumons; on dit vulgairement *fluxion de poitrine*.

Rachitisme, sm., maladie caractérisée par le ramollissement et la déformation des os et la courbure de l'épine dorsale.

Révulsif, adj., qui détourne les humeurs d'un lieu dans un autre.

Scarlatine, sf., maladie contagieuse accompagnée de rougeurs à la peau.

Scorbut, sm., maladie qui corrompt la masse du sang et qui se manifeste par l'enflure et saignement des gencives.

Stimulant, sm., qui a la propriété d'exciter plus ou moins promptement l'activité organique.

Sudorifique ou *diaphorétique*, adj., qui provoque la sueur.

Tétanos, sm., maladie qui consiste dans la tension convulsive des muscles.

Tonique, sm., remède qui donne du ton, de l'activité aux organes.

Vermifuge ou *anthelminitique*, qui chasse les vers intestinaux.

Nous en passons beaucoup et des plus effrayantes. Qu'on juge d'après cela des terreurs du malade imaginaire (1) que M. Purgon (2) menace d'une série de maladies plus terribles les unes que les autres.

93ᵉ Dictée.

LES REMÈDES.

Mais consolons-nous, car à la multiplicité des maux nous avons à opposer la multiplicité des remèdes. N'en n'avons-nous pas de toute sorte, que nous nous administrons sous toutes les formes ? Ne faisons-nous pas usage de *tisanes*, de *pilules*, de *sirops*, de *juleps*, de *loochs*, de *collyres*, d'*emplâtres*, de *pommades*, d'*onguents*, d'*opiats* ? N'avons-nous pas à notre disposition une ample provision de médicaments *narcotiques*, *anesthésiques*, *antispasmodiques*, *stimulants*, *expectorants*, *purgatifs*, *sudorifiques* ou *diaphorétiques*, *antiphlogistiques*, *émollients*, *tempérants*, *toniques*, *astringents*, *révulsifs*, *vermifuges* ou *anthelmintiques* ? N'avons-nous pas l'*opium*, le *chloroforme*, l'*éther*, le *camphre*, la *térébenthine*, la *créosote*, les *baumes*, la *myrrhe*, l'*absinthe*, l'*hysope*, la *cannelle*, les *cantharides*, le *phosphore* ; le groupe des *vomitifs*, l'*émétique* et l'*ipécacuanha* ? Ne pouvons-nous pas employer l'*aloès*, la *rhubarbe*, le *lichen*, les préparations de *quinquina*, l'*iode* ? N'avons-nous pas à notre disposition les eaux *minérales* et l'*hydrothérapie* ? Si donc nous sommes menacés de maux sans nombre, ne nous effrayons pas trop ; nous possédons des remèdes non moins innombrables pour les combattre.

94ᵉ Dictée.

LA GÉOMÉTRIE.

Bien des personnes se sont *laissé* effrayer par le langage et l'apparente difficulté de la géométrie. Si elles avaient *osé* aborder résolûment l'étude de cette science, elles ne l'auraient pas *trouvée* si ardue qu'elles se l'étaient *imaginé*. Elles auraient bien vite *compris* le sens d'une *demi*-douzaine de termes *techniques* que l'on y rencontre à chaque instant. Elles auraient *su* ce qu'il faut entendre par un *axiome* (3), un *théorème* (4), un *problème*, un *corollaire* (5), un *postulatum* (6), un *scolie* (7). Elles

_____

(1) Personnage d'une comédie de Molière.
(2) Médecin, de la même comédie.
(3) *Axiome*, vérité évidente par elle-même.
(4) *Théorème*, vérité à démontrer.
(5) *Corollaire*, vérité qui est la conséquence d'une vérité déjà établie.
(6) *Postulatum*, synonyme de *demande*.
(7) *Scolie*, synonyme de remarque.

n'auraient pas *tardé* non plus à apprendre les noms des figures les plus simples et les plus usuelles. Elles seraient *parvenues* très-vite à mesurer les lignes et les surfaces, à construire les *triangles*, les différentes sortes de *quadrilatères*, tels que les *carrés*, les *rectangles*, les *parallélogrammes*, les *rhombes* ou *losanges* et les *trapèzes*. De là elles se seraient *élevées* au tracé des polygones plus *compliqués*, à celui du *pentagone* (1), de l'*hexagone*, de l'*octogone*, du *décagone*, du *dodécagone*, du *pentédécagone*. Elles auraient *appris* que la *demi-circonférence* se partage en *cent quatre-vingts degrés* et le *quadrant* en *quatre-vingt-dix degrés*. Elles n'auraient pas *ignoré* ce que l'on doit entendre par un *segment* et un *secteur* de cercle ; elles auraient su mener des *tangentes* à la *circonférence* (2), à l'*ellipse*, à la *parabole*, et à l'*hyperbole*. Elles auraient mesuré le volume des *cubes*, des *parallélipipèdes*, des *prismes*, des *pyramides*, des *cônes*, des *cylindres*, de la *sphère*. Elles en auraient *déterminé* les *plans tangents*, les *grands cercles*, les *petits cercles*, les *pôles*. *Parvenues* à ce point elles eussent *acquis* plus de rectitude dans le jugement, en même temps qu'elles se fussent *trouvées* en état de comprendre quelque chose au mécanisme de l'univers.

95ᵉ Dictée.

LES ÉGLISES.

La forme des églises a *varié* aux différentes époques. Les premières qui aient été *construites* étaient *calquées* sur les anciennes *basiliques*, lieux où les Romains rendaient la justice et traitaient des affaires commerciales. Plus tard les églises furent bâties en forme de croix. La portion principale du grand bras de la croix comprend la *nef* et les *bas côtés*, au nombre de deux, l'un à droite, l'autre à gauche de cette *nef*. On les appelle encore *nefs collatérales, collatéraux, courtines ou ailes*. La partie de l'église qui représente le petit bras a reçu le nom de *transept* ; enfin le fragment du grand bras qui se trouve au-dessus du *transept* est le *chœur*, où s'accomplissent les principales cérémonies du culte. L'extrémité du chœur offre un *hémicycle* ou *demi*-cercle qui a reçu le nom d'*abside*. Telle est la disposition la plus ordinaire de cette portion de nos temples. Quelquefois cependant l'*abside*, au lieu d'être *semi-circulaire*, est seulement *rectangulaire* : elle s'appelle alors un *chevet*.

---

(1) Le *pentagone* est une figure à cinq côtés ; l'*hexagone*, à six : l'*octogone*, à huit ; le *décagone*, à dix ; le *dodécagone*, à douze ; le *pentédécagone*, à quinze.
(2) La *circonférence*, l'*ellipse*, la *parabole* et l'*hyperbole*, courbes obtenues en coupant un cône de diverses manières.

96. LES ÉGLISES (*Suite*).

Souvent l'église est précédée d'un *porche* ou *narthex*. C'est là que se plaçaient les *catéchumènes* de la primitive Église pour entendre l'office divin. L'entrée du temple est le portail, grande *arcade* dont la forme a varié suivant les siècles. Sa partie courbe est *formée* de différents arcs, dits *archivoltes*. On voit au dessous la porte proprement dite ; elle est ordinairement rectangulaire. L'espace compris entre la porte et les *archivoltes*, qui en sont comme la *voûte*, est le *tympan*. Il est souvent *enrichi* de *sculptures*, et les *archivoltes* sont aussi recouvertes de plusieurs sortes d'ornements. On y voit des *zigzags* ou *chevrons*, des *entre-lacs*, des *losanges*, des *imbrications*, des *rinceaux*, des *méandres*, des *frettes*, des *billettes*, des *palmettes*, des *fleurons*, des *oves*, des *têtes de clous*. Les *fonts baptismaux*, aujourd'hui placés à l'entrée de l'église, étaient autrefois *logés* dans un petit édifice spécial appelé *baptistère*. Certaines églises, celles de Saint-Étienne-du-Mont, à Paris, par exemple, possèdent un *jubé*, sorte de tribune située à l'entrée du *chœur*. Dans beaucoup d'endroits il existe sous le *chœur* des *chapelles souterraines* dites *confessions* ou *cryptes*. On y déposait les ossements des *martyrs*.

97. LES ÉGLISES (*Suite*).

Chacun des deux murs qui limitent latéralement la nef, présente de la base au sommet trois parties : une première, qui occupe la place de son *rez-de-chaussée*, et qui est composée de grandes *arcades* ou *travées* soutenues par des *colonnes* ; une seconde, qu'on ne saurait mieux comparer qu'aux *entre-sols* de nos maisons modernes, et que les archéologues (1) anglais ont *nommée triforium* ; enfin une troisième partie, s'étendant du *triforium* aux *voûtes*, *percées* ordinairement de larges *fenêtres*, et appelées *clerestoris* par ces mêmes archéologues.

L'*architecture* de nos églises offre trois *styles* principaux : le *style roman*, le *style ogival*, et le *style grec*. L'*architecture romane* ou *byzantine* est la seule qui ait eu cours jusqu'au douzième siècle ; elle est caractérisée par la forme des arcades qu'elle emploie. Ce sont des *pleins-cintres*, ou, si l'on aime mieux, des *demi-circonférences*. L'architecture *ogivale* a été en usage depuis le douzième siècle jusqu'à la fin de la première moitié du seizième : l'*ogive*, sorte d'angle *curviligne* que forment les

---

(1) Un *archéologue*, savant qui a étudié les anciens monuments.

DICT. PRATIQUES.

cintres, en est le caractère le plus saillant. L'*architecture ogivale* est très-souvent appelée à tort *architecture gothique.* On y distingue deux périodes : la période du *gothique* pur, reconnaissable à l'élégance et à la simplicité des lignes courbes qu'il emploie, et la période du *gothique flamboyant,* pendant laquelle on introduisit des courbures de plus en plus *compliquées.* C'est pendant le règne du style flamboyant que les *chapiteaux* ont été supprimés, et que d'énormes *pendentifs* ont été accrochés aux *voûtes.* La *Renaissance* est revenue purement et simplement à l'*architecture grecque ;* mais il faut avouer qu'en fait de monuments religieux, elle n'a guère produit de *chefs-d'œuvre.*

Il resterait encore à parler des *vitraux,* des pavés en *mosaïque* dont quelques-uns présentent des *dessins* fort *compliqués* auxquels on a donné le nom de *labyrinthes,* des *autels,* des *crédences,* ou fausses-arcades, des différentes formes de *fenêtres, fenêtres* en *lancette,* en *tiers-point* (1), *rosaces, trilobes* (2), *quatre-feuilles* (3). Nous pourrions énumérer aussi les diverses formes qu'ont *eues* successivement les *calices,* les *ciboires,* les *encensoirs,* les *ostensoirs ;* nous pourrions passer en revue les *clochers* avec leurs toits *quadrangulaires* ou en *bâtière,* les *flèches,* les *clochetons pyramidaux,* etc. ; mais la description de tous ces objets nous entraînerait trop loin.

98ᵉ Dictée.

LE VAISSEAU.

Mettons le pied sur un vaisseau pour en analyser les différentes parties. Il repose sur sa *quille,* longue pièce de bois qui forme comme la base de tout l'édifice, sorte d'épine *dorsale* allant de la *proue* qui est l'*avant* du *navire,* à la *poupe* qui en est l'*arrière.* La *quille* porte la *coque* ou corps du bâtiment ; la partie de la *coque* qui est plongée dans l'eau est appelée l'*œuvre-vive* ou la *carène ;* la partie qui émerge est l'*œuvre-morte ;* la ligne de séparation entre ces deux parties se nomme le *plan* de *flottaison.*

Un vaisseau ne saurait être mieux comparé qu'à une *maison flottante ;* le *toit* de cette maison, plat et *horizontal,* se nomme

---

(1) *Fenêtres en tiers-point,* dont la partie rectangulaire est surmontée d'une autre en forme de triangle équilatéral mixtiligne.

(2) Petites fenêtres ressemblant à un *as de trèfle* dont on aurait supprimé la queue.

(3) Petites fenêtres ou parties de fenêtres ressemblant à un as de trèfle dont la queue aurait été remplacée par un quatrième segment de tout point pareil aux trois

le *tillac* et plus ordinairement le *pont*. Cette sorte de plancher est soutenue par des piliers en bois appelés *baux*. Le navire, comme une maison, peut avoir plusieurs étages ; ils sont séparés par des planchers qu'on appelle encore des *ponts*; mais, chose plus étrange, c'est que pour désigner ces étages eux-mêmes on emploie encore ce même mot de *pont*. Il est vrai que les étages sont aussi nommés quelquefois des *entre-ponts*. Dans les vaisseaux à deux et à trois *ponts*, le premier *pont* est celui qui est le plus *près* de l'eau. Quant au *pont* supérieur, on nomme *gaillard d'avant* la partie de ce *pont* adjacente à la *proue*, et *gaillard d'arrière* la moitié postérieure du vaisseau. Le *gaillard d'arrière* est surmonté d'une *dunette*, petit pont supplémentaire. La *proue* se termine par une pièce en saillie dite *éperon*.

99. LE VAISSEAU (*Suite*).

Chaque étage, chaque *pont*, dans les bâtiments de guerre, porte une *batterie* d'artillerie; aussi les marins désignent-ils les *ponts*, sauf le pont supérieur, par le nom de leur *batterie* ; la première *batterie*, ou *batterie-basse*, et la plus voisine de l'eau; la seconde *batterie* est celle qui est immédiatement supérieure et ainsi de suite. Les *sabords* sont, en quelque sorte, les *créneaux*, les fenêtres, par où l'on tire le canon. Les étages, ou batteries, sont *partagés* par des cloisons verticales en compartiments que les marins appellent des *emménagements*.

Les différents étages communiquent entre eux par des ouvertures carrées qui se correspondent dans une même ligne verticale : ce sont les *écoutilles*. Le pont inférieur, dit aussi *faux pont*, est le plancher le plus bas. Il donne son nom à l'étage qu'il forme. L'espace situé au-dessous est la *cale*, vaste magasin sectionné en compartiments dont les noms révèlent la destination. Il y a le *magasin général*, la *cale-à-eau* ou *grande-cale*, le *puits-aux-boulets*, l'*archi-pompe* où sont les pompes, la *fosse-aux-câbles*, la *fosse-aux-lions* qui paraît être une corruption de *fosse-aux-liens* et où se trouvent les *rechanges* du *maître d'équipage*.

Tous les autres compartiments se nomment des *soutes*: on peut citer les *soutes à poudre*, les *soutes à biscuit*, les *soutes aux voiles*. C'est dans la *cale* que l'on met encore le *lest* qui peut être nécessaire à la marche du navire. A la partie supérieure de la *cale* est la *cambuse*, où sont *pesées, mesurées* et *distribuées* les rations de vivres du navire. Les matelots couchent dans des *hamacs* suspendus au *plafond* des batteries. Les chambres à bord des navires sont des *cabines*.

100. LE VAISSEAU (*Suite*).

Le mot *bord* en terme de marine, signifie le côté, le *flanc* d'un navire. Il désigne souvent le navire tout entier. Il a pour étymologie un mot scandinave qui veut dire *planche*. Quant on est à la *poupe,* et que l'on regarde la *proue,* le côté du bâtiment que l'on a à sa droite est le côté de *tribord*; celui que l'on a à sa gauche est le côté de *babord*. Les *bastingages* sont les *parapets* qni entourent le *tillac*.

Les vaisseaux que l'on fait marcher sous l'impulsion du vent donnent prise à ce *fluide* au moyen de larges pièces de toile étalées, qui ont reçu le nom de *voiles*. Les *voiles* sont fixées aux *mâts*, espèces de grandes poutres plantées verticalement comme des arbres sur le vaisseau. Les *mâts* portent des noms différents selon la place qu'ils occupent : le *grand mât* est au milieu du vaisseau ; le *mât d'artimon,* toutà fait à l'arrière, à la poupe. Le *mât de beaupré* est couché sur *l'éperon* de la proue dans une position inclinée. Le *mât de misaine* est entre le *grand mât* et le *mât de beaupré*. Tels sont les *mâts* principaux d'un navire. Il y en a auxquels sont *accrochées* des *hunes*, sortes de *guérites* ou de postes où l'on place des matelots en *sentinelles*. C'est en outre aux mâts que sont fixées les *vergues*, longues pièces de bois horizontales, mises en travers, et qui portent les voiles. Chaque *mât* est à plusieurs étages, comme une maison ; le *rez-de-chaussée* n'est désigné que par le nom même du *mât*. Il porte un prolongement sur lequel est *entée* une nouvelle *rallonge,* qni en porte elle-même une autre, et ainsi de suite. Les mâts que constituent les premières *rallonges* sont les *mâts de hunes* ou les *huniers :* ils forment les étages les moins élevés. Viennent ensuite, dans l'ordre ascendant des étages : les *mâts de perroquet,* de *perruche,* de *cacatois*.

101. LE VAISSEAU (*Suite*).

Les *voiles* ont le nom des mâts principaux ou secondaires qui les portent. Les *voiles basses* sont fixées aux *bas mâts,* les *voiles hautes* aux *mâts* de différents étages. Les voiles affectent différentes formes : il y en a de *carrées,* comme la *grande voile* et la *misaine,* de *trapézoïdes* comme les *huniers,* les *perroquets* et les *cacatois ;* de *triangulaires,* comme les *focs.* Ces dernières voiles empruntent leurs noms aux *mâts* supplémentaires où elles sont attachées. Nous avons *vu* que les mâts ont des *rallonges*, les *vergues* en ont aussi que l'on applique à leurs deux bouts. Ces *rallonges* de *vergues* s'appellent des *bouts-dehors* ou des *boute-hors*. Les bouts-dehors sont constitués par des *espars*, ou longues pièces de sapin. On y fixe des *bonnettes*, petites *voiles* qu'on ajoute aux grandes pour élargir ces dernières.

On dirige les navires au moyen de la *boussole* placée dans l'*habitacle*, armoire toute de bois installée dans le voisinage du *gouvernail*; on les maintient immobiles au moyens de *crochets* ou *hameçons* gigantesque nommés *ancres*. Chaque *ancre* est *suspendue* à deux grosses pièces de bois que l'on appelle des *bossoirs*.

102ᵉ Dictée.

LES NAVIRES.

Quelle distance l'industrie humaine n'a-t-elle pas *franchie* dans l'art de la navigation, depuis le *canot* et la *pirogue* d'écorce du sauvage, jusqu'au *navire* de *haut bord* ! Que d'intermédiaires entre ces deux extrémités ! Partons de l'état actuel de la marine, pour remonter à son origine : des *vaisseaux de ligne* de *cent* ou *cent vingt* canons, on passe aux *frégates*, dont les dimensions sont encore considérables ; de là, aux *corvettes*, bâtiments un peu plus petits ; puis aux *bricks*, qui sont des vaisseaux à deux mâts.

Autour de cet *état-major* de la marine vient se grouper la foule des *embarcations* secondaires : les *goëlettes*, taillées pour la course ; les *chaloupes*, que leur légèreté rend propres à servir d'auxiliaires aux plus grands bâtiments ; les *lougres*, petits navires de guerre à deux mâts ; les *sloops*, affectés à la même destination, mais qui ne possèdent qu'un seul mât ; les *schooners*, pourvus de deux mâts et gréés comme les goëlettes ; les *gabares* et les *flûtes* employées pour les transports ; les *avisos*, qui portent des avis et des dépêches ; les *allégves*, qui marchent à la suite d'un bâtiment plus grand pour l'alléger d'une partie de sa charge ; les *garde-côtes*, armés pour la protection des côtes ; les *chasse-marée*, bâtiments côtiers, à deux mâts, pontés et très-propres à la marche ; ils servent souvent à transporter la marée ; les *balancelles*, embarcations pointues par les deux bouts, portant un seul *mâte*, une voile latine, et possédant de seize à vingt avirons de chaque côté ; les *yachts*, navires de promenade à voiles et à rames, comme les précédents ; les *brigantins*, petits navires armés en course.

103. LES NAVIRES (*Suite*).

Nous ne mentionnerons que pour mémoire les anciens *ga-
lions*, que les Espagnols chargeaient avec l'or des mines du
Pérou, et les hideux *négriers*, employés à la traite des nègres.
Mais adressons un mot d'encouragement aux utiles *baleiniers*,
qui enrichissent le commerce des deux mondes. Nous nous
ferions scrupule d'oublier la navigation à vapeur, et tous les
pyroscaphes (1) dont elle sillonne les mers. Elle est fière à juste
titre de ses *steamers*, dont on se plaît à reconnaître les services.
Les *clippers* américains, malgré toutes leurs perfections, qui en
font de si fins voiliers, ne luttent que difficilement avec eux.

Enfin, n'omettons pas tout à fait le menu fretin, les membres lilliputiens (2) de nos flottes, les *nacelles*, les *barques*, les
gondoles, les *pirogues*, les *yoles*, les *patâches* et beaucoup d'autres encore. Toutes ces coquilles de noix sont aux vaisseaux à
trois ponts ce que sont les *épinoches* (3) aux *baleines* et la plus
petite herbe aux cèdres du Liban (4).

104ᵉ Dictée.

LA POÉSIE.

La poésie est une enchanteresse qui prend mille formes pour
nous plaire ; c'est un Protée (5) qui nous charme toujours et ne
demande pas mieux que de nous prodiguer ses consolations, lorsque nous en avons besoin. La poésie sait prendre tous les tons ;
il y en a pour tous les tempéraments et pour tous les goûts.
Pour les âmes *enthousiastes*, elle prend la *lyre* et célèbre tout ce
qui atteint au sublime : c'est alors qu'elle nous prodigue les
chansons, les *ballades*, les *lais* (6), les *hymnes*, les *odes*, les
cantates, les *psaumes*. Elle fait revivre les exploits des héros par
l'*épopée*, et les œuvres impérissables des *Homère*, des *Virgile*,
des *Milton*, des *Camoëns*, des *Tasse* (7), nous montrent assez
qu'elle a le pouvoir de décerner la couronne de l'immortalité.

---

(1) De deux mots grecs, *pur*, feu, et *scaphé*, esquif. Espèce de bâtiment à vapeur
sans cheminée.

(2) Très-petits. On fait allusion aux petits hommes de quinze centimètres des
Voyages de Gulliver.

(3) Très-petits poissons.

(4) Montagne de l'Asie Mineure, au nord de la Palestine.

(5) Dieu marin, pasteur des troupeaux de Neptune ; il avait le pouvoir de prendre
toutes les formes.

(6) *Lai*, ancienne poésie plaintive.

(7) Homère, poëte grec, auteur de l'*Iliade* et de l'*Odyssée* ; Virgile, poëte latin,
auteur de l'*Énéide* ; Milton, poëte anglais, auteur du *Paradis perdu* ; le Camoëns,

Pour nous remuer plus vivement ou pour nous égayer, la poésie chausse le *cothurne* de *Melpomène* (1) ou le *brodequin* de *Thalie* (2), ou, pour parler sans figure, elle nous donne la *tragédie* et la *comédie*; elle imagine les *chœurs*, elle nous montre le *coryphée* les introduisant sur la scène; elle enfante *Eschyle*, *Sophocle*, *Euripide* (3), *Corneille*, *Racine*, *Voltaire* (4), *Shakespeare* (5), *Aristophane*, *Ménandre* et notre immortel *Molière* (6). Quand les filles de *Mnémosyne* (7) daignent se faire savantes, elles composent des poèmes *didactiques* (8), et l'on a *les Travaux et les Jours*, les *Géorgiques*, l'*Art poétique*, la *Religion*, les *Saisons*, l'*Imagination* (9). Quand la poésie se fâche, elle nous envoie les *satiriques* : *Horace*, *Perse*, *Juvénal*, *Boileau*. Quand elle prend en main la *houlette* et qu'elle se fait bergère, elle module des *églogues*, des *idylles*; elle inspire *Théocrite*, *Virgile* et *Racan*. Lorsqu'il lui faut pleurer avec nous, elle revêt des habits de deuil, soupire des *élégies* ou gémit avec le *prophète* sur les malheurs de Sion, et alors elle compose les *Thrènes* ou les *Lamentations*. D'autres fois enfin, elle fait parler les bêtes dans l'*apologue*, et elle choisit pour interprètes *Babrius*, *Phèdre* et *la Fontaine* (10).

105. LA POÉSIE (*Suite*).

Toutes ces merveilles sont composées dans une langue à part, celle des *vers* : ils sont ou anciens ou modernes, ou mesurés ou rimés. Les vers anciens et mesurés sont formés d'assemblages de *syllabes* longues et brèves, que l'on nomme des pieds; les *spondées*, les *dactyles*, les *ïambes* (11), sont les prin-

---

poète portugais, auteur des *Lusiades*, le Tasse, poète italien, auteur de la *Jérusalem délivrée*.

(1) *Melpomène*, muse de la Tragédie.

(2) *Thalie*, muse de la Comédie.

(3) *Eschyle, Sophocle, Euripide*, trois célèbres poètes tragiques grecs.

(4) *Corneille, Racine, Voltaire*, trois célèbres poètes tragiques français.

(5) *Shakespeare* (prononcez *chèkspîre*), poète tragique anglais.

(6) *Aristophane, Ménandre*, poètes comiques grecs; *Molière*, poète comique français.

(7) *Mnémosyne*, déesse de la Mémoire.

(8) poèmes qui contiennent un enseignement plus ou moins exact sur un sujet déterminé.

(9) *Les travaux et les jours*, en grec, d'Hésiode; les *Géorgiques*, poème latin sur l'agriculture, de Virgile; l'*Art poétique*; il y a ceux d'Horace, de Boileau; la *Religion*, de Racine le fils; les *Saisons*, par Saint-Lambert, en français, et par Thompson, en anglais; l'*Imagination*, par Delille.

(10) *Babrius, Phèdre* et *La Fontaine*, trois célèbres fabulistes; le premier, grec; le deuxième, latin; le troisième, français.

(11) Le *spondée*, est formé de deux syllabes longues; le *dactyle*, d'une longue suivie de deux brèves; l'*ïambe*, d'une brève suivie d'une longue.

cipaux pieds ; les *hexamètres* et les *pentamètres* (1) sont les principales espèces de vers ; un *distique* est la réunion d'un vers *hexamètre* avec un *pentamètre ;* c'est une sorte de petite *strophe ;* mais il y a des *strophes* bien plus compliquées, par exemple la *strophe alcaïque.* Les vers français et ceux de beaucoup de langues modernes sont rimés ; de plus ils ont l'*hémistiche* ou *césure,* qu'il ne faut pas confondre avec la césure des vers grecs et latins. Les deux principaux vers français sont l' *alexandrin,* ou vers de douze *syllabes,* et le vers de dix *syllabes.* Les rimes doivent être alternativement *masculines* et *féminines.* L'*élision* est de rigueur. La poésie a surtout brillé d'un vif éclat à certaines époques privilégiées que l'on a nommées les siècles littéraires. Il y a eu le siècle de *Périclès,* le *siècle d'Auguste,* le *siècle* de Léon X, le *siècle* de Louis XIV.

106ᵉ Dictée.

LA RHÉTORIQUE.

La *rhétorique* est le code des *orateurs.* Elle leur suggère les moyens les plus propres à persuader ; elle leur enseigne combien il y a de parties dans un discours et dans quel ordre on doit les disposer ; elle indique ce que doivent être ces différentes parties, l' *exorde,* la *proposition,* la *division,* la *narration,* la *confirmation,* la *réfutation* et la *péroraison*(2). La *rhétorique* énumère les qualités qui caractérisent un bon *style,* elle enseigne l'usage des figures, de l' *antithèse,* de la *comparaison,* de la *métaphore,* de l'*allégorie,* de la *synecdoque,* de la *catachrèse,* de la *métonymie,* de la *litote,* de l'*hyperbole,* de l'*apostrophe,* de la *prosopopée* (3). Elle se permet quelques incursions dans le domaine de la *philosophie :* elle donne les règles du *syllogisme*(4),

---

(1) Les *hexamètres* ont six pieds ; les *pentamètres,* cinq.

(2) L'*exorde* est la première partie du discours, la péroraison la dernière ; les autres parties viennent dans l'ordre où elles sont énumérées ; leurs noms indiquent assez leur destination.

(3) L'*antithèse* est une figure qui oppose les mots aux mots, les pensées aux pensées. — La *comparaison* assimile un objet à un autre. — La *métaphore* est une comparaison abrégée. — L'*allégorie* est une suite de *métaphores* sur le même sujet. — La *synecdoque* change l'extension des êtres, prenant la partie pour le tout, le tout pour la partie, le genre pour l'espèce, l'espèce pour le genre. — La *catachrèse* prend abusivement la signification propre d'un mot. — La *métonymie* énonce la cause pour l'effet, le contenant pour le contenu, la partie pour le tout, etc. — La *litote,* atténuation dans la manière d'exprimer ce que l'on veut dire. — L'*hyperbole,* exagération dans l'expression d'une pensée. — L'*apostrophe* est une interpellation directe aux présents, aux absents. etc. — La *prosopopée* prête la vie aux êtres inanimés, aux morts, aux absents.

(4) Le *syllogisme* est une forme de raisonnement contenant trois propositions appelées la *majeure,* la *mineure* et la *conséquence.* — L'*enthymème* est un *syllogisme* dans

de l'*enthymème* et du *dilemme*. Elle trace leur plan aux *avocats*, aux *tribuns*, aux *prédicateurs*. Les *discours académiques*, les *éloges*, les *panégyriques* (1), les *homélies* (2), sont de son ressort. Elle a formé les *Démosthène*, les *Cicéron*, les *Bossuet*, les *Bourdaloue*, les *Massillon*, les *Fénelon*, les *Mirabeau*, les *Maury*, les *Lacordaire*.

La *rhétorique* ne guide pas seulement les orateurs : tous les écrivains, quels qu'ils soient, relèvent de son empire ; les *historiens*, les *chroniqueurs*, les *romanciers*, les *dramaturges*, les *moralistes*, les *publicistes*, les *nouvellistes*, les *critiques*, les écrivains *techniques*, sont soumis à ses lois.

107ᵉ Dictée.

LA PHILOSOPHIE.

D'après l'*étymologie* même du mot, les *philosophes*, qu'on ne doit pas confondre avec les *sophistes*, doivent être les amis de la sagesse. Parmi les philosophes, que d'écoles, que de *sectes* opposées, que de *systèmes* contradictoires n'aurait-on pas à énumérer ! *Quelles que* soient leurs *doctrines*, tous les *philosophes* s'occupent de *psychologie*, de *logique*, de *morale* et de *théodicée* (3). Ils sont *empiriques* ou *rationalistes*, *spiritualistes* ou *matérialistes*, partisans du *théisme*, de l'*athéisme*, du *panthéisme* ou du *positivisme* (4). Ils discourent sur le *moi* et le *non-moi*, sur les *entités*, sur les *catégories*, sur les *universaux* et les *nominaux*, sur le *libre arbitre* et la *fatalité*, sur la *prescience divine* et la liberté humaine, sur l'*harmonie préétablie* et le *médiateur plastique*, sur nos *facultés*, sur nos *instincts*.

Les philosophes peuvent être *pyrrhoniens*, *pythagoriciens*, *épicuriens*, *stoïciens*, *cyniques*, *académiciens*, *péripatéticiens*, *mystiques*, *cartésiens*, *idéalistes*, *éclectiques*, *illuminés*, *sceptiques* (5). Ils peuvent préconiser l'*analyse* ou la *synthèse*, l'*induc-*

lequel l'une des deux premières propositions est sous-entendue. — Le *dilemme* force l'adversaire à choisir entre deux propositions qui le condamnent également.

(1) Éloges des personnes mortes.

(2) Sermons familiers.

(3) La *psychologie* est la partie de la philosophie qui s'occupe de l'âme ; la *théodicée* étudie Dieu ; la *logique* nous apprend à raisonner ; la *morale* nous enseigne nos devoirs.

(4) *Théisme*, croyance philosophique dans l'existence de Dieu. — *Athéisme*, négation de l'existence de Dieu. — *Panthéisme*, opinion de ceux qui s'imaginent que tout ce qui existe fait partie de Dieu. — *Positivisme*, système philosophique qui n'admet que ce qui peut être démontré par le raisonnement ou basé sur l'expérience.

(5) Les philosophes *pyrrhoniens* affectaient le doute universel ; les *pythagoriciens* étaient les disciples de Pythagore ; les *épicuriens*, d'Épicure ; les *stoïciens*, de Zénon d'Élée, qui donnait ses leçons sous un portique, en grec, *stoa* ; les *cyniques*, comme

4.

tion ou la *déduction ;* ils font des *hypothèses* (1), ils traitent tous les sujets de *métaphysique* (2), d'*ontologie* (3). On les voit à la recherche de *critériums* (4) infaillibles. Ils donnent tous leurs soins à la *méthode ;* leurs *spéculations* sont *à priori* ou *à posteriori*. Ils définissent et ils *classent ;* ils formulent les règles du raisonnement, surtout celles du *syllogisme*, dont la *théorie* est un des *systèmes* les plus réguliers que l'esprit humain ait jamais construits. Ils nous enseignent qu'il y a dans le *syllogisme* trois propositions ; que les deux premières, nommées ensemble *prémisses*, sont la *majeure* et la *mineure*, et que la troisième est la *conclusion* ou la *conséquence*.

La philosophie est passée par les phases les plus diverses ; après avoir brillé dans l'antiquité, elle est devenue la *scholastique* au *moyen âge ;* on l'a vue ressusciter ensuite avec Descartes. On a souvent admiré la *dialectique* des philosophes de toutes les époques. Les détracteurs les plus déterminés de la *philsophie* n'oseraient nier qu'elle constitue, tout au moins, une excellente gymnastique pour l'esprit.

108ᵉ Dictée.

LE LANGAGE ASTRONOMIQUE (5).

J'ai toujours pris un plaisir extrême à la lecture de l'*almanach ;* mais je reste bouche béante quand on me parle du *zénith* et du *nadir* (6), des *équinoxes* et des *solstices* (7), du *tropique du Cancer* et du *tropique du Capricorne*, des douze signes du *zodiaque* (8), de l'année *julienne* et de l'année *grégorienne*,

Diogène, bravaient la bienséance et se laissaient comparer à des chiens (radical grec, *cuôn*, d'où *cynique*) ; les *académiciens* étaient les sectateurs de Platon ; les *péripatéticiens*, ceux d'Aristote. Les *mystiques*, de l'école d'Alexandrie, admettaient l'extase. Les *cartésiens* sont les disciples de Descartes. Les *idéalistes* n'admettant de réel que l'idée, nient l'existence du monde extérieur. Les *éclectiques* font un choix de tous les systèmes. Les *illuminés*, sorte de visionnaires. Les *sceptiques*, qui affectent de douter de tout ce qui n'est pas prouvé d'une manière évidente.

(1) Des *hypothèses*, des suppositions.

(2) *Métaphysique*, science de tout ce qui n'est pas la matière.

(3) L'*ontologie*, science de l'*être* en général.

(4) Marque à laquelle on reconnaît la vérité d'un jugement, d'une opinion, d'un fait.

(5) Dans l'impossibilité où nous sommes, faute d'espace, d'expliquer tous les termes qui vont suivre, nous renvoyons au *Traité de Cosmographie* de M. Bénard, publié par la même librairie.

(6) Le *zénith* et le *nadir* sont les deux extrémités, l'une supérieure, l'autre inférieure d'une verticale quelconque.

(7) Les *équinoxes* sont les deux époques de l'année où les jours sont égaux aux nuits ; les *solstices* sont celles où les longueurs respectives du jour et de la nuit diffèrent le plus.

(8) Ce sont douze constellations que le soleil semble parcourir dans sa marche apparente annuelle sur la sphère céleste.

de l'année *sidérale*, de l'année *tropique*, de l'année *anomalistique*, du *jour sidéral*, du *jour vrai* et du *jour moyen*, de l'ascension droite et de la *déclinaison*, de la *sphère céleste*, du *pôle arctique* ou *boréal*, du *pôle antarctique* ou *austral*, de l'*équateur* et de l'*écliptique* (1), de l'*orbite* (2), des *planètes*, de leurs *nœuds ascendants*, de leurs *nœuds descendants*, de la *précession* des équinoxes, de notre *satellite* la lune, de ses *phases*, des *quadratures*, des *syzygies* (3), du *périgée* et de l'*apogée* (4), du *périhélie* et de l'*aphélie* (5), de la *néoménie* (6), de l'*opposition* et de la *conjonction* (7), de la *longitude* et de la *latitude*, des *planètes inférieures et supérieures*, des *ellipses* (8) qu'elles décrivent, des *occultations* (9), de la *révolution synodique* (10), de la ligne des *apsides* (11), des *éclipses* du soleil et de la lune, de l'*ombre* et de la *pénombre*, des *étoiles fixes*, des *constellations*, de la *voie lactée*, des *nébuleuses*, du *cycle lunaire*, du *nombre d'or*, des *épactes*, de la lettre *dominicale*, du *nonagésime* (12), de l'*horoscope* et d'une infinité d'autres choses qu'on ne m'a pas *expliquées* dans mon enfance.

Si j'avais le bonheur de trouver quelqu'un qui me les enseignât, je m'estimerais l'homme le plus heureux du monde; l'*almanach* deviendrait pour moi la source des jouissances intellectuelles les plus pures et les plus vives.

109° Dictée.

ORGANISATION DES ANIMAUX.

Chez l'homme et chez les animaux les plus parfaits, l'intérieur du corps est partagé, par une cloison nommée *diaphragme*, en deux compartiments ou chambres. La chambre supérieure est la *poitrine* ou *thorax*, où se trouve logé l'appareil qui sert à la

(1) L'*écliptique* est le plan de la courbe que décrit la terre autour du soleil.
(2) L'*orbite* d'une planète est la courbe qu'elle décrit autour du soleil.
(3) Les *syzygies* sont les positions de la lune au moment de la pleine et de la nouvelle lune.
(4) Le *périgée* est la plus courte distance d'un astre à la terre; l'*apogée* en est la plus grande.
(5) Le *périhélie* est la plus courte distance d'un astre au soleil; l'*aphélie* en est la plus grande.
(6) *Néoménie* veut dire **nouvelle lune**.
(7) L'*opposition et la conjonction* répondent aux syzygies.
(8) Les *planètes* décrivent autour du soleil des courbes qui sont des *ellipses* semblables aux *ovales* des jardiniers.
(9) Il y a *occultation* d'un astre quand l'interposition d'un autre astre plus rapproché nous dérobe la vue du premier.
(10) La *révolution synodique* est le temps qui s'écoule entre deux pleines lunes ou entre deux néoménies successives.
(11) La ligne qui joint les deux points du périhélie et de l'aphélie d'une planète.
(12) *Nonagésime*, point de l'écliptique situé à 90 degrés des points où ce plan coupe celui de l'horizon.

respiration et à la *circulation*. La chambre inférieure est le *ventre* ou *abdomen*, plus particulièrement affecté aux organes qui concourent à l'acte de la *digestion*.

La respiration s'effectue dans les *poumons*; l'air extérieur y arrive après avoir traversé la *trachée-artère*, grand tuyau qui se subdivise en deux autres appelés *bronches*, lesquels se rendent chacun à un *poumon*. Entre les deux *poumons* se trouve le *cœur*, espèce de *pompe foulante* qui lance le *sang* dans toutes les parties du corps. Ce liquide chemine dans des canaux qui ont reçu le nom de *veines* et d'*artères*. Les *veines* sont remplies de *sang noir*, et les *artères* de *sang rouge* et *vermeil*. Indépendamment de ces deux sortes de sang, il en existe un troisième, c'est le *sang blanc* ou *lymphe*, renfermé dans les vaisseaux *lymphatiques*. Le rôle de l'air introduit dans les poumons consiste à changer le *sang noir* en *sang rouge*. Dès que ce changement ne peut plus se faire chez un animal, ce dernier périt asphyxié.

110. ORGANISATION DES ANIMAUX (*Suite*).

Une fois mâchés et imbibés de *salive*, les aliments sont avalés par suite d'une opération dite *déglutition*. Ils parcourent un gros tube nommé *œsophage*, qui les amène dans l'*estomac*. Ils s'y transforment en une bouillie grisâtre qui est le *chyme*, puis ils passent dans les *intestins* ou *boyaux*, dont les deux sections principales sont l'*intestin grêle* et le *gros intestin*. Ce dernier à son tour se subdivise en *cœcum*, en *colon* et en *rectum*. C'est dans l'*intestin grêle* que s'achève la digestion. Sous l'influence de plusieurs liquides dont l'un est la *bile*, sécrétée par le *foie* ou *glande hépathique*, le *chyme* se *métamorphose* en *chyle*, matière d'apparence *laiteuse*. Ce *chyle*, en se mêlant au sang, devient l'agent principal de la *digestion*.

Outre les *viscères* ci-dessus énumérés, les animaux ont encore des *os*, des *nerfs* et des *muscles*. Les os sont la charpente du corps : ce sont eux qui soutiennent tout l'édifice. Les *nerfs* président à nos mouvements et transmettent à l'âme les impressions des objets extérieurs. Les *muscles*, quand ils sont excités par les nerfs, exécutent des mouvements de différentes natures, les uns volontaires, les autres *spontanés* et comme *automatiques*.

111ᵉ Dictée.

ALIMENTATION DE L'HOMME ET DES ANIMAUX.

C'est au nombre, à la forme et à l'arrangement des dents d'un animal que l'on reconnaît le genre de nourriture pour lequel la nature l'avait créé. En appliquant ce *critérium* (1) à l'espèce humaine, on voit quelle était destinée à se nourrir de fruits, ce que l'on exprime en lui donnant la qualification de *frugivore*. Mais l'homme, par suite de l'immense extension de son habitat primitif, ayant fini par occuper presque toute la surface du globe, modifia son régime naturel et devint *omnivore* (2). Aujourd'hui donc les aliments de l'espèce humaine sont tirés soit du règne végétal, soit du règne animal. Néanmoins certaines peuplades, certaines races vivent d'une façon plus exclusive. Il y a des peuples uniquement *phytophages* (3), comme les Hindous; d'autres sont appelés *acridophages*, c'est-à-dire *mangeurs de sauterelles*; d'autres encore *ichthyophages*, parce que la majeure partie de leur nourriture consiste en poisson. On rencontre même plus souvent qu'on ne se l'imaginerait des individus ou des tribus sauvages tout entières qui présentent le curieux phénomène du *géophagisme* (4). Ces gens-là savourent avec délices différentes sortes de terres.

Les singes sont frugivores comme l'homme lui-même l'était originairement. Les *chauves-souris* ou *cheiroptères* (5) vivent d'insectes. Il en est de même des insectivores proprement dits, tels que les *hérissons*, les *taupes*, les *musaraignes*.

112. ALIMENTATION DE L'HOMME ET DES ANIMAUX (*Suite*).

Les *carnassiers* se nourrissent exclusivement de chair; ce sont les animaux dont l'intestin est le plus court. A cet ordre appartiennent les *lions*, les *chats*, les *tigres*, le *jaguar*, la *panthère*, le *léopard*, le *lynx* (6), l'*hyène*, les *chiens*, les *chacals*, les *loups*, les *ours* et la section des *carnassiers vermiformes* qui comprend les *putois*, les *martres*, les *loutres*, les *belettes* et les *furets*. Les *rongeurs*, tels que les *rats*, les *marmottes*, les *écureuils*, les *castors*, vivent de substances végétales très-dures telles que des écorces et des racines. Les *pachydermes* (7), parmi lesquels on compte le *sanglier*, l'*éléphant*, le *rhinocéros* (8), l'*hippopotame* (9), le *cheval*, le *zèbre*, l'*âne*, sont *herbivores*.

Il en est de même des *ruminants*, animaux organisés pour

---

(1) *Critérium*, voir la note 4, page 82.
(2) *Omnivore*, qui mange de tout.
(3) *Phytophages*, qui vivent de végétaux.
(4) *Géophagisme*, l'action de manger de la terre.
(5) Le mot *cheiroptère* signifie littéralement *main-aile*.
(6) Le *lynx* s'appelle encore *loup cervier*.
(7) Ce mot veut dire *peau épaisse*.
(8) *Rhinocéros*, qui a une corne sur le nez.
(9) Le mot *hippopotame* signifie *cheval de rivière*.

mâcher plusieurs fois la même nourriture, qu'ils ont la faculté de faire rétrograder depuis les poches multiples de leur estomac jusque dans leur bouche. Le nombre des *ruminants* est considérable. Les principaux genres de cet ordre sont : le *bœuf*, le *buffle* (1), l'*yack* (2), le *bœuf musqué* (3), le *bison* (4), les *chèvres*, les *cerfs*, les *antilopes*, la *girafe*, les *chameaux*, les *lamas* (5).

Les *mammifères pisciformes* (6) ou *cétacés*, qui se nourrissent d'animaux marins, renferment quelques espèces qui sont les géants de la création. On compte parmi eux les *marsouins*, les *dauphins*, les *cachalots* et les *baleines*. Enfin, une troisième division de *mammifères* est composée d'êtres singuliers parmi lesquels on remarque les *sarigues*, les *kanguroos*, les *ornithorinques* et les *échidnés* (7). Tels sont les différents genres de vie des principaux *mammifères*.

113ᵉ Dictée.

LES GRANDES DIVISIONS DU RÈGNE ANIMAL.

Les naturalistes *philosophes* ont partagé le règne animal en quatre grands embranchements qui sont ceux des *vertébrés*, des *annelés*, des *mollusques* et des *zoophytes*.

A l'embranchement des *vertébrés* appartiennent tous les animaux pourvus d'un *squelette* intérieur, dont l'axe est l'*épine dorsale* ou la colonne *vertébrale*, composée de *vertèbres*, os *annulaires* empilés les uns sur les autres. Les vertébrés se subdivisent en *mammifères*, en *oiseaux*, en *reptiles*, en *batraciens* et en *poissons*. Tout le monde sait distinguer les *mammifères*, les *oiseaux* et les *poissons*. Quant aux reptiles, ils comprennent les *sauriens* ou *lézards*, les *ophidiens* ou *serpents*, et les *chéloniens* ou *tortues*. Les *batraciens* les plus connus sont les *grenouilles*, les *crapauds* et les *salamandres*.

Les animaux *annelés*, privés de *squelette* intérieur, n'ont qu'un *squelette* extérieur, composé d'une suite d'anneaux mobiles. Ils se partagent en *insectes*, *arachnides*, *crustacés*, *annélides*, *hel-*

---

(1) On trouve des *buffles* dans l'Inde, en Italie, en Grèce.
(2) Le *yack* est originaire du Thibet.
(3) Le *bœuf musqué*, habite les parties les plus septentrionales de l'Amérique et est remarquable par l'odeur de musc qu'il répand.
(4) Le *bison* vit dans l'Amérique du Nord. Son dos porte une sorte de protubérance qui constitue, dit-on, un mets des plus exquis.
(5) Le *lama* est un animal ruminant de l'Amérique du Sud. On trouve les *chameaux* en Arabie, la girafe en Afrique ; les antilopes en une foule de lieux de l'ancien continent.
(6) *Pisciforme*, en forme de poisson.
(7) La plupart des *mammifères* de cette troisième division ne vivent qu'à la Nouvelle-Hollande.

minthes. La plupart des insectes subissent pendant la durée de leur vie des changements de formes connus sous le nom de *métamorphoses.* Ils sont successivement *larves, nymphes* ou *chrysalides* (1) et insectes parfaits. Parmi les différents ordres d'insectes, citons en premier lieu les *coléoptères,* dont font partie les *scarabées,* les *hannétons,* les *cantharides,* les *carabes;* en second lieu les *orthoptères,* tels que les *sauterelles* et les *grillons;* en troisième lieu les *névroptères,* auxquels appartiennent les *libellules* ou *demoiselles,* les *éphémères,* qui ne vivent qu'une heure à l'état parfait, les *fourmis-lions,* etc.; en quatrième lieu les *hyménoptères,* parmi lesquels on compte les *fourmis,* les *abeilles,* les *bourdons,* les *guêpes,* les *cynips;* en cinquième lieu les *lépidoptères* ou *papillons,* au nombre desquels sont rangés les vers-à-soie.

114. LES GRANDES DIVISIONS DU RÈGNE ANIMAL (*Suite*).

La classe des *arachnides* est caractérisée par les *araignées,* les *scorpions,* les *tarentules,* le *sarcopte de la gale,* les *faucheurs,* les mites.

Les *crabes,* les *écrevisses* et les *crevettes* sont des *crustacés.*

Parmi les *annélides* ou *vers,* notons les *lombrics* ou vers de terre et les *sangsues.*

Les *helminthes* ou vers *intestinaux* vivent le plus ordinairement en parasites dans les *intestins* de l'homme et de plusieurs autres animaux. Extérieurement ils ressemblent beaucoup aux *lombrics.* A côté des *helminthes* on range les *ténioïdes,* dont fait partie le *ténia* ou ver solitaire.

Les *mollusques* sont des animaux dont un grand nombre sont logés dans des *coquilles* qui adhèrent à leur corps. Il y a des *mollusques céphalopodes,* c'est-à-dire ceux qui se servent de leurs têtes pour marcher, comme les *poulpes* ou *pieuvres* et les *seiches;* des *mollusques gastéropodes,* c'est-à-dire ceux qui avancent sur le ventre, comme les *escargots* ou *colimaçons,* des *mollusques acéphales* ou sans tête apparente, tels que les *huitres* et les *moules.*

Dans l'embranchement des *zoophytes* ou animaux plantes, il nous suffira de mentionner les *astéries* ou *étoiles de mer,* les *oursins,* les *polypes,* qui comprennent les *coraux* et les *hydres,* et

---

(1) Les *larves* ressemblent à de petits vers; les chenilles sont les larves des papillons. — Les *nymphes* ou *chrysalides,* presque immobiles, ne mangeant pas et comme ensevelies dans un sommeil léthargique, sont généralement empaquetées dans une enveloppe que les larves se sont tissue avant de prendre cette nouvelle forme.

enfin les *éponges*, qui sont au plus bas degré de l'échelle des animaux.

HOMONYMES.

Nous renvoyons à nos *Exercices supplémentaires*, pages 120 et suivantes. On y trouvera une liste complète des homonymes, l'explication de chacun d'eux, et de exercices à l'appui.

115ᵉ Dictée.

L'AIGLE.

L'aigle est le roi ou plutôt le tyran des oiseaux; il domine dans les *airs*, où il n'admet point de compétiteurs. Il ne se borne pas à faire la *guerre* aux oiseaux et aux petits mammifères; il ne se gêne *guère* pour s'en prendre à des animaux de moyenne taille. Souvent des daims, de jeunes *cerfs*, des chevreuils, des renards et des agneaux sont devenus sa proie; mais il est permis de douter, bien qu'on l'ait prétendu, que l'aigle s'en prend quelquefois aux taureaux, aux ours et aux grands quadrupèdes. On cite de sa part quelques enlèvements d'enfants.

Le nid de l'aigle, que l'on appelle *aire*, a une forme large et évasée. Il ne consiste qu'en un amas de bûchettes réunies sans aucun *art*. Cette *aire* est sans cesse *pleine* de vivres : ce sont des animaux entiers, des débris de cadavres, des lambeaux de *chair* palpitante destinés à satisfaire la voracité des jeunes aiglons. L'aigle vole sans cesse au-dessus des montagnes et des *plaines* et *dès* qu'il aperçoit quelque animal qui puisse lui servir de nourriture, il *fond* sur lui par la *voie* la plus courte.

116. L'AIGLE (*Suite*).

Le vol de l'aigle est trop pesant pour que ce carnassier puisse suivre dans les *airs* les oiseaux dont la fuite est rapide; mais il les chasse à la course, et on ne le *voit* que rarement manquer sa victime. Dans les pays montagneux, c'est toujours dans une anfractuosité de rocher que l'aigle bâtit son *aire*. La ponte a lieu vers le *mois* de *mai*; la femelle dépose dans le nid deux ou trois œufs : il n'en vient presque jamais que deux à bien. La durée de la vie des aigles n'est pas connue; *mais* tout porte à croire qu'ils jouissent d'une grande longévité. On pensait ainsi à cet égard bien des siècles avant notre *ère*, et l'on croyait que l'aigle jouissait de la faculté de pouvoir se rajeunir. La *chair* de l'aigle est blanche, dure et filandreuse. Sans être précisément désagréable au goût, elle serait un *mets* très-inférieur et dont les partisans de la bonne *chère* ne s'accommoderaient point.

L'aigle a été pris pour l'emblème de la force. Son image consstitue un étendard *cher* à plus d'un peuple guerrier. Environ *cent* ans avant l'*ère* chrétienne, Marius ordonna que les légions romaines n'eussent que l'aigle pour unique enseigne; auparavant, l'aigle marchait bien en tête des légions, mais on voyait à la suite quatre autres animaux, le loup, le minotaure, le cheval et le sanglier.

117e Dictée.

CONSÉQUENCES DE L'ALTÉRATION DES LANGUES.

Les langues peuvent être comparées aux animaux, dont le corps ne reste pas identiquement le même deux minutes de suite : en effet, à chaque instant il y a de nouvelles molécules d'ajoutées, il y en a d'autres d'éliminées. Il survient en outre des détériorations, des usures par suite des frottements, des rapports continuels avec le monde extérieur. Il en est absolument de même des *mots* qui composent les langues, par suite du travail sourd, latent qui s'opère dans les idiomes. Des changements ont lieu soit dans la prononciation, soit dans l'orthographe de certains vocables. De là naissent les homonymes ; il s'en fallait bien que la ressemblance de son qu'ils présentent aujourd'hui existât à l'origine.

Par exemple, il fut à coup sûr une époque où il était impossible de confondre *are*, unité de mesure pour les *champs*, avec *art*, signifiant adresse, industrie, artifice, talent, méthode, avec *arrhes*, argent que l'on donne comme gage de l'exécution d'un marché, et avec *hart*, lien d'osier dont on lie les fagots. A un certain moment de l'existence de notre langue, on n'aurait pu confondre un *pot*, c'est-à-dire un vase, avec la *peau* d'un animal ; un *sot*, homme sans esprit, avec le *saut* qui exprime l'action de sauter, avec le *seau* qui sert à puiser de l'eau, non plus qu'avec le *sceau* faisant office de cachet. Les trois mots *porc*, cochon, *port*, lieu du rivage où s'abritent les navires, et *pore*, très-petit vide qui se trouve entre les particules des corps, étaient certainement prononcés autrefois d'une manière différente.

118. CONSÉQUENCES DE L'ALTÉRATION DES LANGUES. (*Suite*).

Il en était de même pour *poids*, résultat de l'action de la pesanteur, pour *pois*, légumes, et pour la *poix*, substance qui s'extrait des sapins et dont les cordonniers font continuellement usage. A l'origine rien de plus facile que de distinguer *reine*, femme du roi, de *renne*, animal des pays froids, de *rênes*, lanières de cuir avec lesquelles on dirige et on retient les chevaux. *Sain*, l'opposé de malade, *saint*, qui est en état de sainteté, *ceint*, qui a le corps entouré d'une ceinture, *seing*, signature, *sein*, surface extérieure de la poitrine, et le nombre *cinq* sonnaient toujours distinctement à l'oreille de nos pères.

Ce ne sont pas eux qui eussent confondu le *mors* du cheval avec la *mort*, fin de la vie; le *maître* auquel on obéit avec le *mètre*, unité fondamentale de notre système de mesures, et avec le verbe *mettre* signifiant placer. Le *marc* du raisin affectait leurs oreilles autrement que la *mare*, sorte de petit étang. Les trois mots *gai*, c'est-à-dire joyeux, *gué* endroit d'une rivière où l'on peut passer sans savoir nager, et *guet*, surveillance, ne leur eussent pas semblé avoir quelque chose de commun. Il ne leur fût jamais venu à l'esprit de rapprocher la *cour* d'une ferme, d'une maison, de l'adjectif *court*, non plus que d'un *cours* d'eau. Les *contes*, récits fabuleux, les *comptes*, synonymes de calculs, et les *comtes*, membres de la noblesse, ne les auraient pas embrouillés par leur homophonie. La *chaîne* dont sont attachés les animaux et le *chêne* de la forêt ne se prononcent de même que depuis assez peu de temps. On peut dire la même chose de *signe*, marque, indice, miracle, phénomène, et de *cygne*, oiseau; de *fête* où l'on chôme et du *faîte* d'un toit.

119. CONSÉQUENCES DE L'ALTÉRATION DES LANGUES (*Suite*).

Nul Français des anciens temps, en payant son *écot* à l'auberge, n'aurait songé à l'*écho* du bois ou de la vieille tour. La *houe* avec laquelle on remue la terre, le *houx*, arbrisseau à feuilles piquantes, et le mois d'*août* sont trois choses si disparates, que nous devons être bien étonnés de les voir se rapprocher autant par la prononciation.

Le *fond* d'un puits, un *fonds* de commerce que l'on veut vendre, et les *fonts* baptismaux, quel amalgame! Le *pain* qui nous sert d'aliment pourrait maintenant être confondu avec le *pin*, arbre vert. Le *maire* d'une commune située sur les bords de la *mer* se fera un devoir de secourir la *mère* de famille qui ne peut pourvoir à la subsistance de ses enfants : croyez-vous que les trois homonymes de cette phrase aient toujours été prononcés de la même façon?

On n'a pas toujours confondu, quant au son, un *père* de

famille avec un duc et *pair*, ni avec une *paire* de gants. Le *thon*, poisson de mer, le *taon*, grosse mouche, et le *ton* que l'on considère en musique ne diffèrent pas à présent pour l'oreille ; ils différaient assurément autrefois. Combien de *fois* avons-nous mangé du *foie* cette semaine ? Ma *foi*, je ne me le rappelle plus. Voilà une phrase où le même son s'applique à trois objets des plus disparates. On distinguait autrefois mieux qu'aujourd'hui le frère *lai* d'un couvent du *lait* de la vache, du *legs* transmis par un testament, de *laid* opposé à beau, voire même du *lé* d'une étoffe.

TROISIÈME PARTIE.

Dictées sur les difficultés du supplément et de la syntaxe.

MOTS DONT LE GENRE EST UN FRÉQUENT SUJET DE FAUTES.

120ᵉ Dictée.

LES FLUCTUATIONS DE LA LANGUE FRANÇAISE.

Le temps, qui change tout, n'a pas conservé dans son immutabilité le genre d'un grand nombre de nos substantifs : il en était de masculins qu'il a convertis en féminins, et réciproquement. De là une certaine incertitude chez un grand nombre de gens instruits, relativement à l'orthographe de beaucoup de mots. Ne vous trouveriez-vous jamais embarrassés si l'on vous demandait comment il faut écrire diverses expressions dans lesquelles entrent ces substantifs?

Voyons comment vous vous tireriez d'affaire si vous aviez à parler d'*abîmes comblés*, d'*artère coupée*, d'*alcôve obscure*, d'*atmosphère embrasée*, d'*amadou enflammé*, d'*anis étoilé*, d'*armistice conclu*, d'*artifice divulgué*, d'*écritoire renversée*, d'*épitaphe boursouflée*, de *chanvre cueilli*, d'*autel doré*, de *sentinelle relevée*, d'*offre acceptée*, d'*antichambre bien éclairée*, d'*emplâtre appliqué*, d'*obélisque érigé*, de *pleurs versés*, de *vivres achetés*, d'*omnibus renversés*, d'*exorde ampoulé*, d'*érysipèle guéri*, d'*incendie étouffé*, d'*insultes dévorées*, de *pédales pressées*, de *stalle occupée*, de *ténèbres redoutées*, de *monticules escaladés*, d'*évangile prêché*, d'*épisodes gracieusement racontés*, d'*hydre vaincue*, d'*émétique avalé*, d'*hôtels-de-ville restaurés*, d'*intervalles ménagés*, d'*ivoire sculpté*, d'*orchestres bien composés*, d'*équivoques évitées*, d'*immondices transportées*, de *parafe apposé*, d'*ébène vernissée*, d'*épithètes appropriées*, d'*exemples donnés*, d'*équinoxe vernal*, d'*anchois pourris*, d'*astérisque oublié*, d'*outres remplies*, de *patères scellées*, d'*hémisphère parcouru*, d'*éloges décernés*, d'*atomes crochus*, d'*âge avancé*, d'*empois étendu*, de *nacre argentée*, de *simples recueillis dans les bois*, d'*albâtre taillé*, d'a-

midon-gâté, d'*horloge achetée*, de *girofle apporté* de Batavia, d'*auditoire enchanté*, d'*indices assurés*, de *sandaraque écrasée* de *concombres mangés*, d'*antre visité*, de *balustres cannelés*, d'*obstacles surmontés*. Il vous faudra une attention soutenue pour écrire sans faute toutes ces expressions.

AMOUR, DÉLICE (*Gr.*, § 133).

121ᵉ Dictée.

LES PLAISIRS DES GRANDS, CONTEMPORAINS DE CHARLEMAGNE.

L'*amour* du luxe, de la bonne *chère*, des festins splendides, des joyeuses et bruyantes réunions, des représentations théâtrales et autres jeux scéniques était *poussé* si loin parmi les nobles du temps de Charlemagne, qu'on l'eût *pu* croire *inné* chez ces représentants les plus élevés de la race germanique. Leurs salles à manger étaient *matelassées* de tentures et de tapis de *toute* espèce ; on voyait les bancs, qu'ils avaient *substitués* aux lits des anciens, garnis de moelleux coussins de plume ; leurs plats d'or ou d'argent étaient enrichis de pierres précieuses. La jouissance de toutes ces superfluités faisait leurs plus *chères délices ;* à leurs yeux les autres n'étaient rien en comparaison. On distribuait aux convives des hanaps aux anses *recourbées*, des vases de verre *doré*, des coupes remplies de drogues et de parfums divers, couronnées de fleurs et d'herbes aromatiques.. Les mets étaient à l'avenant de cette magnificence. vers la fin du repas entraient des bandes de mimes, d'histrions, de jongleurs, dont les bouffonneries réjouissaient la compagnie *avinée.*

122. LES PLAISIRS DES GRANDS, CONTEMPORAINS DE CHARLEMAGNE (*Suite*).

Ce n'étaient pas là toutefois les *délices* les plus *raffinées* de ces épicuriens *demi*-barbares ; car la musique qui terminait la fête avait leurs plus *chères amours*. Leurs instruments étaient à peu près les mêmes que ceux des Gallo-Romains, seulement ils avaient gagné en élégance et sans doute en qualité de son. C'était la cythare, la lyre, les cymbales, le carillon ou rangée de clochettes qu'on frappait avec une verge de métal, et le psaltérion, caisse de bois carrée emmanchée au bout d'un bâton, et sur laquelle dix cordes sonores étaient disposées. On distinguait les consonnances en tons, *demi*-tons, tierces majeures et dièzes, au moyen du monocorde, fil de boyau ou de métal, *tendu* sur une règle de bois, et soulevé par un chevalet mobile. (*D'après* ÉMILE DE LA BÉDOLLIÈRE).

ORGUE (*Gr.*, § 133).

123ᵉ Dictée.

L'ORGUE.

Malgré *tout* le plaisir que l'on avait au temps de Charlemagne à entendre les autres instruments de musique, l'orgue était encore bien plus *estimé*. Cet orgue était indubitablement l'orgue hydraulique; car les orgues ordinaires venaient à peine d'être *importées* en France. Ces orgues avaient été *envoyées* à Pépin par Constantin Copronyme (1) en *sept cent cinquante-sept*, et *placées* dans l'église de Saint-Corneille de Compiègne. On n'en fabriqua en France qu'après l'année *huit cent deux*. « Les ouvriers de l'habile Charles, dit la Chronique du moine de Saint-Gall, virent à la dérobée les trésors qu'avaient *apportés* avec eux les ambassadeurs grecs, et les imitèrent avec un soin intelligent. Ils excellèrent principalement à faire cet orgue si *admiré* qui, à l'aide de cuves d'airain et de soufflets de peau de taureau, chassant l'air dans des tuyaux d'airain, égale par ses mugissements le bruit du tonnerre, et par sa douceur les sons légers de la lyre et de la cymbale. » D'après l'écrit que nous venons de citer, ces orgues d'une nouvelle espèce n'auraient été *connues* qu'en l'année *huit cent sept*.

124. L'ORGUE (*Suite*).

Si nous passons du siècle de Charlemagne au nôtre, nous constaterons avec tout le monde que l'orgue qui mérite d'être *placé* en première ligne pour sa perfection et ses proportions colossales est l'orgue nouvellement construit, à Fribourg, dans l'église Saint-Nicolas. Le tonnerre, en tombant sur cette église, en avait détruit *l'ancien* orgue, qu'un bon vieux facteur fribourgeois, Aloyse Mooser, artiste de mérite, avait si souvent entendu dans son enfance et qui lui avait *révélé* sa vocation. Cet excellent homme proposa, moyennant un peu d'aide, de remplacer l'orgue tant *regretté* des paroissiens de Saint-Nicolas

(1) Empereur de Constantinople.

par des orgues *telles* que jamais prince, archevêque, cardinal ou roi n'en donna de *pareilles* à une cathédrale. Sa proposition fut agréée, et il eut la consolation de voir son orgue *achevé* avant de mourir. Toute l'Europe est allée l'admirer.

GENS (*Gr.*, § 133).

125ᵉ Dictée.

LES BÉOTIENS (1).

Le portrait que les écrivains de l'antiquité se sont *plu* à tracer des Béotiens n'est rien moins que *flatté*. A la vérité, ils nous représentent ces derniers comme des *gens braves, aguerris* et *fiers* des victoires qu'ils ont *remportées* sous Epaminondas. Mais *quelles gens* perfides que ces écrivains! et comme ils gâtent les éloges qu'ils commencent par accorder aux vertus guerrières des compatriotes d'Epaminondas et de Pélopidas (2)! N'ajoutent-ils pas que les Béotiens sont en général des *gens pesants, grossiers, stupides* et *ignorants*? A cela près, continuent-ils, nous les estimons les *meilleures* gens du monde. D'ailleurs, ce n'est pas la faute de ces malheureux Béotiens s'ils ont été maltraités de la sorte par la nature : on respire un air si épais en Béotie! *Heureux* donc les gens que l'influence du climat a *doués* de cette pénétration, de cette vivacité de l'esprit qui *caractérise* les Athéniens, par exemple! Tout en s'*égayant* de la sorte aux dépens des Béotiens, on est *forcé* cependant d'avouer que parmi ces *pauvres* gens *déshérités* par la nature, il s'est *rencontré* quelques hommes rares, et qu'Épaminondas, Hésiode et Pindare (3) ne font pas trop mauvaise figure dans l'histoire. Personne n'osera dire que ces personnages, *quelques distinguées et séduisantes gens, quelque* gens *supérieurs* qu'ils soient, n'en sont pas moins des Béotiens.

126. LES BÉOTIENS (*Suite*).

Du reste, les Béotiens n'ont pas peu *contribué* à asseoir eux-*mêmes* leur mauvaise réputation : ils ont *donné* cours à une foule de proverbes qui disent : *telles* gens, de telle localité de la Béotie, ont tel vice, tel défaut dominant; et *parce*

---

(1) Peuple de la Grèce, dont Thèbes était la capitale.
(2) Célèbres généraux thébains.
(3) *Hésiode* et *Pindare*, deux poëtes grec forts célèbres.

que le proverbe l'assure, on admet que *toutes les bonnes* gens de cet endroit-là ont le vice spécifié par le proverbe. *Quels* sont ces gens? s'écrie-t-on. S'ils sont de Tanagre, ce sont des *gens rongés* par l'envie; s'ils sont d'Orope, ce sont des gens *possédés* par l'amour des gains illicites; s'ils sont de Thespies, ce sont des gens *animés* de l'esprit de contradiction; s'ils sont de Coronée, ce sont des gens faisant les *empressés* pour vous tromper. De même, à Platée, gens *bouffis* d'orgueil et *pétris* d'ostentation; à Anthédon, gens *insatiables* dans leur avidité; mais à Haliarte, *quels stupides* gens! et à Thèbes, *quelles violentes* gens!

———

HYMNE (*Gr.*, § 133).

127ᵉ Dictée.

LES HYMNES.

Parmi toutes les formes qu'a *revêtues* la poésie lyrique chez les différents peuples, aucune peut-être n'a *eu* une fortune aussi brillante que l'*hymne*, aucune n'a autant *varié* suivant les temps, les lieux et les sujets *traités*. L'hymne rappelait à l'esprit des Grecs plusieurs sortes de poésies qui n'avaient guère de commun que le nom. Il y avait d'abord des hymnes en l'honneur de Bacchus, *connus* sous le nom de *dithyrambes*. Les poëtes les plus *renommés* n'avaient pas *dédaigné* d'en composer. Les hymnes dithyrambiques les plus *loués* étaient *dus* aux *Archiloque*, aux *Arion*, aux *Pindare*. Tandis que ces hommes de génie déployaient dans ces compositions les grandes richesses de la poésie, les hymnes *ampoulés* de leurs faibles imitateurs n'étalaient qu'un faste de mauvais aloi. Voilà pourquoi Aristophane (1) suppose qu'un homme descendu du ciel raconte avoir vu deux ou trois poëtes dithyrambiques courant à travers les nuages et les vents, pour y ramasser les vapeurs et les tourbillons dont ils devaient construire les prologues de leurs hymnes.

128. LES HYMNES (*Suite*).

Les Grecs avaient encore l'hymne *appelé* Pæan, qu'ils répétaient en chœur en marchant au combat. Cet hymne est *mentionné* dans la retraite des *Dix-Mille*. Les Gaulois, au moment

———

(1) Poëte comique de la Grèce.

de la bataille, entonnaient l'hymne *sacré* des druides, et les barbares de race germanique chantaient leur hymne *national désigné* sous le nom de *bardit*. Pendant les sept premiers siècles de l'ère chrétienne, la poésie lyrique ayant *continué* à être cultivée par les bardes de la Cambrie (1), ils célébrèrent la gloire et les malheurs de leur race dans des hymnes qui nous ont été *conservés* et d'où s'exhale comme un parfum de sauvage poésie. Cependant le monde se convertit au christianisme, et la nouvelle religion fait appel aux poëtes pour la composition des chants liturgiques (2). Des hymnes sont *composées* par les plus illustres docteurs de l'Eglise et *répétées* par tous les fidèles. Plusieurs sont *dues* aux *saint Ambroise*, aux *saint Hilaire* et à d'autres pontifes encore. A chaque fête nouvelle *instituée*, *nouvelle* hymne. Lorsqu'on eut *établi* la fête du Saint-Sacrement, saint Thomas d'Aquin fut *chargé* de composer les hymnes si *remarquées* de l'office. Enfin, au temps de Louis XIV, le bréviaire de Paris s'enrichit des hymnes de Santeuil et de Coffin si *mouvementées*, si soigneusement *travaillées*, et dont le rythme est généralement celui des poésies d'Horace (3). L'hymne de Santeuil pour la fête de l'Assomption a *été trouvée* magnifique, et l'hymne du dimanche de la Trinité ne lui a pas été *jugée* inférieure.

Enfin les hymnes patriotiques ont *reparu* chez nous à l'époque de la Révolution : les plus populaires, les plus *connus*, les plus *répétés*, furent *la Marseillaise*, de Rouget de Lisle, et le *Chant du Départ*, de Joseph Chénier.

NOMS PROPRES (*Gr.*, §§ 142 et 143).

129ᵉ Dictée.

SIGNIFICATION DES NOMS PROPRES.

Singulières vicissitudes des choses d'ici-bas! Les mots qui nous servent aujourd'hui de substantifs propres, ont été dans l'origine soit des adjectifs, soit des noms communs ; et par contre un certain nombre de noms propres tendent à devenir des noms communs. Voici quelques exemples à l'appui de cette double assertion. Plusieurs noms sont usités chez nous sans que la plu-

---

(1) Le pays de Galles, en Angleterre.
(2) *Liturgique*, qui a rapport aux cérémonies du culte.
(3) Horace, poëte lyrique et satirique chez les Romains, vivait au temps d'Auguste

part du temps ceux qui les portent en connaissent la signification. Combien de *Philippe*, c'est-à-dire d'amateurs de chevaux, n'aiment guère les chevaux? Combien de *Théodore* qui ne sont pas des présents de la divinité? et parmi les femmes, toutes celles qui se nomment *Agathe* sont-elles essentiellement bonnes? Toutes les *Mélanie* sont-elles noires? Toutes les *Marguerite* peuvent-elles être assimilées à des perles? Les noms propres souvent cités dans l'histoire de France s'accordent-ils toujours bien, par leur signification, avec les qualités, le caractère et les mœurs de ceux qui les ont portés? Nous avons plusieurs *Mérovée* : tous ne furent pas d'éminents guerriers; nous comptons jusqu'à trois *Dagobert* : se sont-ils montrés brillants comme le jour? Tous nos *Clotaire* ont-ils été célèbres et éminents? Tous nos *Thierry* furent-ils réputés braves ou puissants parmi le peuple? Tous nos *Charles* ont-ils été robustes? Tous nos *Eudes* se sont-ils fait remarquer par leurs richesses? Tous nos *Robert* ont-ils été brillants par la parole? Tous ceux que l'on a appelés *Landry* ont-ils été puissants dans leur pays? Tous les *Louis* furent-ils de célèbres guerriers?

130. SIGNIFICATION DES NOMS PROPRES (*Suite*).

En comparant les noms des personnages historiques avec les actions de ceux auxquels ces noms ont appartenu, on pourrait constater souvent les oppositions les plus piquantes, les contrastes les plus inattendus. Il en serait de même pour les noms de nos familles modernes : les *Fournier*, les *Charpentier*, les *Masson*, les *Boucher*, les *Maréchal* n'exercent pas souvent les professions que rappellent leurs noms. Les *Dupin*, les *Duval*, les *Delaporte*, les *Delaplace*, les *Dumoulin* n'habitent point les lieux dont leurs noms patronymiques conservent le souvenir. Voilà pour les noms communs passés à l'état de noms propres. Venons à la métamorphose inverse. A cause de l'éclat dont ils ont brillé, de la célébrité qu'ils ont pu acquérir, certains hommes ont laissé un nom qui est devenu comme la personnification de la science ou de l'art qu'ils ont illustré, de la profession qu'ils ont exercée. Tous les poëtes épiques de l'avenir seront des *Homères* ou des *Virgiles;* tous les satiriques seront appelés des *Juvénals;* tous les statuaires seront des *Phidias;* tous les mathématiciens, des *Archimèdes;* tous les orateurs, des *Démosthènes* ou des *Cicérons;* tous les sages, des *Socrates;* tous les philosophes, des *Platons.* Quant aux généraux que les siècles futurs verront s'illustrer par leurs exploits, ils seront les *Césars,* les

Scipions, les *Condés,* les *Turennes,* les *Napoléons* de leur époque, par la raison que les *César,* les *Scipion,* les *Condé* les *Turenne,* les *Napoléon* se sont illustrés sur les champs de bataille.

131° Dictée.

LES NOMS D'HOMMES AU MOYEN AGE.

Les Français, au moyen âge, affectionnaient particulièrement les noms d'origine germanique, et ils en ont transmis un grand nombre à leurs *descendants,* qui les portent aujourd'hui sans même en soupçonner la signification. A ne considérer que le sens littéral des plus répandus de ces noms, les *Aubert* seraient de grands seigneurs; les *Baudoin,* des hommes qui triomphent hardiment; les *Béranger,* des chefs de guerre; les *Bertrand,* des individus brillamment forts; les *Gaston,* des hôtes, des convives ou des chefs de tribus; les *Gaspard,* des chefs; les *Gautier,* des habitants de la forêt; les *Geoffroi,* des amis de Dieu; les *Godefroi* aussi; les *Gérard,* des guerriers hardis; les *Germain,* des hommes de guerre; les *Gilbert,* des gens brillants dans le combat; les *Guillaume,* des hommes qui aiment à protéger; les *Hardouin,* de courageux amis; les *Guy,* des *voyants* ou prophètes; les *Herman,* des hommes de guerre; les *Hubert,* des maîtres intelligents; les *Humbert,* des guerriers illustres; les *Lambert,* de puissants seigneurs; les *Maynard,* des individus très-fermes; les *Médard,* des personnes éminemment hardies ou puissantes; les *Méry,* des hommes éminemment braves; les *Norbert,* des hommes du Nord; les *Oger,* d'heureux guerriers; les *Oscar,* des hôtes; les *Reignier,* des hommes puissants; les *Renaud,* des individus puissamment fermes ou fidèles; les *Rodrigue,* des personnages illustres par la parole; les *Séguin,* des hommes chéris de la victoire; les *Thibaud,* des individus hardis entre tout le peuple.

Plusieurs de ces noms, rendus célèbres par certains hommes auxquels on les avait donnés, sont employés par métaphore pour désigner tous ceux qui pourraient devenir illustres au même titre qu'eux. C'est ainsi que les chansonniers de l'avenir seront des *Bérangers,* les naturalistes, des *Geoffrois;* les habiles ciseleurs, des *Germains;* les poëtes qui mourront de faim seront des *Gilberts;* les représentants par excellence de l'honneur, des *Rodrigues,* en mémoire du héros du Cid; les habiles constructeurs de machines, des *Séguins;* les nobles troubadours, s'il y en a, des *Thibauds*, par allusion à *Thibaud le Grand*, comte de Champagne.

SUBSTANTIFS COMPOSÉS (*Gr.*, §§ 144-149).

132ᵉ Dictée.

NOMS DE CERTAINES FLEURS.

Les ressemblances, même les plus éloignées, sont en général très-facilement saisies par l'homme. De là viennent les noms composés que nous avons donnés à un grand nombre de plantes dont les diverses parties ont parfois des formes analogues à celles d'objets d'une tout autre nature. C'est ainsi que des viornes toutes couvertes, au moment de la floraison, de fleurs disposées en boule, ont été appelées des *boules-de-neige;* des arbustes dont le fruit est d'un rouge éclatant sont des *buissons-ardents;* les fusains, vu la forme de leurs fruits, reçoivent la dénomination de *bonnets-carrés;* les macres, plantes alimentaires dont les Chinois, qui savent tirer parti de tout, ont rempli leurs eaux courantes et stagnantes, ce que nous pourrions faire aussi, sont dites des *châtaignes d'eau;* certains géraniums se nomment *becs-de-grue*, à cause de la forme allongée de leurs fruits, forme qui rappelle le bec de la grue. Les *pieds-d'alouette*, les *pieds-de-poule*, les *pieds-de-griffon*, les *pieds-d'oiseau*, tirent leurs noms de la disposition de leurs racines ou de leurs feuilles.

Plusieurs herbes ont été désignées d'après leur habitat. Les *lierres terrestres* rampent à la surface du sol; les *pommes de terre* ont leurs tubercules enfouis dans la terre; les *trèfles d'eau* élèvent au-dessus des étangs et des fossés leurs hampes terminées par les fleurs les plus gracieuses qu'on puisse voir. Les *lichens d'Islande*, les *lentilles d'eau*, les *reines-des-prés* empruntent leurs noms aux localités qui les voient naître.

133. NOMS DE CERTAINES FLEURS (*Suite.*)

On formerait un groupe nombreux des plantes qui tirent leur dénomination des usages auxquels elles sont employées; il suffira de citer parmi ces plantes le *chardon à foulons*, avec lequel on peigne le drap; l'*herbes aux chantres*, qui passe pour rendre la voix plus claire quand on en boit l'infusion; l'*herbe aux charpentiers*, à laquelle on attribue la propriété de guérir les coupures ; les *tue-chien*, ou colchiques, excessivement vénéneux ; les *épines-vinettes*, dont on fait une sorte de vin ; les *dompte-venin*, qui sont des émétiques ; les *toute-épice*, que les Allemands incorporent au pain, et bien d'autres qu'il serait trop long de nommer.

Une nombreuse catégorie de plantes doivent leurs noms à des causes très-diverses, et dont quelques-unes ne sont pas bien certaines. Citons les *arrête-bœuf*, les *mors-du-diable*, les *pas-d'âne*, les *reines-Claude*, les *reines-Marguerite*, les *sceaux de Salomon*, les *sceaux-Notre-Dame*, les *chardons-Marie*, les *chausse-trapes* (1).

Il y a des plantes qui doivent leurs noms à la ressemblance qu'elles ont avec d'autres végétaux. De ce nombre sont : les *lauriers-roses*, les *lauriers-thyms*, les *lauriers-cerises*, les *petits-houx*, les *petits-chênes*, les *grandes-éclaires*, les *pois-chiches*, les *fausses-oronges*, les *faux-ébéniers*, les *figues-d'Inde*, les *fenouils-marins*, les *pins-pignons*, et un grand nombre d'autres.

131ᵉ Dictée.

LES EMPRUNTS DE LA LANGUE FRANÇAISE.

Comme on n'emprunte qu'à ses voisins ou à ses parents, nous n'irons pas chercher bien loin les idiomes auxquels le *nôtre* a *emprunté* quelques-uns des mots dont il a *composé* son vocabulaire. Le latin est encore la langue de l'église ; il a été autrefois celle des tribunaux. Quoi d'étonnant dès lors que nous lui ayons *emprunté* ses *ave*, ses *ex-voto* (2), ses *fac-simile* (3), ses *post-scriptum* (4), ses *pater*, ses *credo*, ses *benedicite*, ses *pensums* (5), en même temps que ses *opéras*, ses *numéros*, ses *duos* et ses *octavos*, sans oublier ses *placets* et ses *quolibets*. Comme nous avons eu, à certaines époques, des rapports fréquents avec l'Italie, nous en avons rapporté diverses expressions, que nous avons eu la politesse de ne point affubler d'un pluriel à la française. En conséquence, nous dirons un *carbonaro* (6), un *dilettante* (7), un *lazarone* (8), un *quintetto* (9), et des *carbonari*,

---

(1) Ce substantif, d'après M. Littré, doit s'écrire ainsi au pluriel
(2) Offrandes que l'on fait pour s'acquitter d'un vœu.
(3) *Fac simile*, imitation parfaite de l'écriture d'un individu
(4) *Post-scriptum*, ce que l'on ajoute au bas d'une lettre après la signature
(5) *Pensum*, devoir supplémentaire imposé par punition à un écolier.
(6) *Carbonaro* signifie proprement *charbonnier* ; on s'en est servi pour désigner membre d'une société secrète.
(7) *Dilettante*, grand amateur de musique.
(8) *Lazarone*, mendiant qui vit dans les rues de Naples.
(9) *Quintetto*, morceau de musique à cinq voix.

des *dilettanti*, des *lazaroni*, des *quintetti*. Les *auto-da-fé* (1) nous sont venus de l'Espagne, où ils eussent *dû* rester toujours *ignorés*. Les Anglais nous ont *fourni* leurs *beefsteaks*, dont, j'espère, nous n'avons pas trop à nous plaindre. L'hébreu nous a *enrichis* de ses *alleluia*, de ses *hosanna*, qui ne nous sont *arrivés* que par l'intermédiaire du latin. Nous allions oublier de remercier les Anglais de leurs *tilburys*, de leurs *tunnels*, de leurs *rails*, de leurs *waggons*, dont nous faisons cependant un fréquent usage.

ADJECTIFS ET PARTICIPES EMPLOYÉS COMME ADJECTIFS.

135e Dictée.

LES GENS DANGEREUX.

Parler et offenser constitue précisément une *seule* et *même* chose pour de *certaines* gens : ils sont *piquants* et *amers*, leurs écrits distillent le fiel et l'absinthe *mêlés* et *combinés* ensemble ; la raillerie, l'injure, l'insulte *spontanées* leur découlent des lèvres comme leur salive. Il leur serait utile d'être *nés muets* ou *stupides*. La vivacité *prestigieuse* et la pénétration *naturelle* de leur esprit leur nuisent plus que ne fait à quelques autres leur sottise. Ils ne se contentent pas toujours de répliquer avec une aigreur *désobligeante*, ils attaquent souvent avec une insolence *outrée* : ils frappent sur tout ce qui se trouve sous leur langue *acérée*, sur les *présents*, sur les *absents* ; ils heurtent de front et de côté, comme des béliers. Demande-t-on à des béliers qu'ils n'aient pas de cornes ? De même n'espère-t-on pas de réformer par cette peinture *exacte*, quoiqu'un peu *vive*, des naturels si *durs*, si *farouches*, si *indociles*. Ce qu'on peut faire de mieux, d'aussi loin qu'on les découvre, c'est de les fuir de toute sa force et sans regarder derrière soi.   (D'après LA BRUYÈRE.)

136e Dictée.

L'AUTOMNE.

Personnifié sous les traits d'une déité (2), le *riche* automne accomplit les promesses *libérales* du printemps. La déesse incline sa face *vermeille*, et, souriant à la terre, qu'elle regarde avec une complaisance *maternelle*, elle partage la joie, le bonheur *ineffable* et *pur* qu'elle lui procure. De sa main *droite* elle

---

(1) *Auto-da-fé*, littéralement *acte de foi*; supplice du feu infligé autrefois aux hérétiques.
(2) Une divinité.

secoue sa chevelure *dorée*, d'où s'échappe une pluie *intarissable* de mille fruits *divers*. Son vêtement se colore du *vert brillant* de l'été, où s'entremêlent cependant quelques-unes des teintes *flétries* de l'hiver. Une écharpe *légère*, dont la couleur rappelle la *tendre* et *fraîche* verdure du printemps, entoure ses reins et se balance mollement, *gonflée* par les zéphyrs, image *allégorique* de la *seconde* séve de l'année qui paraît braver les approches *glaciales* de l'hiver et faire un *suprême* effort pour se soustraire à sa puissance. De ses pieds *nus*, *colorés* du vermillon des roses, et qu'un *subtil* brouillard environne, elle foule la pourpre et l'or des raisins. Cette fille *bienfaisante* de l'été prépare ainsi elle-même la liqueur *pourprée* de Bacchus, ce baume *salutaire* qui charme les soucis *cuisants* des mortels, et dont la chaleur *pénétrante* soutient et vivifie leurs forces *épuisées*. Outre ces dons *splendides*, d'un prix *inestimable*, l'automne procure encore aux hommes *avides* de jouissances les richesses et les plaisirs de la chasse. C'est en vain que les perdrix *effarées* et les lièvres *craintifs* cherchent à éluder la poursuite de leurs *agiles* ennemis : bientôt arrêtés dans leur fuite, ils deviennent la proie des chasseurs.   (D'après GIRODET-TRIOSON.)

CI-JOINT, CI-INCLUS, FEU, NU, DEMI, ETC. (*Gr.*, §§ 201-208).

137ᵉ Dictée.

LES SOLANÉES.

Monsieur,

Je vous expédie *ci-jointe* une collection de plantes *desséchées*, les indications *ci-incluses* aideront certainement ceux qui les voudront consulter à connaître les propriétés de ces plantes. Toutes appartiennent à la famille des solanées, famille *malhonnête* s'il en fut ; car *tous* ses membres, la pomme de terre *exceptée*, sont de redoutables *empoisonneurs*. Leurs faits et gestes ne sont pas des plus *édifiants* : la belladone, la jusquiame, la pomme épineuse et le tabac ont leur réputation *établie* depuis longtemps, et ils sont à *juste* titre très-mal *famés*. Toutes ces individualités ont l'air *méchant*, *faux*, *sournois*. *Supposé* que vous les rencontriez, éloignez-vous-en autant que vous le pourrez. Indépendamment de ces plantes manifestement *vénéneuses*, il en est d'autres simplement *suspectes*, comme la douce-amère, la morelle ; les savants ont effectué le plus de travaux *possible* dans le but de savoir si ces végétaux sont décidément *nuisibles*. Comme ils n'ont découvert rien de bien positif à cet égard, le plus sage est de n'user des *diverses* parties de ces herbes qu'avec une prudence, une réserve *particulière*. Ici la discrétion, aussi bien que la méfiance, *contribue* à la sécurité des personnes qui emploient ces végétaux à quelque usage *domestique*.

138. LES SOLANÉES *(Suite)*.

En général, les solanées ont des feuilles de couleur *livide* ou *vert sombre* ; leur odeur est *vireuse, nauséabonde*. Elle suffit pour éloigner un grand nombre d'animaux, qui ne se trompent jamais dans l'appréciation des qualités *utiles* ou *malfaisantes* de toutes les herbes *possibles*. Plus d'un individu, *trompé* par l'aspect *engageant* et par la saveur *sucrée* et *douceâtre* des fruits de la belladone, lesquels sont semblables à des cerises *noir foncé*, s'est laissé aller à en manger : un empoisonnement s'en est toujours suivi, chaque fois que de *prompts* secours n'ont point été *administrés*.

Néanmoins il convient de dire que *certains* genres de solanées, indépendamment de la pomme de terre, doivent être *exceptés* de l'anathème qui frappe leurs *congénères*. En effet, l'aubergine a ses fruits *comestibles*, la tomate également, et le piment n'est point dédaigné par les palais les plus *exigeants* et les plus *difficiles* ; tant il est vrai que dans les familles, *même* les plus mal *partagées*, il y a toujours *quelques* membres qui, par leurs *bonnes* qualités, atténuent l'horreur qu'inspirent *tous* les *autres !*

139ᵉ Dictée.

DIFFÉRENCE DES HEURES DE LA JOURNÉE POUR LES DIVERSES LONGITUDES.

Tous les gens *versés* dans l'étude de la cosmographie vous diront que le soleil n'éclaire à la fois qu'une moitié de la surface de la terre. De chaque côté de la ligne de démarcation entre cette moitié *éclairée* et celle qui est *plongée* dans l'obscurité, est une *demi-circonférence* ou, pour parler plus exactement, une *demi-ellipse*. Il s'en faut de beaucoup que, dans l'hémisphère *éclairé*, le jour commence et finisse partout au même instant. Par exemple, tandis qu'il est midi à Paris, il est déjà trois heures et *demie* à Ispahan, et une heure et *demie* à Athènes ; par contre, il n'est encore que sept heures et *demie* du matin à Halifax, capitale de la Nouvelle-Écosse, au Canada. La raison de cette différence d'heures se trouve dans la marche apparente du soleil. Cet astre semble faire le tour de la terre en vingt-quatre heures ; conséquemment, il parcourt sept degrés et *demi* en une *demi*-heure ou quinze degrés en une heure. Dès lors, il ne vous sera pas *difficile* de connaître la longitude d'une ville, chaque fois que vous saurez l'heure qu'il est dans cette ville quand midi sonne à Paris. La différence d'heure entre Ispahan et Pékin étant égale à trois heures et *demie* ou sept *demi*-heures, la différence en longitude sera égale à sept fois sept degrés et *demi*, c'est-à-dire à cinquante-deux degrés et *demi*. On verrait de la même manière que la longitude d'Athènes est de vingt-deux degrés et *demi*. Les deux longitudes d'Ispahan et d'Athènes sont *dites* orientales, ces deux villes étant au levant de Paris. La longitude d'Halifax est occidentale. Comme dans quatre heures et *demie*, il y a neuf *demies*, la longitude d'Halifax vaudra neuf fois sept degrés et *demi*, c'est-à-dire soixante-sept degrés et *demi*.

VINGT, CENT, MILLE (*Gr.*, §§ 194 et 195).

140ᵉ Dictée.

LA NUMÉRATION PAR DIX ET LA NUMÉRATION PAR VINGT.

Presque tous les peuples de l'Europe ont adopté le nombre *dix* comme base de leur numération ; deux races seulement font exception à cette règle : ce sont les Basques (1) et les Gaulois ou Celtes (2). Les uns et les autres, au lieu de compter par dizaines, comptent par vingtaines ; et il est passé quelque chose de cet usage dans notre langue française, puisque nous disons encore aujourd'hui *quatre-vingts* femmes, *quatre-vingt-dix* moutons, *quatre-vingt-quatre* bœufs et même *six-vingts* guerriers, quoique cette dernière façon de parler commence à vieillir. Mais chez les Basques et chez les Gaulois, ce procédé de numération a une bien plus grande extension : on y a recours même au delà de *cent*, même au delà de *mille*. Par exemple, nos Bas-Bretons (3) traduisent *trois cents* par une expression qui littéralement équivaut à *quinze-vingts*. Ils remplacent *cent-soixante* par *huit vingts*, *deux cent quatre-vingts* par

---

(1) Les Basques habitent, tant en France qu'en Espagne, les Côtes du golfe de Gascogne.
(2) Autrefois la race Gauloise peuplait toute la partie occidentale de l'Europe.
(3) Habitants de la Basse-Bretagne.

quatorze-vingts, trois cent quatre-vingts par *dix-neuf-vingts,
trois cent quatre-vingt-dix* par *dix-neuf-vingts* plus dix, et ainsi
du reste. Néanmoins à cette antique manière d'exprimer les
nombres ils entremêlent aujourd'hui les dénominations modernes : ainsi, ils expriment *quatre cents* au moyen de deux
mots qui rendent exactement les nôtres, et ils font de même
pour *cinq cents*, pour *six cents*, et ainsi de suite.

141. LA NUMÉRATION PAR DIX ET LA NUMÉRATION PAR VINGT.
(Suite).

Le système des Bas-Bretons remonte sans doute aux âges
les plus reculés. Des témoignages positifs établissent qu'en
l'an *huit cent* de notre ère, il existait déjà dans toute son inté-
grité, et aujourd'hui, il s'en faut bien qu'il ait disparu. Les
peuples qui comptaient par *vingt* ne faisaient sans doute pas
un aussi fréquent usage que nous du mot *mille*. Il est à peu
près certain que, eu égard à leur manière de compter, ils
eussent éprouvé quelque embarras à exprimer des nombres
assez simples, comme par exemple *vingt-cinq mille, vingt-huit
mille neuf cents, trente-un mille quatre cent quatre-vingts, trente-
trois mille six cent quatre-vingt-sept*. Le mot *mille* n'a jamais
guère été employé par eux. Par contre, il a joui chez les autres
peuples de l'Europe d'une faveur marquée. Ils l'ont appliqué
à représenter une mesure itinéraire. Probablement à l'origine,
la valeur de cette mesure était d'un millier de pas. De là les
milles anglais et les *milles* allemands entre autres, dont la
valeur n'est pas la même. En Allemagne, *cinq milles* valent à
peu près trente-sept de nos kilomètres; *cinq milles* d'Angleterre n'en valent que huit.

Certains auteurs expliquent assez plaisamment l'adoption
des nombres *dix* et *vingt* comme bases des deux numérations
si inégalement usitées en Europe. L'homme, disent-ils, qui
compte sur les dix doigts de sa main, et qui, arrivé au nombre
onze, recommença à compter sur les mêmes doigts, n'avait
certainement pas sous les yeux les dix doigts de ses pieds;
donc il était déjà chaussé. Au contraire, celui qui compta par
vingt pouvait indubitablement voir tous les doigts de ses
mains et de ses pieds, et conséquemment il n'avait pas encore
inventé les chaussures.

QUELQUE, TOUT, MÊME (*Gr.*, §§ 209-211).

142ᵉ Dictée.

LES FOSSOYEURS (1).

Quelque lugubre que soit ce titre, *quelles que* soient les pensées qu'il éveille instinctivement dans votre esprit, bannissez
toute appréhension, *toute* préoccupation funèbre; car il ne
s'agit pas de gens chargés de notre inhumation, à *tous* tant
que nous sommes. Il va être question, au contraire, d'êtres dont
nous n'avons absolument rien à redouter, *quelle que* soit notre
pusillanimité en face de la mort. Nos fossoyeurs, *tout* à fait
inoffensifs à notre égard, utiles *même* à l'espèce humaine, qu'ils
débarrassent des cadavres d'une foule de petits quadrupèdes, ne
sont pas des hommes, ce sont des animaux, et *même* des plus
petits; car ils appartiennent à la classe des insectes.

Voulez-vous faire connaissance avec eux? Prenez une taupe,
une souris *même*, *toute* fraîchement tuée, et exposez-la à l'air
libre sur de la terre nouvellement labourée. A peine *quelques*
heures se seront-elles écoulées, que, *tout* étonnante que la
chose vous paraisse, vous n'apercevrez plus le cadavre de cet
animal. Mais si vous creusez dans le lieu *même* où vous l'aviez
placé, vous finissez par découvrir votre taupe, qui a été bien
et dûment inhumée. Enlevez-la, et, au-dessous de la place
qu'elle occupait, vous verrez les fossoyeurs. *Quel que* soit votre
scepticisme, il faudra vous rendre à l'évidence; les fossoyeurs
seront là devant vous, vous pourrez les voir, les toucher *même*,
si vous le jugez à propos.

143. LES FOSSOYEURS (*Suite*).

Si, *tout* importantes que sont vos occupations, vous pouvez
leur dérober trois ou quatre heures, deux heures *même*, et rester
en sentinelle à l'endroit où sera votre taupe, *tout* habitué que
vous pouvez être aux choses extraordinaires, vous serez témoin
d'un fait qui vous remplira d'étonnement. D'abord vous enten-
drez un bruissement comparable à celui d'un rouet en mouvement. Ce bruissement sera dû aux ailes des fossoyeurs accou-
rant à travers les airs; car, *quelle que* soit la distance à laquelle
ils se trouvent, ils ne manquent jamais de voler à l'endroit où
gît le cadavre de la taupe. Ils y viennent d'un quart de lieue,

---

(1) On appelle ainsi certains insectes coléoptères.

d'une *demi*-lieue, d'une lieue, de plusieurs lieues *même*, attirés par l'odeur. Et, chose *tout* aussi surprenante, *quel que* soit leur désir de procéder à l'enterrement de la taupe, ils n'accourent jamais qu'en très-petit nombre. Il en arrive deux, trois, quatre, cinq *tout* au plus, mais jamais davantage. Ils mettent pied à terre, *tout* empressés d'accomplir leur œuvre. Ils replient avec soin leurs ailes membraneuses et les cachent sous les étuis destinés à les protéger. Ces étuis sont presque *tout* jaunes ; seulement, *quelque* incroyable que cela paraisse, le milieu en est orné d'une croix noire. Cette livrée austère, funèbre *même*, s'harmonise admirablement avec les mœurs des singuliers insectes dont nous essayons de vous retracer l'histoire.

144. LES FOSSOYEURS (*Suite*).

Après *quelques* secondes employées à respirer, les fossoyeurs s'adonnent *tout* entiers au travail ; ils prennent leurs mesures, inspectent le corps de la taupe dans *tous* les sens, et examinent si la terre, *quelque* ameublie qu'elle soit par la charrue, n'est pas cependant encore trop dure. Si le résultat de cette enquête leur paraît satisfaisant, ils se glissent *tous* sur le cadavre. Aussitôt, les voilà se démenant de la tête, du corselet, des pattes et des antennes *même* pour soulever la taupe et se faire un peu plus de place. *Quelle que* soit la pesanteur du cadavre, et *quelque* grandes difficultés qu'ils éprouvent dans cette opération, ils l'amènent toujours à bonne fin. Puis ils grattent la terre au-dessous d'eux, creusant une fosse dans laquelle la taupe, *tout* inerte qu'elle est, se trouve entraînée par son propre poids. *Quelle que* puisse être la lenteur avec laquelle elle s'enfonce, elle finit bientôt par disparaître *tout* entière. Au bout de deux heures, l'inhumation est terminée ; mais, *quelles que* soient l'importance et la portée de ce résultat, les fossoyeurs ne s'en contentent pas : ils continuent toujours à creuser la fosse. En vingt-quatre heures, elle est profonde de huit pouces, et vers la fin du second jour, elle a atteint quinze pouces, quinze pouces et *demi* ou seize pouces. Alors les fossoyeurs s'arrêtent, et, *tout* fiers de leur œuvre, reviennent à la lumière. *Quelques* instants se sont à peine écoulés, que les femelles redescendent sous terre et pondent leurs œufs dans le corps de la taupe. De ces *mêmes* œufs naissent des larves en forme de fuseau ; ces larves dévorent la taupe *tout* entière ; les entrailles, les chairs, la peau, les os *même* finissent par disparaître. En *quelques* semaines, elles subissent les différentes métamorphoses habituelles aux insectes, et on les voit sortir *toutes* brillantes de jeunesse, *toutes* joyeuses de leur enveloppe déchirée, et paraître au grand jour sur le théâtre où elles répéteront le rôle de leurs parents.

145. LES FOSSOYEURS (*Suite*).

Si vous déposez la taupe sur un sol dur, mais *tout* près d'une terre molle, les fossoyeurs, *tout* impatients qu'ils sont de procéder à l'inhumation, se gardent bien de perdre leur temps en essais infructueux : ils commencent par changer le cadavre de place, et, *quelque* attachés qu'ils paraissent à leur métier de fossoyeurs, ils y renoncent un moment pour faire celui de porteurs, et ils traînent la taupe jusqu'au sol ameubli. Si le fardeau leur semble trop lourd, l'un d'eux prend son vol pour aller chercher des auxiliaires. *Quelle que* soit la peine qu'il ait eu à en découvrir, il ne se rebute pas : il en ramène toujours quelques-uns qui, *tout* dévoués aux intérêts de la corporation, donnent aux fossoyeurs embarrassés le coup d'épaule dont ils ont besoin.

Mademoiselle Linné, fille du grand naturaliste suédois, avait fiché dans la terre une petite potence en bois, d'où pendait une ficelle qu'elle avait enroulée autour d'un cadavre de taupe, placé sur le sol. Les fossoyeurs vinrent; mais la taupe ne s'enfonçant pas, *quelques* efforts qu'ils fissent, les travailleurs, *tout* stupéfaits, sortirent du trou et rôdèrent aux environs pour tâcher de découvrir la cause de leur insuccès, et pour la faire disparaître, *quelle qu*'elle pût être. Ils y réussirent; car bientôt on les vit miner au-dessous du bâton, qui finit par s'abattre. Dès lors, *tous* les obstacles étant supprimés, la taupe fut ensevelie comme à l'ordinaire.

QUELQUE, TOUT, MÊME; ACCORD DU VERBE AVEC SON SUJET (*Gr.*, 161 à 170).

146e Dictée.

SÉBASTIEN VAILLANT.

Il *est* bien rare que *quelque* indice plus ou moins fugitif, *quelque* symptôme plus ou moins manifeste ne *révèle* chez les enfants ce qu'ils *seront* un jour. C'est du moins ce qui *arriva* pour Sébastien Vaillant, dont nous *allons* vous raconter l'histoire. Ce savant professeur de culture *naquit* au village de Vigny, près Pontoise, en 1669. Dès ses premières années, sa

jeune intelligence se *livra tout* entière aux observations qui
firent la gloire de sa vie. *Quels que fussent* les obstacles, *quel
que fût* le temps ou le lieu, Vaillant s'*adonnait* avec une joie
fébrile à la contemplation des merveilleuses beautés qu'*offrent*
pour un esprit attentif la plupart des végétaux. *Tout* instant
de relâche, *tout* repos dont *pouvait* jouir l'enfant *était consacré*
à l'acquisition de *quelque* plante nouvelle. Ni champ, ni bois,
ni colline, ni vallon, ne *demeuraient* inexplorés. *Quelle que* fût
la saison, dès que Vaillant en *trouvait* l'occasion, il *s'échappait*
de la demeure paternelle et s'en allait à travers champs à la
recherche des plantes sauvages. Il n'*était* point difficile quant
au choix. La rose du chien ou l'herbe de la prairie le *charmait*
à un égal degré. Les ronces, les épines, les chardons, les fou-
gères, les mousses *même étaient* les trophées que ce naturaliste
sans le savoir *rapportait* de ses expéditions. Il ne se bornait
pas à détacher quelques rameaux, il *arrachait* la plante entière
pour venir la replanter dans le modeste jardin de son père. Il
fallut bientôt que ce dernier, *quelle que* fût d'ailleurs sa con-
descendance envers son héritier présomptif, *imposât* des limites
aux cultures par trop envahissantes de l'enfant. Un carré lui
fut assigné pour ses plantations, et, *tout* avide qu'il était d'ar-
rondir son domaine, il *dut* se résigner au coin de terre que lui
avait concédé la munificence paternelle ; *notez* que notre agriculteur n'*avait* alors que cinq ou six ans,

147. SÉBASTIEN VAILLANT (*Suite*).

Un jour, jour néfaste, il *fut* signifié à l'enfant qu'il *devait*
désormais fréquenter l'école des frères. *Quelque* vives que fussent ses protestations, il *dut* se résigner à obéir. Dès lors, son
existence *devient tout* autre. Adieu les délicieuses promenades
à travers les bois et les plaines, adieu les plantes et les insectes
bourdonnants ! La lecture ou le calcul *occupent* une partie du
temps de l'écolier, l'écriture ou le catéchisme *absorbent* le
reste. D'abord Sébastien *se montra* rétif aux exigences de ses
maîtres, *quelque* raisonnables qu'elles fussent. Il *négligea* ses
leçons pour courir les champs ; il *fut* puni. Il *résolut* de ne
plus l'être ; mais vous ne devineriez jamais quel moyen héroïque
il *employa* pour atteindre ce but. Non, *quelle que soit* votre
perspicacité, vous ne le découvririez pas ; vous *jetteriez* votre
langue aux chiens avant de l'avoir trouvé. Sébastien Vaillant
prit un énorme soufflet *tout* garni de gros clous de cuivre,
et il en *fit* son oreiller à l'insu de *toutes* les personnes de sa
famille. La dureté de ce corps ou l'incommodité de sa forme

gêne à tel point le sommeil de notre héros, qu'il ne *dort* plus que d'un œil et qu'il est sur pied dès la première aube.

148. SÉBASTIEN VAILLANT (*Suite*)

Ces heures dérobées au sommeil, il les consacre *tout* entières au catéchisme et aux autres leçons ; mais aussi il lui *devient* possible de se livrer, dans l'intervalle des classes, à ses occupations favorites. En même temps, ses progrès *étonnent* ses instituteurs. Pour le récompenser de son application, on lui *fait* étudier la musique. *Quelles que* soient les difficultés de cet art, il les surmonte et *devient* un très-habile organiste. Cependant le pauvre enfant *porte* les marques de ses efforts presque surhumains ; le frottement du soufflet contre sa nuque détermine une irritation qui, *tout* inappréciable qu'elle est d'abord, occasionne la formation d'une loupe qu'il *conservera toute* la vie.

Les talents de Vaillant trouvèrent des appréciateurs. Les Bénédictins de Pontoise, puis les religieuses de cette ville, le prirent comme organiste. Mais, *quelle que* fût son inclination pour la musique, il y *renonça* pour venir à Paris étudier la médecine ; bientôt, *pris* en affection par Tournefort et apprécié par Fagon, à qui le talent ou le génie de plus d'un futur grand homme *s'était* déjà *révélé*, Vaillant *put* se livrer *tout* entier à son goût pour la botanique. On le nomma professeur et directeur de culture au Jardin des Plantes. *C'est* là qu'il *coula* ses jours en paix, aimé de tous ceux qui le *connurent*. Son aménité, son affabilité *était* telle, que jamais ni l'envie ni la haine, *tout* acharnées qu'elles *se montrent* à la poursuite des gens de bien, n'osèrent s'attaquer à lui.

ACCORD DU VERBE AVEC SON SUJET.

149ᵉ Dictée.

SOYEZ SATISFAIT DE VOTRE CONDITION.

En quelque situation que la Providence vous *ait placé, songez* que vous ayez mille motifs pour vous *montrer* satisfait et pour être fier des services que vous pouvez rendre. N'*êtes-vous* qu'un simple commerçant, n'oubliez pas que *c'est* le négoce et l'industrie qui *vivifient* les empires ; la Hollande, aussi bien que l'Angleterre, se *développe* et *prospère* de plus en plus, parce que le commerce y est florissant ; c'est par le commerce que les marchands de ces deux États *voient* des princes et des souverains à leur solde. Le commerce même *élève* sur le trône. Rappelez-vous ces anciens négociants de Florence qui *ont régné* dans leur patrie, et *ont donné* deux reines à la nôtre (1).

Seriez-vous un malheureux navigateur errant de mer en mer, loin de votre pays ; vous *êtes* l'agent des nations : non-seulement vous *pourvoyez* à leurs besoins, mais vous leur *communiquez* ce qu'il y a de plus précieux chez les hommes après la vertu : les arts, les sciences, les lumières, tout leur *arrive* par votre canal. Ce sont les hommes de votre état qui *ont fait* connaître les îles aux îles, les nations aux nations, et les deux mondes l'un à l'autre : sans eux, plus d'une riche contrée, avec ses plus rares productions, nous *serait inconnue*. *Songez* à la gloire de Christophe Colomb, à laquelle nulle gloire, nulle renommée ne *saurait être comparée*, puisque lui seul *a changé*, par découverte de l'Amérique, les besoins, les jouissances, les empires, les religions et les destins des peuples du Nouveau Monde La plupart d'entre eux *adorent* maintenant le même Dieu que nous ; la plupart se *règlent* et se *gouvernent* d'après nos maximes ; la plupart se *modèlent* dans leurs mœurs et leurs institutions sur les nations européennes.

150. SOYEZ SATISFAIT DE VOTRE CONDITION (*Suite*).

Êtes-vous, au contraire, un artiste toujours sédentaire ; oh ! combien de routes vous *sont ouvertes*, du sein du repos, vers une gloire innocente ! Combien vous en *présentent* la peinture, la sculpture, la gravure, la musique, dont les productions *transportent* de plaisir et d'admiration ! Combien d'artistes même dont les noms seront célèbres à jamais, quoique leurs ouvrages n'*existent* plus , tant les hommes *sont* avides de suivre les traces célestes d leur génie, et de recueillir jusqu'aux paillettes d'or que *roule*, avec les siècles, le brillant fleuve de leur renommée ! *Est-il* quelque potentat dont le nom ou le souvenir *dure* autant que celui des Phidias et des *Appelle*, qui *jouissent* depuis deux mille ans des hommages de la postérité, et qui *ont compté*, pendant leur vie, des *Alexandre* au nombre de leurs courtisans.

N'*êtes*-vous qu'un philosophe ou un savant à qui personne ne *fait* la cour, *considérez* que vous ne la *faites* vous-même à personne. Le philosophe, de même que le savant, *révèle* aux peuples égarés par de vaines illusions les secrets et les lois de la

---

(1) Catherine et Marie de Médicis.

nature ; l'un et l'autre *étalent* devant nos yeux éblouis les sources premières des arts, du commerce et des richesses des nations. ils *sont* les époques les plus mémorables des siècles, et leur gloire *durera* autant que celle de la nature, dont ils *sont* les enfants.   (*D'après* BERNARDIN DE SAINT-PIERRE.)

ACCORD DU VERBE AVEC SON SUJET ; QUELQUE, DEMI.

151ᵉ Dictée.

LA CHARTREUSE DE LA PART-DIEU

Les délicieux chemins que ceux de la Suisse ! J'entends pour le piéton ; car souvent le charretier, le conducteur de la diligence se *trouvent* d'un avis *tout* différent. Il est rare que la route ou le sentier ne s'*enfonce* pas sous *quelque* bois de sapins sombre et parfumé, ne *franchisse* pas *quelque* torrent, ne *couronne* pas *quelque* colline, d'où l'œil embrasse un beau panorama de montagnes et de forêts qui *ferment* l'horizon. Le bruit du moulin, la cime neigeuse, la flèche élancée de l'église, la clochette du troupeau vous *guident*, l'innombrable tribu des fleurs alpestres, les haies de cytises et les buissons d'églantiers *bordent* votre route. Tel est le sentier qui mène à la Chartreuse de la Part-Dieu ; pourtant je craignais de m'y perdre, car je voyais la nuit descendre à grande volée, et je voulais arriver avant elle. Le passant ou le berger à qui je demandais ma route, me *conduisait* avec une complaisance polie jusqu'au prochain détour, et *évaluait* approximativement le reste du chemin. Cette évaluation était toujours proportionnées à la force des jambes de celui que je consultais. Un jeune garçon comptait dix minutes au plus ; un quart d'heure après, une bonne vieille édentée m'en promettait pour une *demi*-heure au moins. Enfin j'arrive. Silence complet ; ni mouvement, ni lumière ne *révèlent* la présence d'un grand nombre d'hommes. Je sonne : on m'ouvre, on me salue, on me fait entrer. On ne me demande pas ce que je veux. Le frère qui m'a reçu prépare mon souper, tandis qu'un domestique va préparer la chambre des pèlerins. Le pain, le fromage, les pommes du monastère *couvrent* la table où je m'assieds. Je les attaque avec énergie. Ensuite je vais me coucher : une chambre convenablement meublée, un lit très-moelleux, si on le compare à ceux des religieux, *procurent* tout à la fois au voyageur fatigué l'asile et le repos après lesquels il soupire depuis plusieurs heures.   (*D'après* L. VEUILLOT.)

ON, PERSONNE (§ 133 et § 184).

152ᵉ Dictée.

L'AMITIÉ.

Quand *on* est *liés* d'amitié, quoique l'*on* soit deux, il n'y a
qu'un seul sentiment, qu'une seule manière de penser et de voir,
qu'une seule volonté, *on* est *pénétrés* d'une bienveillance et
d'une affection mutuelles dont on trouve en soi-même la récompense, tant *on* est *remplis* d'une satisfaction intérieure qui ne
vous abandonne jamais. *On* est d'autant plus *ravi* l'un ou l'autre
de la prospérité qu'on peut la partager avec son ami ; on est
d'autant moins *affligé* par l'adversité que l'on sait sur qui se déchar-
ger d'une partie du fardeau qui vous accable. Quand on est véritablement *amis*, on se parle l'un à l'autre aussi librement et avec
autant de sécurité que le premier venu pourrait se parler à lui-
même. *Personne* de *sensé* ne contestera que vu la fragilité et
l'instabilité des choses humaines, on est bien *fondé* à chercher
en dehors de soi-même un point d'appui solide et qui ne vous
fasse jamais défaut. Or, où le trouver ailleurs qus dans l'amitié ?
La *personne privée* de tout ami est comme si elle était seule dans
l'univers ; pour elle la foule n'est qu'un grand désert d'hommes.
Malgré la multiplicité et la variété des opinions entre lesquelles
se partagent tous ceux qui sont appelés à vivre en société, *personne* ne s'est jamais *avisé* de soutenir que l'existence puisse
avoir quelque charme sans l'amitié. Quand une fois *on* s'est *juré*
l'un à l'autre une amitié éternelle, on est *placés* tous les deux
dans la situation de deux hommes qui auraient signé un traité
en vertu duquel chacun d'eux se serait engagé à préférer l'autre
à soi-même. Un tel contrat n'a rien d'impossible et l'on a *vu* des
personnes l'exécuter dans toute sa teneur, *témoin* les deux pythagoriciens Damon et Pythias (1), dont le dévouement mutuel a été
l'admiration de tous les siècles.

---

(1) Ils ont montré qu'ils étaient prêts à mourir l'un pour l'autre.

NOMBRE DU VERBE APRÈS LES COLLECTIFS ET APRÈS LES
ADVERBES DE QUANTITÉ (§ 172 et 173).

153ᵉ Dictée.

INFLUENCE DU PLATRE SUR LA VÉGÉTATION.

Il est indubitable que la plupart des découvertes *résultent* du
hasard. Celle de l'action du plâtre sur le développement d'un
certain nombre de plantes, n'aura pas eu d'autre origine. Une
foule d'agronomes (1) *assurent* qu'elle remonte à l'année *mil
sept cent soixante-cinq* et qu'on la doit au pasteur Mayer, de
Kupferzel en Argovie. D'abord, comme c'est l'ordinaire, une
infinité de personnes *nient* le nouveau progrès accompli ; la
grande majorité des cultivateurs *se refuse* même à tenter l'expérience, et il n'y a que le petit nombre des agriculteurs vraiment *éclairés* qui se *risque* à plâtrer la luzerne. Cependant une
suite de succès non *interrompus ouvrent* les yeux aux hommes
sans préjugés. De la Suisse l'usage du plâtre pénètre bientôt
en Dauphiné, en Allemagne et même en Amérique. Dans ce
dernier pays, Franklin (2) se met à la tête des promoteurs de
la nouvelle découverte, et *quoique* plus d'un incrédule se
moque de ses efforts, il n'en poursuit pas moins, par tous les
moyens imaginables, l'accomplissement de la tâche qu'il s'est
imposée et qu'il considère comme un devoir. L'illustre physicien, voulant convaincre l'un des plus récalcitrants de ses compatriotes et lui démontrer les bons effets du plâtre, s'avise
d'écrire en gros caractères, au moyen de poussière de plâtre,
ces simples mots : *ceci a été plâtré,* sur un champ de luzerne
voisin d'une grande route et appartenant à ce nouveau Thomas.
Dans tous les points qui ont été *recouverts* de la poudre, une
végétation bien plus vigoureuse que celle des autres endroits
ne tarde pas à se développer, en sorte que l'universalité des
passants se *trouve* pour ainsi dire *forcée* de lire les caractères tracés à la surface de la prairie par la main du philosophe
américain.

154. INFLUENCE DU PLATRE SUR LA VÉGÉTATION (*Suite*).

La nouvelle de ce prodige se répand avec la rapidité de
l'éclair. Beaucoup de curieux *accourent;* nombre d'individus

---

(1) L'*agronome* s'occupe des théories de l'agriculture, l'agriculteur les met en
pratique.
(2) Benjamin Franklin, physicien et homme d'État des États-Unis de l'Amérique du
Nord.

qui ne *croyaient* pas antérieurement *abjurent* leur scepticisme. Une nuée d'écrivains *publient* dans les journaux ce qui vient d'arriver. Bref, la lumière se fait, la nouvelle découverte est rangée parmi les vérités décidément *acquises* à la science humaine. Désormais la totalité des agriculteurs de l'Union *s'approvisionne* chaque année d'une énorme quantité de plâtre ; un nombre considérable de sacs *remplis* de la précieuse poudre *s'expédient* de Paris pour les différents ports des États-Unis.

Un assez grand nombre de plantes appartenant à la famille des légumineuses *végètent* avec une exubérance prodigieuse sous l'influence du plâtre. Telles *sont* la luzerne, le trèfle, le sainfoin, la vesce, les haricots et les pois. *Quoique* la moitié au moins de ces derniers légumes *soit* habituellement *plâtrée*, on doit reconnaître cependant qu'ils sont loin d'avoir gagné en qualité, par suite de cette opération ; s'ils sont plus abondants, par contre, ils sont devenus plus durs et d'une digestion moins facile. Plus d'un agronome en *infère* que le plâtrage doit être limité aux plantes purement fourragères.

PARTICIPE PRÉSENT ET ADJECTIF VERBAL (*Gr.*, §§ 214-218)

155ᵉ Dictée.

PARDON OU FÊTE PATRONALE EN BRETAGNE.

Les pardons ou fêtes patronales de la Bretagne ne durent pas moins de trois jours. Dès la veille, les cloches, *lançant* dans les airs leurs joyeuses volées, annoncent le commencement de la solennité. Tout le monde est déjà à son poste, les uns *s'occupant* à parer la chapelle, à orner les autels de guirlandes et de vases de fleurs ; les autres *revêtant* les statues des saints du costume national. Le patron et la patronne du lieu se distinguent comme des fiancés ; le premier a un gros bouquet garni de rubans, la seconde a mille petits miroirs *scintillants* sur sa coiffe blanche. Vers la chute du jour, on balaie la chapelle et l'on jette la poussière au vent pour qu'il soit favorable aux *habitants* des îles qui doivent venir le lendemain. Il faut voir ensuite chacun *étalant* dans le lieu le plus apparent de la nef les offrandes qu'il fait au patron : sacs *rompant* sous le poids du blé, fins écheveaux de lin, toisons et ruches nouvelles. Enfin des danses *s'exécutant* au son du biniou national, de la bombarde et du tambourin terminent cette première journée. Cependant en certaines occasions on allume encore des feux de joie sur le tertre de la chapelle et sur les collines voisines. Au moment où la flamme, comme un long serpent, déroule en montant ses anneaux autour de la pyramide de genêts et d'ajoncs qu'on lui a donnée à dévorer, et s'élance vers le bouquet de fleurs *couronnant* sa cime, les *assistants* font douze fois le tour du bûcher en récitant des prières; les vieillards l'*environnant* d'un cercle de pierres, placent au centre une chaudière. Les enfants la remplissent d'eau et de pièces de métal, puis *fixant* quelques brins de jonc à ses deux parois opposées, ils en tirent des sons harmonieux, tandis que les *mendiants* à genoux alentour, la tête nue et s'*appuyant* sur leur bâton, chantent en chœur les légendes du saint patron.

156. PARDON OU FÊTE PATRONALE EN BRETAGNE (*Suite*).

Le lendemain, à l'aube *naissante*, on voit, *arrivant* dans toutes les directions de toutes les parties de la Bretagne, des pays de Léon, de Tréguier, de Cornouaille et de Vannes, des bandes de pèlerins qui chantent en *cheminant*. D'aussi loin qu'ils aperçoivent le clocher de l'église, *ôtant* leurs chapeaux tout *reluisants*, puis s'*agenouillant*, ils font le signe de la croix et récitent des prières. Cependant les flots *écumants* de la mer se couvrent de mille barques *volant* avec une rapidité prodigieuse sous l'impulsion des rames agitées par des bras *puissants* et robustes. De ces barques partent des cantiques *allant* frapper au loin les airs. Souvent on aperçoit des paroisses entières *arrivant* avec leurs bannières *resplendissant* au soleil, et conduites par leurs pasteurs. D'aussi loin qu'on les signale, le clergé du pardon s'avance pour les recevoir; les croix et les bannières s'inclinent en se *saluant* au moment où l'on va se joindre, tandis que les cloches paroissiales s'*appelant* et se *répondant* dans les airs invitent tout le monde à fraterniser.

157. PARDON OU FÊTE PATRONALE EN BRETAGNE (*Suite*).

A l'issue des vêpres sort la procession : les pèlerins s'y *rangeant* par dialectes, il est aisé de reconnaître les paysans de Léon à leur taille élevée, à leur costume vert, noir ou brun, à leurs jambes nues et basanées ; les Trégorois, dont les vêtements n'ont rien d'original, se font remarquer entre tous par leurs voix harmonieuses; les Cornouaillais, par la richesse et l'élégance de leurs habits bleus ou violets ornés de broderies, leurs braies *bouffantes* et leurs cheveux *flottants*. Ce sont les plus *séduisants* de tous les pèlerins. Les Vannetais, au contraire, se distinguent par la couleur sombre de leurs vêtements. Peu à peu le cortége se *développant*, rien de plus curieux à voir que ces rangs serrés de paysans, le chapelet à la main ; rien de *touchant* comme ces bandes de rudes et *intéressants* matelots s'avançant *nu-pieds* et en chemise, *portant* sur leurs épaules meurtries les débris de leur navire fracassé ; rien de majestueux ni de *saisissant* comme cette multitude qui s'avance en *priant* le long des grèves et dont les chants se mêlent aux roulements *incessants* de l'Océan.

Cependant des tentes sont dressées dans la plaine; on veille fort tard ; on reste pour écouter les cantiques que vont *chantant* d'une tente à l'autre les bardes populaires. Cette journée est *tout* entière *consacrée* à la religion, les plaisirs profanes *renaissant* le lendemain avec l'aurore et les sons *éclatants* du hautbois.

158. PARDON OU FÊTE PATRONALE EN BRETAGNE (*Fin*).

A midi, la lice s'ouvre; l'arbre des prix, *portant* ses fruits comme le pommier ses pommes, ainsi que cela se dit, s'élève triomphalement au centre; à ses pieds stationne la génisse *mugissante*, gage principal du combat, les cornes *éblouissantes* de rubans. Les jeunes filles et les jeunes femmes, juges *influents* des joûtes, apparaissent montées sur les arbres *environnants*, à *demi* cachées comme des fleurs *charmantes* dans le feuillage *verdoyant*. La foule des hommes reflue autour de l'enceinte : ils sont là *haletants*, avides d'émotion. On les voit se *pressant*, se *poussant*, se *bousculant* les uns les autres ; leurs rangs innombrables, se *formant* et se *rompant* sans cesse, simulent les vagues capricieuses et *mouvantes* de l'Océan. Mille concurrents se présentent pour les jeux : des luttes aux péripéties sans cesse variées, sans cesse *renaissantes*, des assauts *étonnants* de vigueur ou d'adresse, des courses de jeunes gens agiles *imprimant* à peine la trace de leurs pas sur le sable de l'arène, remplissent la soirée. La veille et l'avant-veille *appartenant* aux mendiants et aux autres chanteurs accourus de tous les cantons de la Bretagne, cette nuit *enivrante* est réservée aux *Kloer* (1). C'est le dernier soir du pardon, qu'ils chantent, pour les *riantes* jeunes filles, les chansons les plus *charmantes*, les plus nouvelles et les plus douces. On les voit assis

---

(1) Jeunes gens qui composent des chants populaires.

par groupes, sous de grands chênes, à travers les rameaux desquels un rayon de la lune, *glissant* sur leur tête blonde, vient éclairer leur pâle et mélancolique visage.

(*D'après* Hersant de la Villemarqué.)

159ᵉ Dictée.

NOTRE-DAME-DU-PASSANT

Dans un recoin ignoré d'Unterwald (1), sur le bord d'un sentier *ondulant*, comme un long serpent, entre les fragments ébranlés dont le flanc de la montagne est couvert, au point le plus étroit du passage, là où le voyageur, *contemplant* à ses pieds de plus profonds précipices et sur sa tête des blocs plus *effrayants*, s'avance entre deux menaces de mort, s'élève un petit oratoire ouvert, orné de peintures naïves, représentant la sainte Vierge Marie. Cette douce et *consolante* image, ainsi placée loin de toute habitation et de tout secours, dans un lieu plein de terreur et de dangers sans cesse *renaissants*, a reçu le nom de *Notre-Dame-du-Passant*.

La tradition rapporte qu'autrefois ce lieu sinistre s'appelait le *Couloir-du-Diable*. Les démons s'y *plaçant* en sentinelles, tout ce qui passait, voyageurs, chasseurs, bergers, *leur appartenait*. Tantôt l'affreux vertige *poussant* les malheureux dans les abîmes *béants* et profonds, les vautours mêmes n'osaient les aller chercher là. Tantôt ils étaient tués par la foudre *éclatant* sur leur tête et les *traversant* comme une épée de feu ; tantôt le cri *pénétrant* et *strident* d'une cigale, les ailes *bruyantes* d'un oiseau, le travail *persévérant* mais *latent* d'une fourmi, *provoquant* la chute d'un quartier de roche, les anéantissaient inopinément ; et, sous ces blocs énormes, les *passants* restaient ensevelis comme sous la pierre d'un tombeau. Bref le chemin était maudit.

160. NOTRE-DAME-DU-PASSANT (*Suite*).

Après avoir bien cherché les moyens de le rendre plus sûr, on imagina d'y bâtir une chapelle et d'y mettre une image sainte, afin que personne n'oubliât, *quels que* fussent la frayeur et le péril *instant*, d'invoquer le nom du bon Dieu, et de faire le signe de la croix. Mais où trouver des ouvriers assez hardis, assez *confiants*, pour travailler là ? Il s'en présenta cependant plusieurs qui s'y rendirent après avoir assisté à la messe, et la sainte Mère de Dieu, toujours secourable, toujours *compatissante*,

(1) Un des 22 cantons de la Suisse.

afin de prouver à ces hommes pieux sa puissance et sa faveur, tant que dura leur travail, retint les rochers *chancelants* par des fils de la Vierge accrochés aux brins d'herbes et aux branches des buissons. Depuis ce temps, le passage est sûr ; il n'y arrive plus d'accidents ni le jour ni la nuit. Notre-Dame est si bonne, qu'elle protége et préserve tous les *passants*, les incrédules aussi bien que les *croyants*.

Notre-Dame-du-Passant ! la vie *tout* entière est ce chemin redoutable où nous côtoyons les abîmes *effrayants* du péché sous la vengeance toujours *menaçante* du Seigneur. Ne nous y abandonnez pas sans secours et sans lumière.

(D'après Louis Veuillot.)

PARTICIPE PRÉSENT ET PARTICIPE PASSÉ (*Gr.*, §§ 214-235).

161ᵉ Dictée.

LE LAC NOIR (en Suisse).

Les petits chemins *conduisant* au lac Noir, qui devaient m'éreinter, au dire de mon guide, me reposaient au contraire, tant ils avaient de frais détours et d'aspects divers. Les mélèzes sveltes, *s'élançant* à une hauteur double de celle qu'atteignent nos plus beaux peupliers, formaient d'*odorantes* colonnades sur les rives d'un torrent *rugissant* au-dessus de nos têtes et *murmurant* sous nos pieds ; nous gravissions à grandes enjambées cet étrange escalier de racines et de blocs de pierres *arrêtés* dans leur chute ; nous passions l'eau sur des planches *vacillantes*, sur des débris de rocher *luisants* et veinés. Çà et là, nous étions *mouillés* en *passant* par l'écume d'une cascade ; nous traversions d'étroits vallons, *fermés* comme des forteresses, sans que nos yeux pussent distinguer ni le sentier par où nous étions *entrés*, ni celui par où nous devions sortir ; nous atteignions quelque cime *privée* d'arbres, mais *revêtue* d'une belle mousse verte *parsemée* de petits buissons *arrondis*, *tout chargés* de roses des Alpes en pleine floraison. De là nous apercevions d'autres cimes, d'autres ravins et quelques restes de neige, *figurant* comme une blanche écume dans cet océan de verdure. Du reste, nul bruit, nul mouvement, ni *passant*, ni troupeau, ni chalet ; et pourtant ce n'était pas le désert, c'était le repos !

162. LE LAC NOIR (*Suite*).

Après bien des sommets *franchis*, bien des vallons *passés*, nous posons le pied sur un mamelon aride, et la terre promise se déroule à nos yeux. Voici le lac Noir. A cela près qu'il est bleu comme le ciel et vert comme les prés, il tient toutes ses promesses. C'est une glace ovale au fond d'une corbeille *évasée*. Le troupeau, la branche, le nuage, le soleil, l'oiseau, tout se reproduit dans ce miroir fidèle. Mais quand le ciel est chargé, quand l'orage étend ses ailes sombres, tout disparaît ; les flots *luisants* et noirs ne réfléchissent plus que des étoiles de feu ; le lac mérite son nom. Ainsi, tour à tour, la poésie de ces rives *charmantes* est gracieuse et sévère. Un coup de vent change du tout au tout la physionomie de l'onde tranquille, maintenant Aréthuse (1) et Styx (2) une heure après.

Une source thermale (3) dont j'ignore les propriétés attire ici tous les ans quelques personnes *supposées* malades. A les voir à table, j'aurais *cru* que la seule infirmité dont elles fussent *affligées* était un énorme appétit. Une route pour faire arriver, vaille que vaille, les voitures, est jusqu'à présent la seule atteinte portée aux beautés encore primitives de ce délicieux recoin.   (*D'après* LOUIS VEUILLOT.)

PARTICIPE PASSÉ (*Gr.*, §§ 219-235).

163· Dictée.

LES MARTYRS DE LA THÉBAÏDE.

Les historiens n'ont point de paroles qui puissent exprimer la violence des douleurs et la cruauté des supplices que les martyrs chrétiens souffrirent dans la Thébaïde (4).

Quelques-uns furent déchirés jusqu'à la mort par tout le corps avec des têts de pots cassés, au lieu d'ongles de fer. Des hommes furent attachés par les jambes à des branches d'arbres que l'on avait courbées avec des machines, et écartelés lorsque ces branches, étant lâchées, reprirent leur situation naturelle. Ces violences-là furent exercées l'espace de

---

(1) *Aréthuse*, célèbre fontaine qui se trouvait à Syracuse (Sicile).
(2) Le *Styx*, fleuve des enfers, chez les anciens.
(3) Source d'eau chaude.
(4) La *Thébaïde*, est un désert d'Égypte où vécurent beaucoup de solitaires chrétiens au deuxième siècle de notre ère.

plusieurs années, durant lesquelles on faisait mourir chaque jour, par divers supplices, tantôt dix personnes, tant hommes que femmes et enfants, tantôt vingt, tantôt trente, tantôt soixante, et quelquefois même jusqu'à cent. Étant sur les lieux j'en ai *vu* exécuter à mort un grand nombre dans un même jour, dont les uns avaient la tête *tranchée*, les autres étaient *brulés* vifs. La pointe des épées était *emoussée* à force de tuer, et les bourreaux, las de tourmenter les martyrs, se relevaient tour à tour. J'ai été témoin de la généreuse ardeur et de la noble impatience de ces fidèles. Il n'y a point de discours qui soit capable d'exprimer la générosité et la constance qu'ils ont fait paraître au milieu des supplices.

164ᵉ Dictée.

LA FONTAINE ET LE VILLAGE DE SILOÉ, A JÉRUSALEM.

Au pied de la montagne de Sion, à environ *cent* pas de l'arbre qui marque la place où le prophète Élisée fut *scié* en deux, on découvre, au milieu d'une campagne aride et *toute brûlée* par les feux du soleil, l'entrée de la fontaine de Siloé. Cette fontaine, qu'ont *citée* l'Ancien Testament, l'Évangile et l'Histoire des Croisades, est également *vénérée* par les chrétiens, les juifs et les musulmans. Mais son principal titre au respect religieux des chrétiens, c'est qu'elle fut le théâtre d'un des miracles de Jésus-Christ, *rapporté* par saint Jean au chapitre neuvième de son Évangile. Jésus ayant *vu* un homme qui était *aveugle-né*, lui oignit les yeux d'un peu de poussière qu'il avait *délayée* avec sa salive et lui dit : Allez vous laver dans la piscine de Siloé. L'aveugle obéit, et la lumière lui fut *rendue*.

C'est vers l'orient qu'est *tournée* l'entrée de la piscine. Des degrés en pierre, *pratiqués* entre deux hautes murailles, conduisent au réservoir sacré sur les bords duquel tant de pèlerins se sont déjà *agenouillés* et ont *prié* avec la plus vive ferveur. La piscine est *renfermée* sous une large voûte dont la base est formée de blocs de pierre absolument bruts et la partie supérieure *construite* en pierres régulièrement *taillées*. Les blocs paraissent comme *ensevelis* sous la couche de mousses et de lierres dont ils sont tapissés. Des plantes appartenant à la même famille que les pariétaires (1) ont *crû* semblablement entre les interstices des pierres de taille. La piscine est *alimentée* par

(1) C'est la famille des urticées, à laquelle appartiennent les orties. Les pariétaires poussent dans les fentes des vieux murs.

une source *intermittente* qui ne coule que tous les trois jours. Quant à cette source, dès quelle est *entrée* dans sa période d'activité, on l'entend suinter faiblement entre les fentes d'une grosse roche.

165. LA FONTAINE ET LE VILLAGE DE SILOÉ, A JÉRUSALEM (*Suite*).

Quoique environnée du respect de *toutes* les nations, la fontaine de Siloé n'en sert pas moins à *tous* les usages profanes de la vie. Que de fois les femmes des environs y sont *venues* laver leur linge ! Que de fois elles ont *tendu* leurs urnes au-dessous du léger filet d'eau qui sort invariablement du rocher *tous* les trois jours ! En face de la fontaine s'est *établie*, sur le penchant du mont de l'Offensa, la féroce *tribu* des Arabes de Siloé. Ces Arabes *renommés* pour leur caractère sombre et leurs sanguinaires instincts, vivent et meurent à *demi enfouis* dans les sépulcres qu'ils se sont *appropriés* pour en faire leurs demeures. Les étrangers qui s'approchent trop près de ce cimetière vivant, appelé le village de Siloé, sont toujours fort mal *reçus*. *Salués* de loin par des cris sinistres, ils se voient *forcés* de revenir sur leurs pas. Cette population sauvage et inhospitalière s'est sans doute *fixée* sur ce sol à cause des eaux salubres de Siloé. Il faut dire cependant que ces mauvaises réceptions auxquelles les Arabes avaient *habitué* les voyageurs sont *devenues* moins fréquentes de jour en jour, et on peut, avec *quelque* degré de certitude, prévoir l'instant où elles auront cessé entièrement. A *quelque* distance de la piscine qui vient d'être *décrite*, une autre fontaine, *dite* de la Vierge, mêle ses eaux à celles de Siloé   (D'après le R. P. LAORTY-HADJI.)

166ᵉ Dictée.

DES ENGRAIS VERTS.

Il existe en agriculture une pratique fort ancienne, que les Romains *mêmes* ont *connue*, et qui n'a pas *cessé* d'être *continuée* depuis eux dans nos provinces méridionales : c'est celle qui consiste à enfouir, pour tenir lieu de fumier, des plantes que l'on a *cultivées* dans ce but, et qui sont déjà parvenues à un certain degré de développement. Ces plantes ainsi *employées* forment ce que l'on a *appelé* engrais vert.

Les récoltes *enfouies* de la sorte peuvent rendre de *signalés* services au début d'une entreprise agricole, dans les champs *éloignés* ou d'un accès difficile, dans les sols qui ont été *épuisés* par une production *forcée*, dans des terrains stériles qui peuvent être *amenés* par ce moyen à un état de fécondité *satisfaisant*, et enfin dans les bonnes terres *même* où les végétaux que l'on a *destinés* à être *enfouis* sont d'autant plus *fertilisants* que la fécondité du sol leur donne une plus grande vigueur.

La première récolte *venue* ne peut pas être *convertie* en engrais vert. Pour cet usage, préférez toujours les plantes qui auront *puisé* dans l'atmosphère la majeure partie des aliments qu'elles se seront *assimilés*. Parmi ces plantes elles-mêmes, choisissez en premier lieu celles qui atteignent le développement le plus considérable dans le moins de temps possible, celles dont les semences ne sont *cotées* qu'à une faible valeur, enfin celles que la nature a *organisées* de telle sorte, qu'elles puissent végéter dans les terres les plus maigres.

167. DES ENGRAIS VERTS (*Suite*).

Les plantes n'ayant encore presque rien *enlevé* à la terre au moment où elles sont sur le point de fleurir, c'est à cette époque que tous les agronomes ont *conseillé* de les enfouir. Quelque *abondante* que soit la récolte *destinée* à être *enterrée*, elle ne peut jamais être équivalente qu'à une *demi*-fumure. Les prairies artificielles que l'on défriche sont considérées comme les engrais verts les moins coûteux, parce qu'ils résultent d'une culture qui a déjà payé ses frais. Viennent en seconde ligne les feuilles des plantes qui sont cultivées pour leurs racines ou leurs tubercules. Ces feuilles peuvent être *consommées* à titre de fourrage, mais celles de certains végétaux étant des aliments qu'il ne faut donner qu'en cas de nécessité, il est préférable de les convertir toujours en engrais.

Indépendamment des plantes *précitées*, certains arbustes, certains arbrisseaux même sont *convertis* en engrais végétaux. Les plus communément *usités* à ce titre sont les genêts, les ajoncs, les bruyères. Dans plusieurs localités, on y joint les rameaux feuillés du buis; mais ils ne sont enfouis qu'après qu'on les a *répandus* dans les voies publiques pour qu'ils y soient *foulés* et *écrasés* par les pieds des chevaux. On tire également parti dans le même but des tiges feuillées des pins, des roseaux, des feuilles d'arbres, des écorces *épuisées* des tanneries, de la sciure de bois, des tiges sèches de topinambours, des balles de froment et d'avoine, de la pulpe de betteraves, de pommes de terre, des dépôts des eaux des féculeries.

168e Dictée.

BONHEUR DE L'OBSCURITÉ.

N'êtes-vous qu'un paysan obscur *attaché* à la culture de la terre; oh! songez que vous exercez le plus noble, le plus aimable, le plus nécessaire et le plus saint de tous les arts, puisque c'est l'art de Dieu même. Mais si ce poison de la gloire, *inspiré* chez nous dès l'enfance à toutes les conditions par l'émulation, fermente dans vos veines; si vous avez besoin des vains applaudissements des hommes au milieu de vos paisibles vergers, rappelez-vous tous les maux que la gloire a constamment *entraînés* après elle, l'envie des petits, la jalousie des égaux, la perfidie des grands, l'intolérance des corps, l'indifférence des rois. Songez au sort de ces hommes *renommés* parmi ceux qui ont le mieux *mérité* de leur patrie et de la postérité : à la tête de Cicéron (1), *coupée* par Popilius Léna, son propre client, et *clouée* à cette même tribune qu'il avait autrefois *honorée* de son éloquence; à *Démosthène* (2), *poursuivi* par l'ordre des Athéniens, qu'il avait *défendus* contre Philippe, jusque dans le temple de Neptune de l'île de Calauria, et se hâtant d'avaler du poison pour trouver dans la mort un refuge plus *assuré* que celui des autels. Songez au poignard qui tua un des Médicis (3) dans cette même ville qu'ils avaient *comblée* de leurs bienfaits; aux fers qui attachèrent Colomb (4) au retour de son second voyage du Nouveau-Monde, et qu'il fit mettre en mourant dans son tombeau, comme un monument de l'ingratitude des rois qu'il avait si magnifiquement *servis*.

169. BONHEUR DE L'OBSCURITÉ (*Suite*).

Rappelez-vous en France le Poussin *couvert* de gloire dans toute l'Europe, *excepté* dans sa patrie, *obligé* d'aller demander dans une terre étrangère de la considération et du pain; Descartes fugitif en Suède, après avoir *éclairé* son pays des premiers rayons de la philosophie; Fénelon *exilé* dans son diocèse pour avoir trop *aimé* Dieu et le peuple. Enfin représentez-vous cette foule d'hommes célèbres et infortunés qui, *déchirés* en secret par les calomnies mêmes de leurs propres amis, languirent dans le mépris et la pauvreté, et sans avoir seulement la consola-

(1) Célèbre orateur romain.
(2) Le premier des orateurs grecs.
(3) Les Médicis étaient une famille de riches marchands parvenus au pouvoir suprême à Florence.
(4) Christophe Colomb, qui découvrit l'Amérique.

tion d'être *plaints*, eurent la douleur de voir les honneurs et les récompenses qui leur étaient *dus donnés* à d'indignes rivaux.

Alors vous bénirez votre obscurité, qui vous permet au moins de recueillir le fruit de vos travaux et l'estime de vos voisins, d'élever une famille innocente à l'ombre de vos vergers, et d'atteindre, dans une vie si orageuse, à la seule portion de bonheur que la nature ait *répartie* aux hommes. Pendant que les tempêtes brisent les cèdres sur le haut des montagnes, l'herbe échappe à la fureur des vents et fleurit en paix au fond des vallées.　　　　(D'après BERNARDIN DE SAINT-PIERRE.)

170ᵉ Dictée.

LE MARCOTTAGE.

Si les branches, comme l'ont *enseigné* tous les savants, ne sont que des tiges secondaires *placées* sur la tige principale pour y puiser leur nourriture, il sera possible de les en séparer et d'en faire des plantes distinctes et *indépendantes*, *pourvu* qu'on les ait *mises* à *même* de se procurer autrement les aliments dont elles ont besoin. De là les marcottes, la greffe et les boutures.

Les personnes qui ont *suivi* avec attention la végétation d'un fraisier, ont *remarqué* qu'au printemps un grand nombre de branches étaient *sorties* de l'aisselle des feuilles de la tige, et s'étaient *allongées* en *rampant* à la surface du sol. Puis elles ont *vu* poindre, sur les parties de ces branches en contact avec la terre humide, de jeunes racines qui ont *grandi* rapidement, se sont *enfoncées* dans cette terre humide, et ont fourni à ces branches toutes les substances dont elles avaient besoin pour végéter. A dater de ce moment, la vie de ces dernières a été *assurée*, et *quand*, à une certaine époque, la base qui les unissait à la tige est *venue* à se détruire, elles ont *formé* à côté de la plante mère comme autant de petites colonies. Ces plantes, qui étaient d'abord *attachées* à la tige, qui s'en sont ensuite *séparées*, et qui ont *vécu* depuis lors indépendantes, constituent ce qu'on appelle des *marcottes*.

171. LE MARCOTTAGE (*Suite*).

Les observateurs ont *constaté* qu'il n'y a qu'un petit nombre de plantes dans lesquelles les branches se marcottent ainsi naturellement ; les jardiniers, en étudiant les marcottages naturels et les circonstances au milieu desquelles ils se sont *produits*, sont *parvenus* à imiter la nature ; ils ont *marcotté* des plantes qui ne l'eussent jamais été sans leur secours.

Les œillets donnent naissance à un grand nombre de branches à la base de leurs tiges ; mais comme ces branches sont toujours toutes *dressées*, jamais elles ne se seraient *trouvées* en contact avec de la terre, si on les avait *abandonnées* à elles-mêmes ; jamais, par conséquent, elles n'auraient *poussé* de racines et n'auraient *formé* de marcottes. Qu'ont *fait* les jardiniers ? Toutes ces branches verticales, ils les ont *courbées* vers le sol, et par différents procédés, ils les ont *assujetties* à demeurer en contact avec la terre humide. De là sont *nées* des racines qui ont *sustenté* ces branches. Celles-ci ont *pu* être *sevrées*, si l'on peut se servir de cette expression, pour constituer de nouvelles plantes.

172. LE MARCOTTAGE (*Suite*).

Toutes les plantes n'ont pas les branches aussi flexibles que les œillets, et ne peuvent pas être ainsi *infléchies* vers la terre : les *lauriers-roses*, par exemple, ont leurs branches très-cassantes ; cependant les horticulteurs ont *réussi* à faire un grand nombre de marcottes de cet arbuste, et voici comment ils ont *procédé* : ne pouvant abaisser les branches jusqu'à la terre, c'est la terre qu'il ont *élevée* jusqu'aux branches. A cet effet, à chaque branche qu'ils ont *voulu* marcotter, ils ont *fixé* un pot à fleur *échancré* ou un cornet de plomb qu'ils ont *rempli* de terre, de façon que la branche en fût *entourée* dans une portion de son étendue ; en outre, par des arrosements réitérés, ils ont *entretenu* la terre constamment humide. Bientôt la portion de la branche *renfermée* dans le pot a *poussé* des racines en assez grand nombre ; au bout de quelques mois, elle a *pu* être *séparée* de la tige et *transplantée* ailleurs.

Si c'est sur des arbres fruitiers, tel que le pommier, le cerisier, que le marcottage au moyen d'un pot ou d'un cornet de plomb a *été pratiqué*, comme les branches sont *couvertes* de bourgeons à fleurs, elles forment, après qu'on les a *sevrées*, c'est-à-dire après qu'on les a *séparées* de la plante-mère, autant de petits arbres qui sont de véritables nains, et qui sont très-*recherchés* pour orner les appartements, parce que, quoique très-petits, on les voit *couverts* d'une multitude de fleurs auxquelles un nombre égal de fruits auront bientôt *succédé*.

(D'après J.-B. PAYEN.)

173ᵉ Dictée.

BON MOT DE LOUIS XI.

Le siècle de Louis XI connaissait les parvenus. A cette époque, comme de nos jours, il y avait des individus à qui leurs contemporains n'avaient *pu* pardonner leur élévation imméritée, et dont toutes les actions, *quelles* qu'elles fussent, étaient *commentées* d'une manière fort peu charitable par la malignité publique. Un de ces parvenus, Nicolas Raullin, natif de Beaune, avait alors le privilége de fixer l'attention générale, tant les Bourguignons, ses compatriotes, aussi bien que les Français, s'étaient *scandalisés* de la prodigieuse fortune qu'il s'était *amassée* en peu d'années. D'abord simple avocat au parlement, il était *devenu* chancelier du duc Philippe (1), et à sa mort il avait *laissé* à ses héritiers quarante mille livres de rente. Il avait en outre *ordonné* par son testament que les fonds nécessaires à la construction d'un vaste hôpital dans la ville de Beaune seraient *prélevés* sur sa succession, et on doit lui rendre cette justice, que, dans cette intention, il avait *accordé* de larges subsides. Aussi n'était-il bruit partout que de l'hôpital de Beaune. La magnificence qu'on y avait *déployée*, la richesse des ornements qu'on y avait *prodigués*, étaient *vantées* par tout le monde. On disait que cet édifice ressemblait à un palais *plutôt* qu'à un hôpital, et il ne manquait pas de gens qui paraissaient s'être *imposé* la tâche d'exalter la charité posthume (2) du fondateur. Des louanges de cette nature étant un jour *prodiguées* à l'ancien avocat en présence de Louis XI, Sa Majesté Très-Chrétienne les avait *écoutées* sans mot dire. Puis, rompant tout à coup le silence : « Il n'a fait que les largesses qu'il a *dû*, dit le roi, il était bien juste qu'à tous les pauvres qu'il avait *faits* pendant sa vie il fournît un logement après sa mort. »

174ᵉ Dictée.

SINGULIÈRE AMITIÉ D'UN TERRE-NEUVE POUR UN CHEVAL.

Avouons que nous ne sommes guère reconnaissants envers les animaux qui nous ont longtemps *servis*; qu'ils se soient *usés* avant le temps par de trop rudes travaux ou qu'ils aient *vieilli* jusqu'au point de ne pouvoir rien faire, leur sort est le même;

(1) Philippe-le-Bon, fils de Jean-sans-Peur, 3ᵉ duc de la seconde maison de Bourgogne.
(2) Qui vient après la mort.

les pauvres bêtes sont *vendues* à l'équarrisseur et *récompensées*
par lui de la façon que l'on sait des services qu'ils nous ont
rendus.

Un jour donc, un propriétaire des environs de Paris, se con-
formant à l'usage, avait *vendu* une vieille jument à l'équarrisseur ; ce dernier chassait devant lui la troupe hideuse et dé-
charnée de ses bêtes éclopées, quand tout à coup les allures
singulières d'un magnifique terre-neuve attirèrent toute son
attention. Mais quelques instants d'observation eurent bientôt
dissipé sa surprise : le terre-neuve ne suivait ses chevaux depuis le matin avec tant d'obstination que parce qu'il n'avait
pas *voulu* se séparer de la vieille jument nouvellement *incor-*
porée à sa bande d'animaux invalides. A plusieurs reprises,
l'équarrisseur et ses seconds avaient *essayé* de chasser l'excellent chien ; ils n'y avaient pas *réussi* : les coups de fouet
qu'ils avaient *administrés* à la pauvre bête n'avaient pas *em-*
pêché celle-ci de tenir fidèlement compagnie à la jument, avec
laquelle elle avait *passé* plusieurs années. Le terre-neuve
semblait ne pas ignorer que c'est surtout quand ils sont *acca-*
blés par l'infortune que l'on est *tenu* de ne point abandonner
ses amis. Malgré tous les mauvais traitements qu'il avait *eu* à
endurer, le terre-neuve était donc *resté* aux côtés de la pauvre
jument. On a *deviné* sans peine quelles caresses il lui avait
prodiguées pendant le trajet, qui n'avait été pour elle qu'un long
supplice.

175. AMITIÉ D'UN TERRE-NEUVE POUR UN CHEVAL (*Suite*).

La nuit était *arrivée* depuis longtemps quand l'équarrisseur
parvint au lieu où il demeurait. Après que lui et ses gens eurent *remisé* leurs chevaux, ils se disposaient à prendre leur
repas du soir ; tout à coup de plaintifs aboiements, *partis* de
la cour, vinrent leur apprendre que le terre-neuve y avait *pé-*
nétré en même temps qu'eux-mêmes. L'animal poussait des
cris si déchirants, que l'équarrisseur, peu accessible à la pitié,
se sentit tout *ému.* « Jacques, dit-il à l'un de ses valets, va
ouvrir la porte de l'écurie au chien qui nous a *accompagnés,*
et observe ce qui arrivera. » Les choses se passèrent comme
l'équarrisseur l'avait *prévu,* en un clin d'œil, le terre-neuve
eut *sauté* au cou de sa vieille compagne, qui fut *accablée* de
caresses. « Ma foi, s'écria l'équarrisseur, se moque de moi
qui voudra, je ne tuerai pas la jument à laquelle ce chien a
témoigné un si vif attachement ; après tout il ne me coûtera
que bien peu de chose pour la nourrir. » Dès que le proprié-

6.

taire de la jument eut *connu* la détermination que cet homme
avait *prise*, il ne voulut pas se montrer moins généreux que lui :
la jument, *rachetée* aussitôt, fut *nourrie* avec beaucoup de soins
jusqu'au jour où elle mourut de sa mort naturelle.

176ᵉ Dictée.

MANIÈRE D'ÉTUDIER LES PLANTES.

Les botanistes modernes commencent tous, dans leurs leçons ou dans leurs livres, par l'anatomie *végétale*. Ils parlent
d'abord des tissus, de leur forme, de leur texture, de la
manière dont ils se sont *formés et développés*, des nombreuses
substances qui y sont *contenues*, et ce n'est qu'après que les
caractères de ces parties microscopiques ont été complétement
étudiés qu'ils passent à l'étude des organes *composés, tels* que
les racines, les tiges, les branches, les feuilles, les fleurs. Cette
marche a toujours *paru* aux professeurs *sensés* extrêmement
défectueuse ; ils l'ont *considérée* comme une des principales
causes pour lesquelles la botanique, qui était *étudiée* presque
par tout le monde à la fin du dernier siècle, est de nos jours
si complétement *délaissée*. En effet, commencer l'étude d'une
science si agréable par des choses dont la plupart n'ont jamais
entendu parler, qui ne peuvent être *montrées* facilement, et sur
la nature desquelles les botanistes sont loin d'être *tombés* d'accord, n'est-ce pas vouloir rebuter les personnes les mieux *disposées*, et leur faire penser que cette science, qu'ils avaient *crue*
si facile, est pleine de mystères et d'incertitude ?

Aussi ces professeurs ont *renoncé* complétement à cette
marche dans les cours qu'ils ont *faits* ; et s'ils ont *réussi* à
inspirer le goût de la botanique à leurs élèves, ils l'ont *dû* à
leur méthode, qui a *consisté* tout simplement à aller du connu
à l'inconnu, en commençant par les organes que tout le monde
a déjà *vus*, comme les racines, les tiges, les branches, les
feuilles, les fleurs, les *définissant* et les *caractérisant* par des
signes précis et scientifiques. Par suite, ils ont *eu* ce triple
avantage de parler d'abord de choses avec lesquelles les personnes *composant* leur auditoire s'étaient déjà *familiarisées*,
qu'on pouvait facilement leur montrer, et sur lesquelles les
botanistes se sont depuis longtemps *accordés*. Cette marche,
c'est d'ailleurs celle qu'a *suivie* l'esprit humain depuis Théo-
phraste jusqu'à nos jours.

(D'après J.-B. PAYEN.)

177e Dictée.

UN ÉPISODE DE LA SAINT-BARTHÉLEMY (1).

La Force, ainsi que plusieurs autres calvinistes, *logeait* au faubourg Saint-Germain. Un maquignon qui lui avait *vendu* dix chevaux huit jours auparavant, s'était *douté* du danger qui le menaçait, l'était *allé* prévenir en passant la rivière à la nage; car on s'était *saisi* de tous les bateaux par ordre de la cour. La Force, ainsi *averti*, était déjà *sorti* de sa maison, et il aurait eu le temps de se sauver; mais, voyant que ses deux jeunes fils ne venaient pas, il retourna les chercher. A peine est-il rentré chez lui que les assassins arrivent, un nommé Martin à leur tête, entrent dans sa chambre, le désarment, ainsi que ses deux enfants, et lui disent, avec des serments affreux, qu'il faut mourir. Une rançon de deux *mille* écus, proposée par La Force, est cependant *acceptée* par le capitaine. La Force jure qu'il l'aura *payée* dans deux jours. Aussitôt les assassins, après avoir tout *pillé* dans la maison, emmenèrent La Force et ses enfants dans l'autre quartier de la ville. Le capitaine Martin enferma les prisonniers dans sa maison, rue des *Petits-Champs*, et fit jurer à La Force que ni lui ni ses enfants ne *sortiraient* pas de là qu'ils n'eussent *payé* les deux mille écus. Puis, les ayant *laissés* sous la garde de deux soldats suisses, il alla chercher d'autres calvinistes à massacrer. Les prisonniers se seraient *échappés* s'ils l'avaient *voulu*; car l'un des deux Suisses leur avait *proposé* de favoriser leur évasion; mais La Force lui avait *répondu* qu'ayant *donné* sa parole, il aimait mieux mourir que d'y manquer. Les deux mille écus, qu'une tante lui avait *trouvés*, allaient être *délivrés* au capitaine Martin, lorsque le comte de Coconas, celui-là même qui depuis eut la tête *coupée*, vint dire à La Force que le duc d'Anjou demandait à lui parler. Aussitôt il fit descendre le père et les enfants *nu*-tête et sans manteau. La Force, qui avait *vu* où on voulait les mener, demanda que ses deux enfants innocents fussent *épargnés*.

178 (Suite).

Cependant les deux enfants sont *conduits* avec leur père au bout de la rue des Petits-Champs; plusieurs coups de poignard sont d'abord *portés* à l'aîné, qui s'écrie : Ah! mon père! ah!

---

(1) Le massacre de la Saint-Barthélemy eut lieu le 24 août 1572.

mon Dieu! je suis *mort!* Dans le même moment, le père tombe *percé* de coups sur le corps de son fils. Le plus jeune, *couvert* de leur sang, mais qui, par un miracle étonnant, n'avait *reçu* aucun coup, eut la prudence de s'écrier aussi : Je suis *mort!* Il se laissa tomber entre son père et son frère, dont il reçut les derniers soupirs. Les meurtriers les *croyant tous morts,* se retirèrent. *Quelques* malheureux étaient ensuite *venus* dépouiller les corps qu'ils avaient *laissés* presque *tout nus.* Il restait un bas de toile au jeune La Force. Un marqueur du jeu de paume du Verdelet voulut avoir ce bas de toile ; en le tirant, il s'amusa à considérer le corps de ce jeune enfant et prononça *quelques* paroles de compassion. Ces paroles ayant *décidé* le petit La Force à lever doucement la tête et à lui dire tout bas : « Je ne suis pas encore *mort,* » cet homme lui répondit : « Ne bougez, mon enfant, ayez patience. » Sur le soir, il le vint chercher et lui jeta sur les épaules un méchant manteau. Comme il l'emmène, quelqu'un des bourreaux lui demande quel est ce jeune garçon. Mais il répond : « C'est mon neveu qui s'est *enivré;* vous voyez comme il est *accommodé;* je m'en vais bien lui donner le fouet. » La Force fut ensuite *conduit, déguisé* en gueux, jusqu'à l'Arsenal, chez le maréchal de Biron, grand-maître de l'artillerie, qui le fit sauver.

Cet enfant est *devenu* plus tard le fameux maréchal de La Force, qui s'est fait une si grande réputation, et qui a *vécu quatre-vingt-quatre* ans. Les Mémoires qu'il a *laissés,* mais qui n'ont point été *imprimés,* contiennent le récit de la tragique aventure qui vient d'être *rapportée.*

(D'après VOLTAIRE.)

179ᵉ Dictée.

SIMPLICITÉ DE CHARLEMAGNE.

Les grands de la cour carlovingienne surpassaient en luxe et en raffinement les Romains du Bas-Empire. Charlemagne qui avait toujours *préféré* aux riches fourrures dont ses courtisans s'étaient *plu* à se vêtir, une simple pelisse de peau de mouton, essayait de rappeler ses fidèles à la simplicité et de conserver intact l'ancien costume des Francs. Il avait *défendu* de payer la meilleure saie double plus de vingt sous et un rochet de première qualité plus de trente sous. Il avait *commandé* de ne mettre en vente que des manteaux de poils de chèvre, très-larges et très-longs, qui avaient *succédé* au petit manteau gaulois; enfin, chaque fois qu'une occasion s'était *présentée*, il n'avait pas *manqué* de combattre les progrès du luxe avec autant d'ardeur qu'il en avait *déployé* pour combattre l'ivrognerie.

En l'année *sept cent quatre-vingt-quatorze*, après la conquête de la Lombardie, il voulut montrer à ses courtisans combien sa simplicité l'emportait sur leur pompeux étalage. Un jour de fête, après qu'ils eurent tous *assisté* à la messe : « Ne nous laissons pas énerver par le repos, dit-il : partons pour la chasse sans nous donner la peine de quitter les habits dont nous sommes *vétus.* » Ce disant, il jette sur son dos sa peau de mouton, et se met à leur tête.

180. SIMPLICITÉ DE CHARLEMAGNE (*Suite*).

Les grands revenaient de Pavie (1), d'où ils avaient *rapporté* des vêtements de soie, des colliers de pierreries, des tuniques faites d'étoffes piquées et de fourrures de loir. C'étaient les Vénitiens qui avaient récemment *initié* l'ancienne capitale des Lombards au luxe de l'Orient, et l'avaient *habituée* à toutes ces superfluités. En cet équipage, après avoir *promené tous* ses grands officiers à travers les bois et les ronces, le roi les ramène *trempés* de pluie, *souillés* de boue et du sang des bêtes fauves, et les retient auprès de lui jusqu'à la fin du jour sans leur permettre de changer. Le lendemain, il leur ordonna de se présenter avec les *mêmes* vêtements, leur montre la peau de mouton propre et intacte, et l'ayant *comparée* avec leurs somptueuses guenilles, qui, en se *recroquevillant* un peu, s'étaient *cassées* comme des broutilles de bois mort : « O les plus fous des hommes, leur dit-il, quel est maintenant le plus précieux et le plus utile de nos habits? sont-ce les miens que je n'ai *achetés* qu'un sou, ou les vôtres, malgré les *quelques* talents qu'ils vous ont *coûtés?* » Et les courtisans, *tout* confus, s'étaient *précipités* la face contre terre, ne pouvant soutenir son formidable courroux.   (D'après Emile DE LA BÉDOLLIÈRE.)

181ᵉ Dictée.

ATTILA.

Il ne faut pas croire que ce soit par modération qu'Attila ait *laissé* subsister les Romains : les mœurs de sa nation, qu'il

(1) Cette ville avait été la capitale des rois lombards, que Charlemagne avait dépossédés de leurs États.

avait *suivies*, le portaient à soumettre les peuples et non pas à les conquérir. Dans sa maison de bois où nous l'a *représenté* l'historien Priscus, ce prince, maître de toutes les nations que l'on a *qualifiées* de barbares, et en *quelque* façon de presque toutes celles qui étaient *policées*, était un des grands monarques dont l'histoire ait *conservé* la mémoire. Sa cour était sans cesse *assiégée* par les ambassadeurs des Romains d'Orient et de ceux d'Occident, *venus* pour recevoir ses lois ou implorer sa clémence. Tantôt il exigeait que les Huns transfuges lui fussent *rendus*; tantôt il voulait que les esclaves romains qui s'étaient *évadés* fussent *remis* entre ses mains; tantôt il demandait qu'on lui livrât les ministres de l'empereur qui lui avaient *déplu*. Les provinces de l'empire d'Orient, qu'il avait *frappées* d'un impôt de *deux mille cent* livres d'or, se voyaient *forcées* de payer chaque année ce tribut exorbitant. Attila, ainsi que ses séides, *était* tellement craint, qu'on n'hésitait pas, dans la capitale de l'empire, à lui faire les présents les plus magnifiques. Attila avait *daigné* recevoir les appointements de général des armées romaines; tous ceux qu'il s'était *proposé* de récompenser, il les envoyait à Constantinople, afin qu'ils fussent *comblés* de biens, et il faisait un trafic continuel de la frayeur des Romains.

(D'après MONTESQUIEU.)

182ᵉ Dictée.

LE SCANDALE.

Malheur aux hommes qui scandalisent! il leur serait plus avantageux d'être *précipités* au fond de la mer que d'être *devenus* une occasion de perte et de scandale au plus petit d'entre les disciples de Jésus-Christ. Malheur à vous tous par qui le scandale arrive! Premièrement, *parce que* vous perdez des âmes qui auraient *joui* de Dieu éternellement. Secondement, *parce que* vous avez *fait* périr ceux de vos frères pour lesquels Jésus-Christ était mort. Troisièmement, *parce que* vous êtes *devenus* les ministres des desseins du démon, pour la perte des âmes. Quatrièmement, *parce que* vous êtes ces hommes de péché, ces Antechrists dont a *parlé* l'Apôtre; car Jésus-Christ a *sauvé* les hommes et vous les *perdez*; les véritables adorateurs que Jésus-Christ a *formés* pour son Père, vous les lui avez *ôtés*; Jésus-Christ nous avait *acquis* par son sang, et vous lui avez *ravi* sa conquête; Jésus-Christ est le pasteur qui vient chercher les brebis qui se sont *égarées*, et vous êtes les loups dévorants qui quez et perdez les ouailles que son Père lui avait *données*. Cinquièmement enfin, *parce que* tous les autres péchés meurent, pour ainsi dire, avec les pécheurs, mais les fruits de leurs scandales seront immortels.

183. LE SCANDALE (*Suite*).

Achaz fut *puni* avec tant de rigueur pour avoir *dérobé* seulement une règle d'or parmi les dépouilles que le Seigneur s'était *consacrées*; mon Dieu! quelle sera donc la punition de ceux qui auront *ravi* à Jésus-Christ une âme qui était sa dépouille précieuse, une âme qu'il avait *rachetée* de tout le sang divin de l'Agneau sans tache! Le veau d'or fut *réduit* en poussière, *parce* qu'à l'occasion de cette image les Israélites avaient *prévariqué*; grand Dieu! et toute la magnificence, toute la splendeur qui *environne* les grands les *mettrait*-elle à couvert de votre colère, dès qu'ils ne sont *élevés* que pour être à votre peuple une occasion de chute et d'idolâtrie? le serpent d'airain lui-même, ce monument sacré des miséricordes que le Seigneur avait *eues* pour Judas, fut *brisé*, *parce* qu'il avait été une occasion de scandale aux tribus; mon Dieu! et les pécheurs, déjà si odieux par leurs propres crimes, seront-ils *épargnés* lorsqu'ils seront *devenus* un piège et une pierre d'achoppement à leurs frères ? (D'après MASSILLON.)

184ᵉ Dictée.

LES PORTUGAIS CHASSÉS DES ILES DE LA SONDE.

Les Portugais (1), ces conquérants qui, à leur arrivée dans les Indes, avaient *pris* un vol hardi et démesuré; qui avaient *parcouru* une carrière immense et *remplie* de précipices avec une rapidité que les obstacles les plus formidables n'avaient point *arrêtée*, qui s'étaient si bien *accoutumés* aux actions héroïques, que les exploits les plus difficiles ne leur avaient bientôt plus *coûté* d'efforts; ces conquérants, *attaqués* par les Hollandais, ne montrèrent aucune des vertus qui avaient *fondé* leur puissance. *Forcés* dans une citadelle, *chassés* d'un royaume, *dispersés* par une défaite, ils auraient *dû* chercher un asile auprès de leurs frères. S'ils s'étaient tous *réunis* sous des drapeaux

---

(1) Les Portugais, sous la conduite d'Albuquerque, avaient soumis une partie de l'Hindoustan; un peu plus tard, il avaient étendu leur domination sur les principales îles de la Malaisie, d'où les Hollandais finirent par les expulser.

jusqu'alors invincibles, peut-être eussent-ils *arrété* les progrès de leurs ennemis et *recouvré* tous leurs établissements. Loin de prendre une résolution si généreuse, ils étaient *allés* mendier un emploi ou *quelque* solde auprès des *mêmes* princes indiens qu'ils avaient si souvent *outragés*.

Ceux qui avaient le plus *contracté* l'habitude de la mollesse et de la lâcheté s'étant *réfugiés* à Timor (1), île pauvre et sans industrie, avaient *pensé* que les ennemis, *occupés* de conquêtes utiles, ne les poursuivraient pas. Mais combien ils s'étaient *trompés!* Ils s'étaient *vu* chasser, en *mil six cent treize,* par les Hollandais de la ville de Kupan, où ces derniers avaient *trouvé* une forteresse qu'ils ont *gardée* depuis avec une garnison de cinquante hommes. Ce n'est pas que les Hollandais aient *gagné* de grosses sommes depuis qu'ils se sont *établis* à Timor, car la recette égalant la dépense, ils n'ont ni *gagné* ni *perdu* dans cette colonie. Il y a longtemps que les Hollandais auraient *abandonné* cette île, s'ils n'avaient *craint* de voir s'y fixer *quelque* nation active qui, de cette position favorable, aurait *entravé* peut-être le commerce des Moluques (2). C'est le même esprit de précaution qui les a *attirés* à Célèbes. Quoi qu'il en soit, ils sont *parvenus* à évincer peu à peu les Portugais de tout l'Archipel, ils se sont *substitués* partout à eux ; ils leur ont *succédé* dans les comptoirs que ces premiers *occupants* avaient *créés*. Ces établissements ont considérablement *prospéré* dans leurs mains ; mais ils eussent *prospéré* bien d'avantage si les mesures restrictives de la Compagnie hollandaise des Indes n'eussent *géné* leur développement.

(D'après RAYNAL.)

185ᵉ Dictée.

LE MONDE N'EST POINT L'EFFET DU HASARD.

Un voyageur *entrant* dans le Saïd, qui est le pays de l'ancienne Thèbes aux cent portes (3), et qui est maintenant désert, y trouverait des colonnes, des pyramides, des obélisques, avec des inscriptions en caractères hiéroglyphiques (4). Dirait-il aussitôt : « Les hommes n'ont jamais *habité* ces lieux ; aucune main

---

(1) *Timor*, îles du groupe Sumbava. — Florès. — Timor. Les Portugais y ont encore aujourd'hui un comptoir.

(2) L'archipel des Moluques, dans la Malaisie, et près des îles de la Sonde, comprend les îles de Gilolo, Ternate, Amboine, etc., où l'on cultive les muscades et le girofle.

(3) En Égypte.

(4) Les hiéroglyphes ont été déchiffrés d'abord par Champollion.

d'homme n'a *travaillé* ici ; c'est le hasard qui a *formé* ces colonnes, qui les a *posées* sur leurs piédestaux, et qui les a *couronnées* de leurs chapiteaux avec des proportions si justes ; les morceaux dont les pyramides sont *composées*, c'est le hasard qui les a *liés* solidement entre eux ; ces obélisques (1) monolithes (2), c'est le hasard qui les a *taillés* et qui y a *gravé* tous ces caractères ? » Ne dirait-il pas, au contraire, avec toute la certitude dont l'esprit de l'homme est capable : « Ces magnifiqus débris, qu'ont *admirés* les générations, qui se sont *succédé* depuis dix-huit siècles, sont les restes d'une architecture majestueuse qui a *fleuri* autrefois dans l'ancienne Egypte ? »

Voilà ce que la simple raison fait dire au premier coup d'œil, et sans avoir besoin de raisonner. Il en est de *même* du premier coup d'œil jeté sur l'univers. On peut s'embrouiller soi-même après coup par de vains raisonnements pour obscurcir ce qu'il y a de plus clair, mais le simple coup d'œil est décisif. Un ouvrage tel que le monde ne se fait jamais de lui-*même* : les os, les tendons, les veines, les nerfs, les muscles, dont sont *composés* nos corps ont plus d'art et de proportions que l'architecture *tout* entière des anciens Grecs et Egyptiens. Les yeux des moindres animaux, *quelque* imparfaits que paraissent ceux-ci, ont toujours *surpassé* la mécanique de *tous* les artisans ensemble. Les voyageurs qui auraient *trouvé* une montre dans les sables d'Afrique n'oseraient pas dire sérieusement que le hasard l'a *formée* dans ces lieux déserts, et on n'a point de honte de dire que les corps des animaux, à l'art desquels nulle montre ne peut être *comparée*, sont des caprices du hasard !   (D'après FÉNELON.)

PARTICIPES PASSÉS, QUELQUE, TOUT, MÊME, PARCE QUE, QUOIQUE.

186ᵉ Dictée.

LE CHANVRE.

Quoique vous ne vous en doutiez peut-être pas, le chanvre est de la même famille que les orties ; c'est une plante annuelle et dioïque. *Quelle que* soit l'origine grecque de ce dernier mot, il est bon que vous sachiez ce qu'il signifie, *parce qu*'on le rencontre presque à chaque page dans les ouvrages de botanique. Il veut

(1) Sortes de pyramides en forme d'aiguille.
(2) *Monolithe* signifie *d'une seule pierre.*

dire que le chanvre ou *toute* autre plante qui lui ressemble sous
ce rapport, *possède* deux sortes de fleurs différentes; des fleurs
mâles et des fleurs femelles ; que, de plus, ces deux espèces de
fleurs sont *produites* par des pieds différents. En conséquence,
il y a des pieds de chanvre mâles et des pieds de chanvre femelles. Les savants se sont *assurés* que le chanvre est originaire
de l'Inde. Cette plante textile, que les hommes ont *cultivée* dès
la plus haute antiquité, est une des plus utiles que la Providence
leur ait *données*. La filasse extraite de ses tiges, *quoique* un peu
grossière, offre une telle solidité, qu'elle ne pourrait être *remplacée* par aucune autre, *même* pour la fabrication des cordages
et des cordes à voiles. *Quelle que* soit l'énorme quantité de
chanvre *employée* à cette fabrication, elle n'est rien en comparaison de celle qui entre dans la confection des toiles *destinées*
aux usages domestiques.

187. LE CHANVRE (*Suite*).

Les graines du chanvre sont *connues* sous le nom de chènevis.
On en retire une huile douce, agréable au goût, propre à la peinture, à l'éclairage, à la fabrication du savon et *même* encore à
beaucoup d'autres usages. Le chanvre est donc une plante oléa-
gineuse en même temps qu'une plante textile. Dans les *basses-
cours*, le chènevis est *employé* pour nourrir les oiseaux, *parce*
qu'il rend leur ponte plus hâtive et plus abondante.

Le chanvre, *quelle que* soit sa rusticité apparente, est *exposé*
à des accidents de diverses natures. Les vers blancs sont *comptés*
au nombre de ses ennemis, *même* au nombre des plus redoutables. Puis viennent les vents violents qui brisent les tiges ou
tout au moins les fatiguent et les durcissent. Mais quels ne sont
pas les ravages *occasionnés* quelquefois par la grêle dans les
chènevières! *Quand*, à raison de leur volume et de leur poids,
les grêlons couvrent les pieds de chanvre de meurtrissures, il en
résulte des cicatrices d'autant plus préjudiciables, que la conti-
nuité de la filasse en est *interrompue*. Une chènevière sur laquelle la grêle s'est *abattue*, est *considérée* comme complétement
perdue. Deux plantes parasites font aussi beaucoup de tort au
chanvre. La première est la cuscute; *quand* une fois on l'a *vue*
s'enrouler autour de *quelques* pieds, on peut être *assuré* qu'elle
étendra bientôt ses ravages sur la chènevière *tout* entière; car
elle est pourvue de trois moyens de reproduction : elle peut se
multiplier, soit par ses graines, soit par d'innombrables petits

filaments qui se développent sur la tige, soit par de petits tubercules *naissant* et s'*organisant* au pied de cette même tige.

188. LE CHANVRE (*Suite*).

On voit, *par ce que* nous venons de dire, combien il doit être difficile de détruire la cuscute. Parmi les procédés que l'on a *employés* pour y réussir, il en est bien peu qui *méritent* d'être *préconisés*. Celui du feu a *paru* jusqu'à présent le plus efficace, et il a *donné* de bons résultats partout où les cultivateurs l'ont bien *exécuté*. Voici comment on opère : on coupe les plantes *attaquées* le plus près possible de terre ; le produit de cette coupe et les fragments de cuscute que l'on a soigneusement *ramassés* sont *renfermés* dans un sac, et on va les brûler au loin. Puis sur la place que l'on a ainsi *coupée* et bien *nettoyée*, on répand de la paille ou d'autres matières combustibles, auxquelles il ne reste plus qu'à mettre le feu.

La seconde plante qui vit aux dépens du chanvre est l'orobanche rameuse. *Quant* à cette seconde plante ennemie, on s'en débarrasse en coupant ses tiges rez-terre avant que ses fleurs ne soient *épanouies*.

PLUTOT, PLUS TOT.

131ᵉ Dictée.

LE CLIMAT DU NORD-EST DE LA FRANCE.

Toutes les personnes qui se sont *occupées* de l'étude des climats ont *considéré* le climat du nord-est de la France, qu'elles ont *appelé* climat vosgien (1), comme essentiellement continental. Cela veut dire que la température y est excessive, qu'elle est froide en hiver et relativement chaude en été. *Quoi qu'il* en soit de ce contraste, la température moyenne annuelle y est cependant plus basse que dans les autres climats français. A diverses reprises, *quoique* le fait ne soit pas fréquent, des observateurs exacts ont vu le thermomètre (2) marquer, dans les journées les plus chaudes de l'été, trente-six degrés, voire même trente-sept, à Nancy, Verdun et Epinal. Par compensation, des froids de

---

(1) Le climat du Nord-Est de la France a été appelé *Vosgien*, à cause du voisinage des Vosges.

(2) Le *thermomètre*, instrument de physique qui sert à mesurer la température.

vingt-cinq à *vingt-sept* degrés ont été, de loin en loin, *constatés* en hiver. Les deux vents *dominants* de cette région sont le vent du sud-ouest et celui du nord-est, le premier *amenant* la pluie, le second *rétablissant* la sérénité du ciel. Ces deux vents se sont *partagé* l'année en deux parts sensiblement égales. C'est à la prédominance *marquée* du vent du nord-est en hiver que sont *dus* les froids rigoureux que le climat vosgien a souvent *éprouvés* pendant cette saison.

Quoique le climat du nord-est soit très-favorable aux cultures du nord de la France, *qu'elles* qu'elles soient, cependant il est de tous nos climats celui dans lequel les arbres exotiques (1) se sont toujours *naturalisés* le plus difficilement. Ceux qui y ont le mieux *réussi* sont des arbres à feuilles caduques (2) et provenant de climats similaires (3), tels que ceux de la Chine et du Canada. Tous les arbres qui, sans redouter des froids de douze à quinze degrés, exigent, pour parfaire leur végétation, des étés chauds, secs et prolongés, n'y ont jamais *mûri* qu'imparfaitement leurs graines. *Quant* aux arbres et arbustes des pays tempérés du midi de l'Europe, ils veulent y être *abrités* en orangerie ou en serre (4). La totalité des légumes et des fruits du Midi, aussi bien que la majorité des végétaux d'ornement *demi*-rustiques, ne saurait être cultivée qu'à l'aide de couches, de châssis *vitrés* et des autres appareils *destinés* à produire de la chaleur artificielle.

190ᵉ Dictée.

LE CLIMAT DU NORD-OUEST DE LA FRANCE.

Ce climat embrasse *toute* la région *arrosée* par les fleuves tributaires de la Manche (5). A cause de la Seine, qui est le principal de ces cours d'eau, on l'a quelquefois *désigné* sous le nom de *climat séquanien* (6). Il est éminemment maritime. *Eu* égard à sa latitude (7), il est d'une grande douceur relative : étés faiblement ou moyennement chauds; froids *modérés* en hiver.

---

(1) *Exotiques* qui appartient à un pays étranger.
(2) *Feuilles caduques*, qui tombent tous les ans.
(3) *Similaires*, semblables.
(4) *Serre*, construction vitrée où l'on met les plantes pour les protéger contre le froid ; les orangeries sont des espèces de serres réservées spécialement pour les orangers.
(5) Les principaux fleuves tributaires de la Manche, c'est-à-dire qui se jettent dans cette mer, sont : la Rance, la Vire, l'Orne, la Touques, la Seine, l'Arques, la Bresle, la Somme, l'Authie et la Canche.
(6) *Séquanien* vient de *Sequana*, Seine.
(7) La *latitude* d'un lieu est mesurée par la distance de ce lieu à l'Équateur.

Quoique le thermomètre ne descende guère au-dessous ae dix à douze degrés, on cite des cas exceptionnels où la température s'est *abaissée* jusqu'à dix-huit et même jusqu'à *vingt* degrés. *Quant* aux *maxima* (1) de chaleur, on les a *vus* atteindre exceptionnellement trente-cinq à trente-six degrés. Le climat séquanien, *vu* son étendue, n'offre pas l'homogénéité (2) du climat vosgien : dans sa moitié orientale, il participe déjà aux caractères de ce dernier. *Quand*, au contraire, on se *rapproche* de l'Océan, le caractère maritime devient prédominant. C'est à cette circonstance qu'est *due* la douceur proverbiale des hivers de Cherbourg. La côte septentrionale de la presqu'île armoricaine (3), la côte de la Cornouaille anglaise, les côtes du comté de Dorset et du Devonshire, les côtes *même* de l'île de Wight, ne jouissent pas sans doute d'une température hivernale inférieure à celle de Cherbourg. *Quant* aux étés du littoral, ils sont moins chauds qu'à Paris, *quoique* le printemps et l'automne y *soient* plus doux. Dans tout le climat séquanien, on ne compte chaque année que fort peu de jours *éclairés* par un soleil brillant.

191. LE CLIMAT DU NORD-OUEST (*Suite*).

De ce *déficit* de lumière il résulte que beaucoup de végétaux exotiques n'y peuvent pas fleurir, et que d'autres n'y peuvent mûrir leurs fruits. Certaines cultures d'agrément *tentées* depuis plus ou moins de temps y ont *réussi* à souhait. Il est peu de personnes, *même* étrangères aux préoccupations de la villégiature, qui n'*aient entendu* parler de ces belles nappes de gazon qui sont un des caractères *saillants* de l'horticulture anglaise. Paris, comme toute la moitié orientale du climat séquanien, ne *possède* pas toujours une température suffisante pour la culture des arbustes exotiques à feuilles persistantes ; mais cette culture devient d'autant plus certaine qu'on s'avance davantage vers l'ouest. A Angers et à Nantes, où à une température plus élevée s'*ajoute* une humidité atmosphérique plus grande, ces végétaux toujours verts constituent l'ornement habituel des jardins. Sur le bord de la mer, où les hivers sont exceptionnellement doux, la culture d'agrément s'étend à un grand nombre de plantes méridionales qui ne peuvent être cultivées à Paris qu'en orangerie. Tels sont

---

(1) On appelle *maximum* la plus grande valeur que puisse acquérir une chose susceptible d'augmenter et de diminuer. Le pluriel de ce mot est *maxima*. Il est comme le singulier, emprunté au latin.

(2) L'uniformité.

(3) *La presqu'île armoricaine*, la Bretagne.

le myrte, le lentisque, les cistes, l'arbousier d'Orient, les bambous, le phormium de la Nouvelle-Zélande, enfin une multitude de végétaux herbacés ou sous-frutescents (1), *demi*-rustiques, et *même quelques* palmiers des plus humbles.

(D'après l'ouvrage intitulé Patria.)

192e Dictée.

PROPAGATION DE L'ÉVANGILE.

Regardez ces peuples barbares qui firent tomber l'empire romain. Dieu les a multipliés et *tenus* comme en réserve sous un ciel *glacé*, pour punir Rome païenne et *enivrée* du sang des martyrs : il leur a *lâché* la bride, et la surface de la terre en a été *inondée;* mais en renversant cet empire, ils se sont soumis à celui du Sauveur : tout ensemble ministres des vengeances et objets des miséricordes, sans le savoir, ils sont *menés* comme par la main au-devant de l'Evangile; c'est d'eux qu'on peut dire qu'ils ont *trouvé* le Dieu qu'ils ne cherchaient pas.

Combien voyons-nous encore de peuples que l'Eglise a *enfantés* à Jésus-Christ depuis l'an *huit cent*, dans ces temps *même* les plus malheureux *où ses* enfants *révoltés* contre elle n'ont point *rougi* de lui reprocher qu'elle a été stérile et *répudiée* par son Epoux! Mais qu'avons-nous *vu* depuis deux siècles? Un nouveau monde *inconnu* à l'ancien et plus grand que lui nous a *apparu* tout à coup. Gardez-vous bien de croire qu'une si précieuse découverte ne soit *due* qu'à l'audace des hommes. L'homme s'agite, mais Dieu le mène. La foi plantée dans l'Amérique parmi tant d'*orages* n'a pas *cessé* d'y porter des fruits.

193. PROPAGATION DE L'ÉVANGILE (*Suite*).

Que *reste-t-il?* Peuples des extrémités de l'Orient, votre heure est *venue.* Ni les sables brûlants, ni les déserts, ni les montagnes, ni la distance des lieux, ni les tempêtes, ni les écueils de tant de mers, ni l'intempérie de l'air, ni le milieu fatal de la ligne *où* l'on découvre un ciel nouveau, ni les flottes ennemies, ni les côtes barbares n'ont *arrêté* les envoyés de Dieu. Que les îles *inconnues* les reçoivent, que le Midi, que l'Orient les *attendent!* Qu'on les regarde en silence venir de loin! Qu'ils sont

---

(1) *Sous-frutescent*, qui a presque la consistance, la dureté du bois.

beaux les pieds de ces hommes *venus* du haut des montagnes, *apportant* la paix, *annonçant* les biens éternels, *préchant* le salut, et *disant* : « O Sion, ton Dieu régnera sur toi ! » Les voici, ces nouveaux *conquérants* qui viennent sans armes, la croix du Sauveur *exceptée !* Ils viennent à vous sans être *attirés* par aucun motif ni de commerce, ni d'ambition, ni de curiosité ; sans vous avoir jamais *vus*, sans savoir même où vous êtes, ils viennent pour vous faire part de la vie éternelle qu'ils ont *découverte.* Nations *ensevelies* dans l'ombre de la mort, quelle lumière sur vos têtes !   (D'après FÉNELON.)

194ᵉ Dictée.

ÉTONNEMENT DES PEUPLES DU NOUVEAU MONDE A L'ARRIVÉE DES EUROPÉENS.

Remettez-vous dans l'esprit l'état *où* était l'Amérique avant qu'elle *eût* été découverte par Christophe Colomb (1). Les habitants avaient toujours *vécu*, ils vivaient encore dans une ignorance extrême. Ils allaient *nus*, ils n'avaient point d'autres armes que l'*arc ;* ils n'avaient jamais *conçu* que des hommes pussent être *portés* par des animaux (2). Ils regardaient la mer comme un grand espace *défendu* aux hommes, qui se joignait au ciel, et au delà duquel il n'y avait rien. Il est vrai qu'après avoir *passé* des années entières à creuser le tronc d'un gros arbre avec des pierres tranchantes, ils se mettaient sur la mer dans ce tronc, et allaient terre à terre, portés par le vent et par les flots. Comme ces vaisseaux de leur fabrique étaient sujets à être souvent *renversés*, il fallait qu'ils se *missent* aussitôt à la nage pour les rattraper. Qui leur *eût* dit qu'il y avait une sorte de navigation incomparablement plus parfaite ; qu'on pouvait traverser cette étendue infinie d'eau de *tel* côté et de *tel* sens que l'on voulait, qu'on s'y pouvait arrêter sans mouvement au milieu des flots *émus ;* qu'enfin cette mer, *quelque* vaste qu'elle *fût*, n'était point un obstacle à la communication des peuples, *pourvu* seulement qu'il y *eût* des peuples au delà : vous pouvez compter qu'ils ne l'eussent jamais *cru*.

Cependant voilà un beau jour le plus étrange et le moins *attendu* des spectacles qui se *présente* à eux : de grands corps énormes, *paraissant* avoir des ailes blanches, *volant* sur la mer,

(1) Cette découverte date de 1492.
(2) Le cheval était un animal étranger au Nouveau-Monde.

vomissant le feu de toutes parts, viennent jeter sur le rivage des gens *inconnus, tout écaillés* de fer (1), disposant comme ils veulent des monstres qui courent sous eux (2) et tenant en leurs mains des foudres dont ils terrassent *tout* ce qui leur résiste. D'*où* sont-ils *venus?* Qui les a amenés par-dessus les mers? Qui a mis le feu en leur disposition? Sont-ce les enfants du soleil? Car assurément ce ne sont pas des hommes.

(D'après FONTENELLE.)

PARTICIPE PASSÉ.

195ᵉ Dictée.

LE CAFÉ.

Que de fois n'avez-vous pas *entendu* vanter les propriétés du café! Elles vous sont trop *connues* pour que nous *essayions* de les rappeler ici longuement. Nous dirons seulement que le café provient d'un arbrisseau à feuilles lisses et toujours vertes. Ce fruit est *composé* de deux baies rouges dans chacune desquelles se trouve *contenue* une graine. Ces graines, après qu'on les a *dépouillées* de leur enveloppe, *torréfiées* et *pulvérisées*, sont *employées* pour préparer la liqueur *désignée* par tout le monde sous le nom de café. Cette liqueur, ainsi que bien des gens l'ont *mille* fois *constaté*, favorise la digestion et active les fonctions du cerveau. *Quoique* certaines personnes se soient *laissées* aller au scepticisme le plus complet par rapport à cette influence spéciale du café sur nos facultés intellectuelles, elle ne saurait être *niée* sans aveuglement; cependant nous devons convenir qu'on l'a parfois beaucoup *exagérée*, et nous n'hésiterons pas à déclarer que l'habitude l'a souvent *rendue* presque insensible.

La découverte des vertus du café est *restée enveloppée* d'une obscurité dont les Orientaux ont *profité* pour donner carrière à leur ardente imagination. De là sont *nées* bien des traditions diverses, qui nous ont *paru*, à nous peuples de l'Occident, entièrement *dénuées* de vraisemblance. Selon les uns, des chèvres qui auraient *brouté* des jeunes feuilles de caféier auraient *passé* la nuit à cabrioler et auraient *révélé* de la sorte les propriétés de l'arbuste au berger qui les gardait. Selon une autre légende, le supérieur d'un couvent de maronites aurait *mangé* par ha-

---

(1) Allusion aux armures des Européens.
(2) C'est-à-dire des vaisseaux.

sard des graines de caféier et n'en aurait pas *dormi* la nuit suivante ; de là lui serait *venue* l'idée de faire prendre du café à ses religieux, qu'il avait *vus* sommeiller plus d'une fois pendant les matines.

196. LE CAFÉ (*Suite*).

Les mahométans, au contraire, ont toujours *revendiqué* pour les *vrais croyants*, ainsi qu'ils s'appellent, l'honneur d'avoir les premiers *reconnu* les propriétés de la graine du café. D'après eux, ce serait un mollah ou religieux *nommé* Chadelly qui aurait *usé* le premier de cette infusion, afin de prolonger ses prières nocturnes ; les derviches arabes l'auraient *imité*, et leur exemple aurait *entraîné* les gens de loi, à l'habitude desquels se serait peu à peu *conformée* toute la population.

Ces opinions sont *battues* en brèche par l'examen attentif des faits ; car il est *prouvé*, dit Raynal, que les caféiers sont originaires de la haute Ethiopie, où on les a *connus* de temps immémorial, et où ils sont encore cultivés avec succès. Les graines y sont plus grosses, un peu plus longues, moins vertes et presque aussi *parfumées* que celles que l'on a *commencé* à recueillir en Arabie vers la fin du quinzième siècle. Nul doute que ces dernières ne provinssent de *plants* qu'on avait *importés* d'Ethiopie ; nul doute encore que les Ethiopiens n'aient *enseigné* aux Arabes les propriétés du café et ne leur aient *transmis* l'usage de cette boisson.

197. LE CAFÉ (*Suite*).

Quoi qu'il en soit, la connaissance du café s'étant *répandue* très-promptement, à dater de cette époque cette liqueur fut bientôt *usitée* dans tout l'Orient, en Syrie, en Arabie, en Égypte, en Turquie, en Perse, dans l'Inde, et jusqu'à Ceylan et à Java. Il n'en fut pas de même en Europe, *quoique* Prosper Alpin (1) ait donné, dès *quinze cent quatre-vingt-onze*, la description du caféier. Ce fut à Venise, en *seize cent quinze*, que les Européens burent du café pour la première fois ; puis cette boisson fut *introduite* à Marseille en *seize cent cinquante-quatre*. Chose singulière, et dont nous avons lieu d'être *étonnés*, le café ne fit son apparition à Paris qu'en *seize cent soixante-sept*. Cette denrée n'y fut pas *apportée* de Marseille, mais directement de l'Orient par le voyageur Thévenot. Deux années plus tard, quelques courtisans ayant *goûté* la nouvelle boisson chez Soliman-Aga,

(1) Botaniste du temps de la Renaissance.

ambassadeur de Mahomet IV à Paris, l'avaient *trouvée* excellente. L'Arménien Pascal, l'une des personnes qui avaient *suivi* ce diplomate, ouvrit à la même époque, à Paris, le premier café public. Cette tentative n'ayant pas *réussi*, Pascal fut *obligé* de transporter à Londres son établissement. Là, le succès fut prodigieux, et en *seize cent quatre-vingt-huit* les cafés s'étaient tellement *multipliés* dans la capitale de l'Angleterre, qu'au rapport du botaniste Ray, il y en avait autant qu'au Caire même. Cependant, en France, il s'en fallait de beaucoup que la graine de Moka fût aussi favorablement *appréciée*, lorsqu'une circonstance *vint* donner à l'usage du café un très-grand développement. Cette boisson venait d'être *anathématisée* par les médecins; ils l'avaient *dénoncée* à l'opinion publique comme extrêmement dangereuse pour la santé, et ils n'avaient pas *hésité* à déclarer qu'elle n'était rien autre chose qu'un poison lent. Dès qu'elle *fût* défendue, tout le monde voulut en prendre, et bientôt Paris n'eut rien à envier à Constantinople relativement au nombre des cafés que l'une et l'autre de ces deux villes *avaient vus* s'ouvrir dans leurs murs.

198. LE CAFÉ. (*Suite*).

Du reste, une cause à peu près semblable avait *contribué* à vulgariser l'usage du café dans la capitale de l'empire turc. Au milieu du XVIIe siècle, le grand-visir (1) *Kuproli* s'était *avisé* de pénétrer sous un déguisement dans les principaux cafés de Constantinople. La foule de gens mécontents qu'il y avait *trouvés* était énorme. Tous étaient *persuadés* que les affaires de l'Etat étaient *confiées* à des mains inhabiles, et Kuproli put voir avec quelle vivacité et quelle hardiesse la conduite des généraux et des ministres était *censurée*. Passant de là dans les tavernes où l'on vendait du vin, il les trouva *remplies* de gens du commun et de soldats qui semblaient s'être *enivrés* sans avoir *songé* le moins du monde à blâmer le gouvernement. En conséquence le vizir décida que les tavernes seraient *tolérées*, mais il fit fermer les lieux *où* l'autre liqueur était *débitée*, et fit déclarer par le muphti que cette dernière était *classée* parmi les boissons alcooliques, dont la loi de Mahomet défend l'usage à ses sectateurs. C'en fut assez pour que la plupart des habitants de Constantinople *s'empressassent* de l'adopter.

---

(1) Le *grand-visir* est le premier ministre de l'empire turc ; on écrit aussi *vizir*.

199. LE CAFÉ (*Suite*).

Pendant longtemps, l'Arabie fut le seul pays où les caféiers fussent *cultivés* et par conséquent le seul d'où ces graines fussent *importées* en Europe. Cependant les Hollandais avaient enfin *pensé* à introduire dans leurs colonies de Batavia la culture du café et elle y avait parfaitement *réussi*. C'est de là *qu*'ils avaient *envoyé* quelques plants pour leur jardin botanique d'Amsterdam. Sous le règne de Louis XIV, un de ces précieux arbustes ayant été *transporté* de Hollande au Jardin du Roi à Paris, on parvint à les multiplier dans les serres chaudes, mais simplement comme objet de curiosité. Trois de ces pieds furent *confiés* au capitaine Declieux pour qu'il les *transportât* à la Martinique; on espérait qu'ils s'y *multiplieraient* et que nos colonies seraient *enrichies* de cette nouvelle culture. La traversée fut périlleuse et longue ; les passagers furent *forcés* de ménager l'eau. L'équipage, les officiers *même* se virent *réduits* à la *demi*-ration. Néanmoins Declieux, comme s'il *eût* prévu les immenses résultats de la mission dont on l'avait *chargé*, aima mieux se priver d'eau que d'en laisser manquer ses caféiers. Toutefois, malgré les soins qui leur furent *prodigués*, deux des trois pieds périrent en route, et l'on n'arriva qu'avec un seul caféier. C'est de cet unique pied que sont *sorties* les vastes plantations dont sont *couvertes* aujourd'hui les îles Antilles (1) et les contrées chaudes du Nouveau Monde. La culture du café prospéra si vite dans nos colonies que, dès *dix-sept cent soixante-seize*, la quantité de cette marchandise *exportée* en France par la seule partie française de Saint-Domingue était déjà *évaluée* à trente-trois millions de livres.

200ᵉ Dictée.

UNE VISITE DE COLBERT AU JARDIN DES PLANTES.

Que d'efforts héroïques n'a-t-il pas *fallu* faire pour que le jardin des Plantes de Paris *parvînt* au degré de prospérité où il est *arrivé* de nos jours ! Que de travaux les savants français n'ont-ils pas *exécutés* dans ce but ! Que de sacrifices ne se sont-ils pas *imposés !* que de peines ne se sont-ils pas *données* pour rassembler, de toutes les parties du globe, tant de curieux échantillons des objets les plus merveilleux dans les trois règnes de la

(1) Îles situées à l'entrée du golfe du Mexique.

nature ! Créé sous Louis XIII par l'honnête Guy de la Brosse, médecin du roi, cette magnifique école que nous nommons le *Muséum* et que l'on a d'abord *appelée* le Jardin du Roi, fut considérablement *agrandie* et *enrichie* par M. Fagon, petit-neveu du fondateur et médecin de Louis XIV. Fagon, *quoi qu'*on ait pu dire relativement à certains de ses actes, et *quoique* plusieurs de ses contemporains se soient *plu* à l'accabler de leurs critiques, n'en a pas moins bien *mérité* de la France et de la science. Avec quelle habileté ne savait-il pas découvrir les hommes de talent *inconnus!* Et quelle belle pléiade (1) d'hommes de génie n'avons nous pas *vue* briller alors, grâce à lui, dans les fastes scientifiques de notre pays! Les *Tournefort*, les *Vaillant*, les *Jussieu*, n'est-ce pas lui qui les avait *devinés* et qui les avait *appelés* à occuper les chaires du Jardin des Plantes?

204. UNE VISITE DE COLBERT AU JARDIN DES PLANTES (*Suite*).

De combien de beaux jours les naturalistes n'ont-ils pas *joui* sous son administration! Hélas! de quels jours affreux, au contraire, cette magnifique période ne fut-elle pas *suivie!* Après Fagon vint l'infâme Chirac, qui avait *prétendu* accoutumer la petite vérole à la saignée et qui voulait aussi, paraît-il, y habituer le jardin. C'est en vain que les *Jussieu* avaient *essayé* de soutenir l'établissement de leurs deniers : Chirac détournait tout à son profit. Dans les terrains *destinés* aux cultures botaniques, une vigne avait été *plantée*, dont le surintendant s'était proposé de recueillir les fruits. Un jour Colbert, qui peut-être avait bien *eu* vent de quelque chose, vint tout à coup visiter le jardin. Son âme est indignée à la vue d'abus aussi effrontés ; il ordonne que la vigne soit *détruite* sur-le-champ. Puis, après qu'il a *réfléchi* *quelques* minutes, il se fait apporter une pioche, et avec une véhémence *toute* patriotique il se met à arracher lui-même cette malencontreuse vigne que Chirac a *plantée*. Il ne se retire qu'après avoir *laissé* entièrement *achevée* la tâche qu'il s'est *imposée*. Cette aventure fit du bruit; un botaniste anglais, Salisbury, l'ayant *entendu* raconter, fut si *charmé* de l'acte de vigueur du grand ministre, qu'il en consigna le récit dans l'un de ses ouvrages, et que pour acquitter la dette de la science envers un protecteur si zélé, il nomma *Colbertia* une des plantes *inscrites* dans son catalogue.

---

(1) Réunion ; allusion à une constellation d'étoiles qui paraissent très-rapprochées les unes des autres.

202ᵉ Dictée.

LES PATURAGES.

Une des questions que les agriculteurs ont le plus fréquemment *agitées*, c'est de savoir s'il vaut mieux que les herbes des prairies soient *fauchées* et *converties* en foin *plutôt* que d'être *livrées* aux bestiaux à titre de pâturages. Ce dernier mode d'exploitation est celui que les agronomes se sont tous *complu* à recommander : leur préférence semble *justifiée* par les raisons qu'ils ont *données* dans leurs ouvrages. En effet, que de fois n'a-t-on pas *constaté* que, dans la plupart des plantes fourragères, le premier décimètre de longueur pousse plus vite que le second, celui-ci plus vite que le troisième et ainsi de suite. Si donc la plante est *coupée* chaque fois qu'elle a *atteint* un décimètre de hauteur, et si toutes ces coupes sont *additionnées*, on arrivera à une longueur totale de beaucoup supérieure à celle à laquelle serait *parvenue* la même plante si on l'avait *abandonnée* à sa végétation naturelle. Or, toute l'herbe que les bestiaux ont *broutée* à diverses reprises se trouve évidemment dans les mêmes conditions que celles d'une prairie où les coupes se seraient rapidement *succédé*.

203. LES PATURAGES. (*Suite*).

Dans les pâturages que l'on a nouvellement *créés*, la dépaissance peut commencer dès l'année qui suit celle où ils ont été *ensemencés*. Quant à l'époque à laquelle les bestiaux peuvent être *lâchés* dans les prairies, la nature s'est, pour ainsi dire, *chargée* de l'indiquer elle-même par les floraisons du trèfle rouge dont, sous le climat de Paris, les fleurs sont habituellement *épanouies* vers la mi-mai. Depuis le moment où on les a *introduits* dans les pâturages jusqu'à l'entrée de l'hiver, les bestiaux ne doivent pas y être *laissés* d'une manière continue : après qu'ils y ont *séjourné* un certain laps de temps, il convient de les retirer momentanément, sauf à les y remettre lorsque l'herbe a *crû* de nouveau de dix à vingt-cinq centimètres. Les agronomes ont *calculé*, que, pour le climat de Paris, l'intervalle *établi* entre chaque dépaissance pouvait être d'un mois environ.

204. LES PATURAGES (*Suite*).

Quant à la richesse d'un pâturage, elle doit être *estimée* d'après, le nombre, la taille et la nature des bestiaux qui y sont *nourris*. Les pâturages qui, de temps immémorial, ont servi à l'engraissement des bœufs et des vaches, sont les plus riches de tous. Les plus célèbres sont ceux du pays d'Auge et de quelques autres localités *situées* dans le département du Calvados. Les herbages un peu moins riches, tels que ceux dont sont *entrecoupées* les campagnes du pays de Bray sont *affectés* à la nourriture des vaches laitières. C'est aux chèvres et aux moutons que les cultivateurs ont *réservé* les pâturages de qualité inférieure, *attendu* que les facultés productives d'une prairie doivent toujours être *proportionnées* à la taille des animaux que l'on y fait paître. Enfin les herbages marécageux sont *dévolus* aux porcs et aux oies. Ces espèces auraient trop *nui* si on les avait *laissées* s'introduire librement dans les autres pâturages.

*Quoi qu'*il en soit, il est souvent nécessaire que des animaux de nature différente paissent successivement le même herbage. Si les cultivateurs ne s'étaient pas *avisés* d'adopter cette disposition, certaines plantes, *dédaignées* par l'espèce d'animal à laquelle le pâturage aurait été *abandonné*, n'auraient pas *tardé* à se multiplier tellement qu'à la fin elles auraient *envahi* tout l'espace. Au contraire, si l'on fait heureusement brouter la prairie par plusieurs sortes de bestiaux, les herbes que les uns ont *délaissées* sont *mangées* avidement par les autres, et l'on a ainsi *utilisé* d'une manière bien plus complète tous les produits du pâturage.   (D'après GIRARDIN et DU BREUIL.)

205ᵉ Dictée.

LES GAULOIS.

Les Gaulois, *nés* surtout pour les entreprises du champ de bataille, possédaient pourtant un esprit ingénieux et actif, propre à tout comprendre et à tout faire. Ils n'avaient pas *tardé* à égaler leurs maîtres, Phéniciens et Grecs, dans l'art d'exploiter les mines de la Gaule ; ils avaient *imaginé* de travailler ces mines à leur profit. Ils s'étaient *adonnés* sur-le-champ à ce travail, dans lequel ils avaient parfaitement *réussi*. Bientôt ils purent vendre aux marchands étrangers les métaux qu'ils avaient *purifiés*, *tout prêts* pour la fabrication. En même temps ils s'étaient *appliqués* à imiter ces armes et ces ornements qu'on avait *fabriqués* à l'étranger avec leurs propres métaux, et qu'on leur avait ensuite *revendus* fort *cher*. Des fabriques s'étaient *élevées* chez les Bituriges (1) pour le fer, et chez les Eduens pour l'or et l'argent.

---

(1) Les *Bituriges* habitaient les environs de *Bourges* ; les *Éduens*, ceux d'*Autun*.

206. LES GAULOIS (Suite).

La même supériorité que les Espagnols avaient *acquise* pour la trempe de l'acier, les Gaulois y étaient *parvenus* pour la trempe du cuivre. Si leurs médailles, par la rudesse de la fabrication et la barbarie du *dessin*, témoignent du peu de progrès qu'ils avaient *fait* dans l'art de battre monnaie, on ne peut nier du moins que d'imporantes découvertes n'eussent déjà *révélé* en eux un génie très-actif. L'antiquité s'est *plu* à leur faire honneur d'une multitude d'inventions utiles qui avaient *échappé* à la vieille civilisation de l'Orient et de l'Italie. Les procédés de l'étamage avaient *été trouvés* par les Bituriges ; ceux du placage par les Éduens. Les premiers avaient *appliqué* à chaud l'étain sur le cuivre avec une telle habileté, qu'à peine pouvait-on distinguer de l'argent les vases qui avaient *subi* cette préparation ; plus tard des ouvriers d'Alésia (1) avaient incorporé l'argent lui-même au cuivre, pour en orner les mors et les harnais des chevaux. Des chars entiers étaient *fabriqués* ainsi en cuivre *ciselé* et *plaqué*.

207 (Suite).

La Gaule n'avait pas moins *marqué* par ses découvertes dans l'art de tisser et de brocher des étoffes ; ses teintures étaient très-*renommées*. En agriculture la charrue à roues, le crible de crin, et l'emploi de la marne comme engrais, étaient les choses les plus utiles qu'ils eussent *imaginées*. Leurs fromages, mais surtout deux espèces *confectionnées* dans les Alpes, étaient extrêmement *recherchés*. Les Gaulois étaient *parvenus* à composer diverses sortes de boissons *fermentées*, telle que la bière d'orge, appelée *cervoise*, la bière de froment *mélée* de miel, l'hydromel (2), l'infusion de cumin (3). L'écume de bière leur servait de ferment pour le pain ; en outre les dames gauloises l'avaient *convertie* en un cosmétique (4) qui leur avait *paru* réunir tant de qualités qu'elles s'en lavaient fréquemment le visage, pensant entretenir par ce moyen la fraîcheur de leur teint.

Quant au vin, *c'étaient* les commerçants étrangers qui leur en

---

(1) *Alésia*, ville importante de la Gaule immortalisée par la défense de Vercingétorix. C'est aujourd'hui Alise-Sainte-Reine, à 67 kilomètres N.-N-E. d'Autun, près Semur.

(2) L'*hydromel* est une boisson fermentée faite avec du miel et de l'eau.

(3) Le *cumin* est une plante de la famille des *ombellifères*, à laquelle appartiennent l'angélique, la carotte, le persil, etc.

(4) Pommade pour lisser et teindre les cheveux.

avaient *enseigné* l'usage, et *c'était* des Grecs de Marseille qu'ils
avaient appris les procédés généraux de sa fabrication, ainsi que
la culture de la vigne. *C'était* d'ordinaire par la fumée que les
Gaulois concentraient le vin, et ce procédé le gâtait souvent.
Les marchands italiens s'en étaient *plaints*. Ils s'étaient *plaints*
de plus des falsifications qu'on lui faisait subir en y mêlant des
ingrédients et des herbes, nommément l'aloès, pour lui donner
de la couleur et une légère amertume. Dans *quelques* cantons,
on obtenait un vin doux et liquoreux en tordant les queues des
grappes, et les laissant *exposées* sur le cep aux premières gelées
de l'hiver. Les anciens s'étaient toujours *accordés* pour attribuer
à l'industrie gauloise les tonneaux et les vases en bois *cerclés*
propres à transporter et à conserver le vin.

(*D'après* Amédée THIERRY.)

208ᵉ Dictée.

LES ÉCOSSAIS MODERNES.

Depuis que les Écossais ont *perdu* l'enthousiasme religieux et
politique par lequel ils se sont autrefois *distingués* de leurs
voisins, ils ont *tourné* vers la culture des lettres les facultés
d'imagination que la nature leur a si libéralement *départies* et
qui semblent chez eux une dernière trace de leur origine cel-
tique. L'Écosse est peut-être aujourd'hui le seul pays de l'Europe où le savoir soit vraiment populaire, et où les hommes de
toutes les classes aiment à apprendre pour apprendre, sans
motif d'intérêt, sans désir de changer d'état. Depuis que l'Écosse
a *été* définitivement *réunie* à l'Angleterre, son ancienne langue
anglo-danoise a *cessé* d'être *cultivée*, et la langue anglaise lui
a *succédé* comme langue littéraire. Mais malgré les désavantages
qu'ont *éprouvés* dans tous les temps les écrivains qui se sont
vus obligés d'employer dans leurs ouvrages un autre idiome
que celui de leur conversation habituelle, le nombre des auteurs
distingués en tout genre, depuis le milieu du siècle dernier, a
été bien plus considérable en Écosse qu'en Angleterre, eu
égard à la population des deux pays. C'est dans la composition
historique et le talent de raconter que les Écossais ont surtout
excellé. Ils ont *surpassé* tout ce que les autres nations ont
produit de plus exquis ; et les savants sont *tentés* de regarder
encore cette aptitude particulière dont ils sont *doués*, comme
un des signes caractéristiques de leur descendance originelle ;
car les Irlandais et les Gallois sont les deux peuples qui ont le
plus longuement et le plus agréablement *rédigé* leurs anciennes
annales.

209. LES ÉCOSSAIS MODERNES (*Suite*).

La civilisation qui fait de rapides progrès parmi toutes les branches de la population écossaise, s'est *répandue* aujourd'hui hors des villes des basses terres, où elle a *commencé*, et elle a *pénétré* dans les montagnes. Mais peut-être l'a-t-on *propagée* dans ces dernières années par des moyens trop violents et plus capables de conduire à la destruction qu'à l'amélioration de la race gallique. Les héritiers des anciens Celtes ont *transformé* leur suprématie patriarcale en droit seigneurial de propriété sur toute la terre *occupée* par leurs clans, et *armés* de la loi anglaise, ils ont *expulsé* des habitations où elles avaient *vécu* tant de siècles, des centaines de familles à qui cette loi était absolument étrangère. A la place des clans qu'ils avaient *dépossédés*, ils ont *établi* d'immenses troupeaux, et quelques hommes *venus* d'ailleurs, *éclairés*, industrieux, capables d'exécuter les meilleurs plans de culture. On vante beaucoup les grands travaux agricoles qu'ils ont *effectués* de cette manière dans différentes provinces; mais si de pareils exemples sont *suivis*, la plus ancienne race des habitants de l'île de Bretagne, après s'être *conservée* pendant tant de siècles et au milieu de tant d'ennemis, disparaîtra, sans laisser d'autre trace qu'un vice de prononciation anglaise aux lieux où sa langue aura été *parlée*.

(*D'après* Aug. THIERRY).

PLUTOT, PLUS TOT.

210e Dictée.

ÉPANOUISSEMENT DES FLEURS.

Dans les végétaux, les fleurs sont *précédées* par les boutons comme les feuilles par les bourgeons. Un bouton, c'est la fleur en miniature, ou *plutôt*, l'enfance de la fleur. Il y a des plantes dans lesquelles les boutons, une fois nés, continuent de croître sans interruption jusqu'à leur entier épanouissement. C'est le cas de toutes les plantes annuelles, c'est-à-dire de toutes celles qui meurent après avoir *vécu* seulement une année. Il y a d'autres plantes, au contraire, dans lesquelles les boutons, *plutôt* que de continuer à croître, s'arrêtent dans leur développement peu de temps après leur naissance, restent stationnaires pendant *quelques* mois, et reprennent ensuite leur croissance jusqu'à leur entier épanouissement. La plupart de nos arbres

7.

fruitiers se *trouvent* dans cette catégorie. L'amandier, le prunier, le pommier, le poirier *montrent* leurs boutons à la fin de juin; ceux-ci croissent jusqu'en automne ; alors, *plutôt* que de continuer à se développer, ils restent dans un état de mort apparente, dans une sorte de léthargie pendant *tout* l'hiver ; mais ils reprennent vie, et s'épanouissent aux premiers beaux jours du printemps.

211. ÉPANOUISSEMENT DES FLEURS (*Suite*).

La durée et l'heure de l'épanouissement des plantes varient dans les différentes plantes. Il y a des fleurs qui restent épanouies plusieurs jours ; d'autres que Linné a *qualifiées d'éphémères*, se ferment pour toujours après s'être *ouvertes* pour la première fois. La lumière a une très-grande influence sur l'heure de l'épanouissement et sur sa durée. Que le temps soit sombre le matin, et les fleurs qui se sont *épanouies* à huit heures, par exemple, ne s'entr'ouvriront qu'à neuf heures. Que le soleil se cache dans l'après-midi, les fleurs qui auraient *dû* ne se fermer qu'à six heures se ferment beaucoup *plus tôt*. La chaleur a également beaucoup d'influence sur l'heure de l'épanouissement et sur sa durée. Au printemps et en automne, où il fait un peu moins chaud qu'en été, les mêmes fleurs s'ouvrent une heure ou deux plus tard et se ferment une heure ou deux *plus tôt*. Une fleur qui s'épanouit au Sénégal à six heures du matin, *plutôt* que de s'épanouir en France à la même heure, ne s'y épanouira qu'à huit heures ; mais *plus tôt* qu'en Suède, *où* l'épanouissement ne s'effectuera qu'à neuf heures. En effet, on a *remarqué* que l'horloge de Flore, *dressée* par Linné à Upsal, retarde d'une heure environ sur l'horloge de Flore *dressée* à Paris. Ainsi les boutons du liseron des haies qui s'entr'ouvrent à Paris à trois heures du matin, ne s'entr'ouvriraient à Upsal qu'à quatre heures ; ceux du pourpier, qui s'entr'ouvrent à Paris à midi, ne s'entr'ouvriraient en Suède qu'à une heure, et ainsi pour toutes les autres plantes. (*D'après* J.-B. PAYEN.)

DICTÉES DE RÉCAPITULATION.

212. Dictée.

GRANDEUR D'AME DE LOUIS XII.

Louis XII, lorsqu'il n'était encore que duc d'Orléans, avait *eu* la faiblesse de s'unir au duc de Bretagne contre Charles VIII.

Dans la bataille qui fut *livrée* à Saint-Aubin du Cormier aux troupes françaises par les mécontents confédérés, il tomba entre les mains de la Trémouille, qui commandait pour le roi de France. Après qu'on l'eut *enfermé* quelque temps à Lusignan, on le transféra dans la tour de Bourges. Dire tous les ennuis qu'il a *dû* éprouver pendant les trois années qu'il y a *passées* serait chose trop difficile. A la fin, la liberté lui fut *rendue*, grâce aux supplications que sa femme n'avait *cessé* d'adresser à Charles VIII. Après qu'une mort accidentelle eut enlevé celui-ci à la fleur de l'âge (1), le duc d'Orléans fut *reconnu* roi de France sous le nom de Louis XII. La conduite qu'il a *montrée* en arrivant au trône est au-dessus de tout éloge. Les personnes qui lui avaient été *attachées* pendant qu'il était duc d'Orléans, lui avaient maintes fois *rappelé* les sujets de plainte qu'il avait *eus* pendant cette période de sa vie, et les dangers auxquels l'avait *exposé* Louis de la Trémouille en le faisant prisonnier. Elles avaient *insinué* que le moment était *venu* de tirer vengeance de tous les maux qu'il avait autrefois *endurés;* elles s'étaient *laissées* aller à conseiller, dans l'aveuglement de leur haine, des mesures qui eussent *déshonoré* le roi aux yeux de la postérité, s'il les avait *adoptées.*

213. GRANDEUR D'AME DE LOUIS XII *(Suite).*

Il n'en fit rien heureusement : à tous ceux qui s'étaient *hasardés* à donner de semblables avis et qui s'étaient *arrogé*, en *quelque* sorte, le droit de régenter le monarque, ce prince, sage autant que magnanime, avait invariablement *répondu* : « La Trémouille s'est *comporté* honnêtement; il a toujours *tenu* la conduite qu'il a *dû;* les années qu'il a *vécu* auprès de Charles VIII, il les a *employées* pour la gloire de ce prince ; il a bien et loyalement *servi* son maître. Ce n'est pas au roi de France à venger les injures que peut avoir *reçues* le duc d'Orléans. »

Tels furent les sentiments de Louis XII à son avénement. Avant qu'il ne les eût *manifestés* aussi expressément, il avait *dressé* une liste de ceux qui s'étaient *déclarés* naguères contre lui, et *marqué* leurs noms d'une croix noire. La nouvelle s'en étant *répandue*, quelques-uns s'étaient *laissé* effrayer par les apparences et s'étaient *éloignés* précipitamment de la cour.

_____

(1) Charles VIII, en courant avec une précipitation et une étourderie extrêmes, se cassa la tête au linteau d'une porte.

Louis XII ne l'eut pas *plus tôt appris*, qu'il leur manda qu'ils avaient *eu* tort de s'absenter. « La croix que j'ai *ajoutée* à vos noms, leur dit-il, ne devait pas vous annoncer des vengeances; comme celle de Notre-Seigneur, elle marquait le pardon et l'oubli des injures. »

214ᵉ Dictée.

LA CHAUVE-SOURIS.

Quoique tout soit également parfait en soi, il est cependant relativement à nous des êtres *accomplis* et d'autres qui semblent être imparfaits *ou* difformes. Les premiers sont ceux dont la figure nous paraît agréable et complète, *parce que toutes* les parties sont bien ensemble, que le corps et les membres sont *proportionnés*, et les mouvements *assortis;* les autres, qui nous paraissent hideux, sont ceux dont la forme est trop différente des formes ordinaires dont nous avons *reçu* la première sensation, et *tiré* les idées, qui depuis nous ont *servi* de modèles pour juger. Un animal qui, comme la chauve-souris, est à *demi* quadrupède, à *demi* volatile, est, pour ainsi dire, un être monstre, *parce qu'il* ne ressemble à aucun des modèles que nous offrent les grandes classes de la nature. Il n'est qu'imparfaitement quadrupède, et il est encore plus imparfaitement oiseau. Un quadrupède doit avoir quatre pieds, un oiseau a des plumes et des ailes. Dans la chauve-souris, les pieds de devant ne sont ni des pieds, ni des ailes, quoiqu'elle s'en serve pour voler et qu'elle puisse aussi s'en servir pour se traîner. Ce sont en effet des extrémités difformes, dont les os sont monstrueusement *allongés*, et *réunis* par une membrane qui n'est *garnie* ni de plumes, ni même de poils. Ce sont des espèces d'ailerons, *ou,* si l'on veut, des pattes ailées où on ne voit que l'ongle d'un pouce court, et dont les quatre autres doigts très-longs n'ont point de mouvements propres ni de fonctions *séparées;* ce sont des espèces de mains dix fois plus grandes que les pieds, et en *tout* quatre fois plus longues que le corps entier de l'animal : ce sont en un mot des parties qui ont *plutôt* l'air d'un caprice que d'une production régulière. Buffon.

215ᵉ Dictée.

LA PLAINE.

Quand, après deux mois de séjour dans les Pyrénées, on *quitte* Luchon, et qu'on *trouve* le pays plat près de Martres, on est *charmé*, et l'on *respire* à l'aise. On *était* las, sans le savoir, de ces barrières éternelles qui fermaient l'horizon; on *avait* besoin d'espace. On *sentait* que l'air et la lumière étaient *usurpés* par ces protubérances monstrueuses, et qu'on était non en pays d'hommes, mais en pays de montagnes. On *souhaitait* à son insu une *vraie* campagne, libre et large. Celle de Martres est aussi **unie** qu'une nappe d'eau, *populeuse*, *fertile*, *peuplée* de bonnes plantes, bien *cultivée;* c'est la patrie de l'abondance et de la sécurité. Il est certain qu'un champ de terre *brune*, largement labouré de profonds sillons, est un noble spectacle, et que le travail et le bonheur de l'homme civilisé *causent* plus de plaisir que l'âpreté des rocs sauvages. Une route blanche et plate, allant en droite ligne jusqu'au bout de l'horizon, finissait par un amas de maisons rouges; le clocher pointu dressait son aiguille dans le ciel; sauf le soleil, on *eût* dit un paysage flamand; on *voyait* dans les rues des intérieurs dignes des *Van Ostade* et des *Quentin Metzis* (1). De vieilles maisons, des toits de chaume *bosselés*, *appuyés* les uns sur les autres, des machines à *chanvre* *étalées* aux portes, de petites cours *pleines* de baquets, de brouettes, de paille, d'enfants et d'animaux, un air de gaieté et de bien-être; par-dessus tout le grand illuminateur du paysage, le décorateur universel, l'éternel donneur de joie, le soleil, *versait* à profusion sa belle lumière chaude sur les murs de briques rougeâtres, et *découpait* des ombres puissantes dans des crépis blancs. (*D'après* H. TAINE.)

216ᵉ Dictée.

TRAIT DE GÉNÉROSITÉ DE LOUIS XI.

Quelques historiens se sont *plu* à représenter Louis XI comme un prince cupide et avare; mais les raisons qu'ils ont *alléguées* pour justifier cette accusation ne sont pas absolument *concluantes*. A la vérité, les registres de la cour des Comptes ont *révélé* aux personnes qui se sont *avisées* de les consulter, que les habits de ce roi étaient *faits* des draps les plus communs et qu'il portait le même chapeau plusieurs années *quoique* gras et malpropre. Ces mêmes curieux ont aussi *constaté* une dépense de trente sous *payée* au tailleur du roi pour avoir mis deux manches de *futaine neuve* à un vieux pourpoint de cuir, et une autre dépense de quinze deniers qu'il avait fait solder à son

---

(1) Deux peintres célèbres de l'École flamande.

cordonnier pour une boîte de vieux oint propre à graisser ses bottes.

Mais à côté de ces faits qui prouvent le peu de somptuosité que Louis XI a toujours *déployé* dans sa mise, il en est d'autres qui montrent avec quelle générosité il a *su* récompenser parfois les services qu'on lui avait *rendus.* Un jour, entre autres, que Louis XI avait reçu en présent dix *mille* écus d'or, il ordonna qu'ils fussent étalés sur une grande table, puis s'adressant à ses courtisans qu'il avait *fait* convoquer : « Voilà bien de l'argent, leur dit-il ; c'est un cadeau que l'on m'a *fait.* Je n'ai pas *voulu* que cela *entrât* dans mes coffres. Toutes ces pièces d'or que vous voyez, j'ai *résolu* de les donner aux personnes de ma cour qui croiront les avoir mieux *méritées* ; ceux qui m'ont bien *servi* n'ont qu'à parler. »

217. GÉNÉROSITÉ DE LOUIS XI. (*Suite.*)

Aussitôt les courtisans d'énumérer *à l'envi* les services qu'ils avaient *pu* rendre, et de s'étendre complaisamment sur les circonstances qui leur paraissaient de nature à les faire valoir *davantage.* Pendant qu'ils étaient ainsi *occupés* à se louer eux-*mêmes,* le roi venait à l'appui de leurs *dires* avec une bonté *engageante,* de sorte qu'aucun ne redoutait d'être *éliminé* du partage auquel tous s'étaient *vu* convier. Un seul homme avait *gardé* le silence. C'était Pierre de Morvillier, chancelier de Louis XI. « Pourquoi ce silence ? lui dit le roi. — C'est, répondit l'habile chancelier, *parce que* je suis plus *préoccupé* des moyens de vous témoigner ma reconnaissance que du désir de recevoir de nouveaux bienfaits. Avant de chercher à en obtenir, j'ambitionne de me rendre digne de ceux dont Votre Majesté m'a déjà *comblé.* — Ah ! mon chancelier n'a besoin de rien ! s'écria le roi ; je suis vraiment *ravi* d'avoir un homme si riche à mon service. » Et sur le champ il prescrivit que l'on *portât* chez Pierre de Morvillier les dix mille écus dont il avait *laissé* espérer aux autres la possession. Puis se tournant vers ces derniers : *Sachez* attendre, leur dit-il, et réservez-vous pour une autre occasion.

218ᵉ Dictée.

LE MONT PERDU.

En *comparant* l'*imposante* symétrie du Cirque au désordre hideux qu'il offrait pendant notre première ascension lorsqu'une brume épaisse se traînait autour de ses degrés, nous reconnaissons à peine les lieux que nous avions *parcourus*. Ce n'*était* plus la lourde masse du cylindre, ni sa forme singulière qui *fixaient* exclusivement les regards. La transparence de l'air rectifiait les apparences qu'*avait brouillées* l'interposition de la nue; la cime principale était rentrée dans ses droits, en même temps qu'elle avait *ramené* à l'unité toutes les parties de cet immense chaos : jamais rien de pareil ne s'était offert à nos yeux. J'ai *vu* les Hautes-Alpes; je les ai *vues* dans ma première jeunesse, à cet âge *où* l'on voit tout plus beau et plus grand que nature; mais ce que je n'ai pas *vu*, c'est la livrée des sommets les plus élevés *revétue* par une montagne secondaire. Ces formes simples, ces coupes hardies, ces rochers si entiers dont les larges assises s'alignent en *murailles*, se courbent en *amphithéâtres*, se façonnent en *gradins*, s'élancent en *tours*, où les mains des géants semblent avoir *appliqué* l'aplomb et le cordeau; voilà de ces choses que personne n'a *rencontrées* au séjour des glaces éternelles. Voilà ce qu'on chercherait en vain dans les montagnes primitives dont les flancs *déchirés* se sont toujours *allongés* en pointes aiguës et dont la base s'est constamment *cachée* sous des monceaux de débris. Ceux-là *mêmes* qui se sont *rassasiés* de *toutes* leurs horreurs trouveront encore ici des aspects étranges et nouveaux; du mont Blanc même, il faut venir au mont Perdu. *Quand* on a *vu* la première des montagnes granitiques, il reste à voir la première des montagnes calcaires.

(D'après H. TAINE.)

219ᵉ Dictée.

ANECDOTES SUR LOUIS XI.

Une personne venue de la province s'était *adressée* à Louis XI pour que ce prince lui *accordât* une charge vacante dans la petite ville où elle demeurait. Le roi l'avait *reçue* fort rudement et lui avait *déclaré* tout *net* qu'elle s'était *bercée* d'un vain espoir, que la place qu'elle convoitait ne serait pas *accordée*. Une infinité de solliciteurs *auraient perdu* la tête à cet accueil, et auraient *laissé* paraître leur désappointement : cette personne n'en avait rien fait; tout au contraire, au momeut de se retirer elle s'était *confondue* en remerciments et était *sortie* d'un air très-satisfait. Qui fut bien surpris? ce fut Louis XI; il s'imagina que le suppliant avait mal *entendu*. Il le fit rappeler : « Ne vous êtes-vous pas *trompé*? lui dit-il, les paroles que je vous ai *adressées*, les avez-vous bien *entendues?* — Oui, Sire, Votre Majesté peut être *rassurée* à cet égard, je l'ai parfaitement *en-*

tendue, elle m'a *refusé* sur-le-champ la grâce que j'étais *venu* lui demander. — Mais alors, s'écria le roi, dont la surprise s'était *accrue,* à quel propos ces remerciements que vous m'avez *prodigués,* à quel propos cet air souriant peint sur votre visage? — A propos de la bonté que vous m'avez *témoignée,* Sire. — De ma bonté, fit le roi. Laquelle, s'il vous plaît? — De la bonté que vous avez *eue* de me refuser cette place immédiatement et de me mettre par ce prompt refus en état de retourner dans ma province, sans suivre inutilement votre Cour et faire des dépenses qui auraient *suffi* pour déranger mes affaires. Votre refus, Sire m'a *paru* une vraie grâce, et je n'ai *pu* me dispenser de vous témoigner ma joie et ma reconnaissance. — Le roi fut *enchanté* de cette réponse. S'étant *figuré* que celui qui l'avait *faite* était homme d'esprit et avait beaucoup de jugement, il lui posa quelques autres questions pour connaître si l'opinion qu'il avait *conçue* de lui était bien fondée. L'épreuve fut *tout* à l'avantage du postulant. « Allez, dit Sa Majesté *émerveillée,* je vous accorde la charge que j'étais *décidé* à vous refuser, car je tiens à ce que vous me *remerciiez* doublement. En outre, les provisions de cette charge vous seront *expédiées* promptement. »

En effet, Sa Majesté, qui s'était *plu* à montrer qu'elle était toute *disposée* à traiter favorablement les gens d'esprit, ne voulut pas qu'il *fût dit* qu'elle avait *tardé* à accomplir sa promesse. Elle veilla donc elle-même à ce que celle-ci ne *demeurât* pas vaine.

220ᵉ Dictée.

LES ANCIENS PÉRUVIENS (1).

Un pyrrhonisme *outré,* qui a *succédé* à une crédulité aveugle, a voulu jeter des nuages sur les tableaux que les Espagnols ont *tracés* des lois, des mœurs, des vertus et du bonheur des Péruviens avant la conquête. La relation des conquérants n'a *paru* être qu'un roman *né* de leur imagination naturellement *exaltée;* mais les témoignages unanimes des écrivains contemporains et de ceux qui les ont *suivis* doivent être *regardés* comme une démonstration irrécusable de la fidélité, de l'exactitude *complète* des compagnons de Pizarre (2) dans cette partie de leurs récits. Il n'en a pas été de même de *tout* ce qu'ils ont *publié* touchant

---

(1) Habitants du Pérou.
(1) Aventurier espagnol qui découvrit et conquit le Pérou à la tête d'une poignée d'hommes perdus. Sa cruauté mérite d'être abhorrée par les honnêtes gens de tous les siècles et de tous les pays.

la grandeur et la magnificence des monuments de *tous* les genres qu'ils avaient *trouvés*. Il est certain qu'à cet égard ils avaient étrangement *exagéré*. Il faut donc reléguer au rang des fables cette quantité prodigieuse de villes que les Péruviens auraient *élevées* à force de soins et de dépenses. Pourquoi, s'il a *existé* tant de cités superbes dans le Pérou, n'y a-t-il plus, les capitales de Cusco et de Quito *exceptées*, d'autres villes que celles que le conquérant y a *fondées* ? D'où vient que les ruines des cités dont on a *publié* de si pompeuses descriptions n'ont même pas été retrouvées ?

Il faut reléguer au rang des fables ces majestueux palais destinés aux Incas (1). Les maisons royales que l'on a tant *vantées*, et dont on s'est *plu* à célébrer les merveilles, n'étaient autre chose que des cailloux qu'on avait *placés* les uns sur les autres et *revêtus* d'une argile rougeâtre.

221. LES ANCIENS PÉRUVIENS (*Suite*).

Il faut reléguer au rang des fables ces places de guerre qui couvraient l'empire. Aurait-il été *conquis* en si peu de temps s'il eût été *pourvu* de si grands moyens de défense ? On n'a pas moins *exagéré* la grandeur des pierres qui auraient été *employées* à la coustruction de ces forteresses. Après un examen très-*réfléchi*, il ne s'en est pas *trouvé* d'une grandeur remarquable.

Doivent aussi être relégués au nombre des fables ces réservoirs, ces aqueducs *dignes* des anciens Romains. Il n'y a jamais eu ni l'un ni l'autre dans le Pérou, à moins qu'on ne veuille honorer de ces grands noms des rigoles que les Péruviens avaient *pratiquées* sur le penchant des collines pour rassembler les eaux de pluie ou de source et les conduire dans les champs et dans les vallons.

Il faut reléguer au rang des fables ces superbes voies qui auraient rendu les communications si faciles. Les grands chemins du Pérou n'étaient formés que par deux rangées de pieux *plantés* au cordeau, et uniquement destinés à guider les voyageurs. Il n'y avait que celui qui portait le nom des Incas (1), et qui traversait tout l'empire, qui *eût* de la grandeur.

222. LES ANCIENS PÉRUVIENS (*Suite*).

Il faut reléguer au rang des fables ces ponts si vantés. Des ponts de pierre ! Comment les Péruviens les auraient-ils *élevés*,

(1) Les *Incas*, nom que l'on donnait aux souverains du Pérou.

eux qui ignoraient la construction des cintres et des voûtes ? Mais eussent-ils *connu* cet art, le défaut de chaux ne le leur *eût*-il pas *rendu* presque impraticable ? Cependant les voyageurs étaient *arrêtés* à chaque instant au passage des torrents, si *multipliés* dans ces montagnes. Pour les pouvoir franchir, les indigènes avaient *étendu* d'une rive à l'autre une longue corde d'osier, où l'on glissait une corbeille contenant au plus quatre hommes. Depuis, les cordes furent multipliées et l'on y plaça des claies, sur lesquelles *passait* à la fois un plus grand nombre de personnes. Les Espagnols, qui semblent *nés* pour détruire et non pour édifier, n'ont pas *manqué* d'adopter une invention si merveilleuse.

223. LES ANCIENS PÉRUVIENS (*Suite*).

Les Espagnols ne méritent pas davantage d'être crus quand ils nous parlent de ces bains dont les cuves et les tuyaux étaient ou d'argent ou d'or ; de ces jardins remplis d'arbres, dont les fleurs étaient d'argent et les fruits d'or, et où les yeux *trompés* prenaient l'art pour la nature ; de ces champs de maïs, dont les tiges étaient d'argent et les épis d'or ; de ces *bas-reliefs*, où l'on *eût été tenté* de cueillir les herbes et les plantes ; de ces habillements couverts de grains d'or plus fins que la semence de perle, et dont les plus habiles orfévres de l'Europe n'auraient pas *égalé* le travail. Nous ne dirons pas que ces ouvrages n'ont pas *mérité* d'être *conservés parce qu*'ils ne l'ont pas été. Si dans leurs compositions les statuaires grecs n'avaient *employé* que des métaux précieux, il est vraisemblable que peu de *chefs-d'œuvre* de la Grèce seraient *arrivés* jusqu'à nous. Mais à juger des choses qui ont *péri* par celles qu'on a *conservés* on peut assurer que les progrès que les Péruviens avaient *faits* dans la science du *dessin* étaient à peu près nuls. Les vases *échappés* au ravage du temps pourront bien servir de preuves de l'industrie des Indiens à suppléer aux outils de fer qui leur avaient toujours *manqué*, mais ne seront jamais des monuments de leur génie. *Quelques* figures d'animaux, d'insectes d'or massif que l'on a longtemps *conservées* dans le trésor de Quito, n'étaient pas plus parfaites. On n'en pourra plus juger : elles furent *fondues* en *mil sept cent quarante* pour secourir la ville de Carthagène assiégée par les Anglais.

224ᵉ Dictée.

SCRUPULEUSE INTÉGRITÉ DE LOUIS XII.

Si les injures que l'on avait *faites* au duc d'Orléans n'étaient pas une raison pour mériter la haine de Louis XII, les services qu'on lui avait *rendus* n'étaient pas non plus pour lui des motifs d'une reconnaissance aveugle. Le lieutenant de la prévôté d'Orléans avait *ressenti* l'effet de ses bonnes grâces; *quelques* services les lui avaient *méritées*. Plus tard, cet officier s'étant *engagé* dans de mauvaises affaires, le prince l'en avait *tiré*, *parce qu*'il pouvait le faire sans manquer à son devoir. Cette aide *venue* de si haut ayant en quelque sorte *tourné* la tête au lieutenant orléanais, il s'imagina que l'impunité lui était *acquise*; et une fois cette opinion bien *établie*, bien *ancrée* dans son esprit, il acheva de se dépouiller du peu de vergogne qu'il avait *conservée* jusque-là. Aussi chaque fois que l'occasion s'était *présentée*, il en avait *profité* pour s'approprier les deniers publics, et Dieu sait combien de bénéfices illicites sa charge lui avait *procurés*. Il serait *allé* loin si on l'*eût* laissé faire; mais ses exactions devinrent si manifestes, qu'à la fin l'attention de la justice *fut attirée* de ce côté. Des poursuites furent *dirigées* contre lui, à raison des concussions que l'opinion publique s'était *acharnée* depuis quelque temps à lui reprocher. Pensant que cette fois encore la main puissante qui l'avait déjà *secouru* ne l'abandonnerait pas, il s'adressa à Louis XII; mais ce fut peine *perdue* : « Je l'ai *protégé*, dit le roi, toutes les fois que j'ai *pu*; mais aujourd'hui je ne dois pas ôter à la justice son libre cours. Faire rendre à chacun ce qui lui est *dû*, telle est l'obligation que j'ai *contractée* en devenant roi. Je veux m'en acquitter envers tous mes sujets. »

225ᵉ Dictée.

LES ARTS EN FRANCE SOUS LOUIS XIV.

La peinture a *commencé* sous Louis XIII avec le Poussin. Il ne faut point compter les peintres médiocres qui l'ont *précédé*. Mais que de grands peintres nous avons toujours *eus* depuis lui! Sans nous arrêter à un Lesueur, qui n'eut d'autre maître que lui-même, à un Lebrun, par qui les Italiens furent *égalés* dans le *dessin* et dans la composition, n'avons-nous pas *eu* plus de trente peintres qui ont *laissé* des morceaux très-dignes de recherche? Et ces morceaux, les étrangers n'ont-ils pas *commencé* à nous les enlever? J'ai *vu* chez un grand roi des galeries et des appartements que nos tableaux seuls avaient *ornés*, et dont peut-être nous n'avions pas *apprécié* tous les mérites. L'académie de peinture, que Colbert a *engagé* Louis XIV à établir à Rome, a *donné* déjà de bons résultats. C'est là que sont *envoyés* les élèves qui se sont *vu* couronner par l'académie de Paris. Ils y sont *conduits* et *entretenus* aux frais du roi. Ils y étudient Raphaël et Michel-Ange. C'est un noble hommage qu'a *rendu* à Rome ancienne et nouvelle le désir de l'imiter, et on *n'a* pas même *cessé* de rendre cet hommage depuis que les immenses collections d'Italie que le roi et le duc d'Orléans ont *amassées*, et les *chefs-d'œuvre* de sculpture que la France a *produits*, nous ont *mis* en état de ne point chercher des maîtres ailleurs.

226. LES ARTS EN FRANCE SOUS LOUIS XIV (*Suite*).

C'est principalement dans la sculpture que nous avons *excellé* et dans l'art de jeter en fonte d'un seul jet des figures équestres colossales. Si l'on trouvait un jour, sous des ruines, des morceaux tels que les bains d'Apollon, que nous avons *exposés* aux injures de l'air dans les bosquets de Versailles; le tombeau du cardinal de Richelieu trop peu *montré* au public dans la chapelle de la Sorbonne; la statue équestre de Louis XIV, *faite* à Paris pour être *érigée* à Bordeaux; le Mercure dont Louis XV a *fait* présent au roi de Prusse, et tant d'autres ouvrages *ajoutés* à ceux que j'ai *cités* tout à l'heure, il est à croire que ces productions de nos jours seraient *comparées* à la plus belle antiquité grecque.

Pour les médailles, nous avons *égalé* les anciens. Warin est un des premiers par qui cet art ait été tiré de la médiocrité sur la fin du règne de Louis XIII. C'est maintenant une chose admirable que ces poinçons et ces carrés qu'on voit *rangés* par ordre historique dans l'endroit de la galerie du Louvre *occupé* par les artistes.

Dans l'art de graver les pierres précieuses, nous n'avons pas moins *réussi*. Celui de multiplier les tableaux et de les éterniser par le moyen des planches en cuivre, la France ne *l'a-t-elle* pas *poussé* plus loin que l'Italie elle-même, qui lui avait *donné* naissance? La ciselure en or ou en argent, qui dépend du *dessin* et du goût, n'a-t-elle pas été *portée* à la plus grande perfection dont la main de l'homme soit capable?

(D'après VOLTAIRE.)

227ᵉ Dictée.

ÉCONOMIE DE LOUIS XII.

Les Français s'étant *emparés* du Milanais, les officiers qui avaient *servi* pendant cette campagne et qui s'y étaient *signalés* par des faits d'armes importants, sollicitaient des récompenses. Pour peu que ces pensions eussent été *accordées*, et que la couronne se *fût* résolue à ne point refuser les autres faveurs qu'on lui avait *demandées*, il *eût* fallu créer de nouveaux impôts : triste nécessité devant laquelle les bons princes ont souvent *reculé*. Le peu d'inclination que Louis XII avait toujours *eu* pour se tirer d'embarras par cette voie, se trouvait encore *accru* par la considération que l'imposition *projetée* ne pouvait pas être *regardée* comme *affectée* à une dépense d'intérêt public. Le roi ne put donc s'y résoudre, et il aima mieux voir quelques particuliers mécontents que de savoir ses sujets foulés par des tailles vexatoires. Cependant le bon roi avait tâché, dans la mesure du possible, d'acquitter de ses propres deniers la dette d'honneur qu'avait *contractée* l'État envers quelques-uns des officiers les plus *méritants* de l'armée. La reine, comme si *c'eût* été à *l'insu* de Louis, les avait *sollicités* d'accepter des gratifications. Malgré toutes les preuves de bonté qu'il avait si souvent *données*, les courtisans et le peuple, juge peu *éclairé même* dans ce qui touche à ses plus chers intérêts, *regardaient* Louis comme avare et *attaché* à l'argent. Les *clercs* de la Basoche (1), qui s'étaient *arrogé* le privilége de jouer toutes les farces du temps, s'étaient *moqués* du roi en plein théâtre. Ils l'avaient représenté malade, maigre, ayant devant lui un vase plein d'or dont il paraissait vouloir éteindre sa soif insatiable. Cette impudence *eût* mérité d'être *punie*. Louis, l'ayant *sue*, ne fit que rire ; il loua même ce qu'il trouvait d'ingénieux dans le jeu de ces bouffons. « Ils me doivent, dit-il, tout le bon temps dont ils ont joui depuis plusieurs années ; je leur pardonne leurs facéties ; mais s'il arrivait jamais que la reine et les dames *fussent insultées* par eux, je me fâcherais et les ferais pendre. »

228ᵉ Dictée.

UN TRAIT DE BONTÉ DE FRANÇOIS Iᵉʳ.

François Iᵉʳ, étant à la chasse aux environs de Blois, rencontra une femme assez bien *mise*, *accompagnée* d'un homme

---

(1) *Basoche*, l'ensemble des avoués et des clercs, leurs habitudes.

qui pouvait passer pour son écuyer, et d'un autre domestique. Cette dame l'ayant *frappé* par son extérieur à la fois noble, décent et modeste, et lui ayant *plu* par un cachet d'honnêteté des plus *prononcés*, il lui demanda *où* elle allait par un temps aussi froid et aussi mauvais ; car on était en hiver. Cette femme, qui ne connaissait pas Sa Majesté, qui ne l'avait jamais *vue*, s'apercevant bien à l'air et au maintien *distingués* de François, l'un des plus beaux hommes de son royaume, qu'il ne pouvait être que d'un rang illustre, le salua et ne fit aucune difficulté de lui rendre compte de son voyage et des motifs qui l'avaient *décidée* à l'entreprendre : « Je vais à Blois, lui dit-elle, dans le *dessein* d'y chercher *quelque* protection qui puisse me procurer une entrée au château, et l'occasion de me jeter aux pieds du roi pour me plaindre d'une injustice que l'on m'a *faite* au parlement de Rouen, *d'où* je viens. Sa Majesté, m'a-t-on *assuré*, est pleine de bonté, elle s'est toujours *complu* à écouter les griefs de ses sujets, elle a toujours *aimé* la justice ; peut-être que, *eu* égard à ma triste situation et à la bonté de ma cause, elle daignera m'accueillir favorablement. — Exposez-moi votre affaire, madame, répliqua François ; j'ai un certain crédit à la cour : si vos plaintes sont *fondées*, j'ose me flatter de vous y rendre *quelques* services auprès du roi. Le peu d'influence que j'y ai *obtenue* sera *employé* à vous être utile. »

229. UN TRAIT DE BONTÉ DE FRANÇOIS Ier (*Suite*).

« — Voici, monsieur, cette affaire : je suis veuve d'un gentilhomme, capitaine d'une compagnie de Sa Majesté. Pour être en état de faire son service à la journée de Sainte-Brigide, il emprunta d'un homme de robe, et, pour sûreté du prêt et des intérêts, la seule terre qu'il *possédât* fut *engagée*. Mon mari ayant été *tué* à cette bataille, le créancier a fait main basse sur la terre ; il s'en est *emparé* sans scrupule, et *quoiqu'il* ait *joui* des fruits, il ne m'en a pas moins *réclamé* le capital et les intérêts de sa créance. Après avoir vainement *protesté*, je me suis *décidée* à le faire assigner en restitution ; mais on *n'a* point *eu* égard à mes demandes, et je viens d'être *condamnée* avec dépens. Mon conseil m'a de plus *assurée* qu'il n'y avait aucun remède à cette affaire, à moins que le roi *ne daignât* y en apporter lui-même. Si j'ai le malheur de n'être pas *écoutée*, c'en est fait de ma fortune et de celle de mes enfants ; nous serons, eux et moi, *réduits* à la mendicité. Je vous prie, monsieur, puisque vous avez *consenti* à m'écouter, de vouloir bien me servir de protecteur. J'ai avec moi un chien que les gens de mon mari avaient bien *dressé* pour la chasse ; permettez-moi de vous l'offrir. »

Le roi accepta le chien et, touché du récit de la veuve : « Continuez votre route, lui dit-il, venez demain au château, et lorsque vous y serez *arrivée*, demandez le nom d'un tel (et il donna un nom imaginaire), et ce gentilhomme fera en sorte que vous ne sortiez pas avant d'avoir *parlé* au roi. » La dame l'ayant *remercié* de son offre *obligeante*, se rendit à Blois, et le roi *eut* bientôt *rejoint* ses courtisans.

230. UN TRAIT DE BONTÉ DE FRANÇOIS Ier (*Suite*).

François, qui tenait à ce que sa promesse *fût suivie* d'effet, donna ordre qu'on l'*avertît* s'il se présentait une dame qui *demandât* à parler à tel gentilhomme. La veuve étant *venue* le lendemain, Sa Majesté, aussitôt *avertie*, l'ayant *fait* introduire dans son appartement et s'étant *fait* connaître : « Je suis, dit-il, celui que vous demandez, assez bien avec le roi, comme vous voyez, pour en obtenir tout ce que je veux. Qu'on aille chercher mon chancelier, et que la plainte de cette dame soit *examinée* sur-le-champ. » La veuve, *toute surprise*, s'étant *précipitée* aux genoux de Sa Majesté, François la fit relever avec bonté et voulut qu'on *examinât* l'affaire en sa présence. De l'étude à laquelle les gens de loi s'étaient immédiatement *livrés*, il était *résulté* que les droits de la veuve étaient évidents. En conséquence, ordre fut *transmis* au créancier de remettre la terre en échange de la somme qui lui était raisonnablement *due*. *Quant à* la dette, le roi décida qu'elle serait *payée* de ses propres deniers.

Justice exacte, bonté raisonnée, tendresse pour ses sujets, clémence, générosité, tels sont les vertus dont François Ier a *donné* les preuves dans cette anecdote qui nous a été *conservée* par Jean Boucher

231e Dictée.

LA MARÉE DE ROCHES.

Après Gèdres (1) est une vallée sauvage qu'on nomme le Chaos, et qui est bien *nommée*. *Là*, au bout d'un quart d'heure, les arbres ont *disparu* ; ensuite, les genévriers et les buis se sont

---

(1) Localité des Pyrénées.

évanouis; enfin, les mousses *même* n'ont pas *tardé* à s'éclipser. On ne voit plus le Gave; *tous* les bruits ont *cessé.* C'est la solitude morte et *peuplée* de débris. Trois avalanches de roches et de *cailloux écrasés* sont *descendues* de la cime jusqu'au *fond.* L'effroyable marée, haute et large d'une *demi*-lieue, ou peu s'en faut, étale comme des flots ses myriades de pierres stériles, et la nappe *inclinée* semble encore glisser pour inonder la gorge. Ces pierres sont *fracassées et broyées;* leurs cassures vives et leurs pointes âpres blessent la vue; pas un brin d'herbe; l'aride *traînée* grisâtre brûle sous un soleil de plomb; les débris *desséchés,* sont roussis d'une teinte morne comme dans une fournaise. Une montagne *ruinée* est plus *désolée* que toutes les ruines humaines.

Un peu plus loin, l'aspect de la vallée devient formidable. Des troupeaux de mammouths et de mastodontes (1) de pierre gisent accroupis sur le versant oriental, *échelonnés et amoncelés* dans toute la pente. Ils semblent chauffer au soleil leur peau *bronzée,* et dormir, *renversés, étalés* sur le flanc, *couchés* dans *toutes* les attitudes, *tous* gigantesques et effrayants. Leurs pattes difformes sont *reployées,* leurs corps *demi-enfoncés* dans la terre; leurs dos monstrueux s'*appuient* les uns sur les autres. Ces croupes *rouillées* montent en étages jusqu'à la cime, et la noire armée *suspendue* semble prête à fondre sur les insectes humains qui viennent troubler son sommeil.

232. LA MARÉE DE ROCHES (*Suite*).

La montagne, autrefois, dans un accès de fièvre, a *secoué* ses sommets comme une cathédrale qui se serait *effondrée. Quelques* points ont *résisté,* et l'on voit maintenant leurs clochetons *crénelés* s'aligner sur la crête. Mais leurs assises sont *disloquées,* leurs flancs *crevassés,* leurs aiguilles *déchiquetées.* Toute la cime fracassée *chancelle.* Au-dessous d'eux, la roche *cassée* manque *tout* d'un coup par une plaie vive qui saigne encore. Les éclats sont plus bas, sur la superficie du versant qu'ils ont *tout encombrée.* Les rochers *écroulés* se sont *soutenus* les uns les autres, et les hommes, jusqu'aujourd'hui ont *passé* en sûreté à travers ce désastre. Mais quel jour que celui de la ruine! Elle n'est pas très-ancienne, peut-être du sixième siècle et de l'année d'un

(1) Les *Mammouths* et les *Mastodontes* sont deux genres d'animaux des temps géologiques qui, peut-être, subsistaient encore au moment de l'apparition de l'homme sur la terre; ils sont aujourd'hui complètement éteints. Les énormes fragments des rochers peuvent être assez exactement comparés à ces bêtes gigantesques.

terrible tremblement de terre *mentionné* par Grégoire de Tours (1). Si des hommes ont *pu* voir sans périr les cimes se fendre, vaciller et tomber, les deux murailles de roches *bondissantes* arriver dans la gorge à la rencontre l'une de l'autre et se broyer dans une pluie d'étincelles, ils ont *comtemplé* le plus grand des spectacles qu'aient jamais *eus* des yeux humains.

(D'après H. TAINE.)

233ᵉ Dictée.

LE MUSÉE DE TOULOUSE (2).

C'est une large salle *éclairée, bordée* de deux petites galeries plus hautes, en forme de *demi*-circonférence, *remplie* de tableaux de toutes les écoles, dont un grand nombre *charment* l'esprit aussi bien que les yeux. Il y a plusieurs *Murillo* : le plus remarquable représente saint Diégo et ses religieux. On s'arrête devant un *Martyre* de saint André par le Caravage, noir et horrible. On admire plusieurs tableaux des *Carraches*, on s'*extasie* devant des *Guerchins*, des *Guides ;* deux ou trois *Philippes* de Champagne (3) méritent de fixer l'attention, un entre autres, qui *représente* une cérémonie de l'ordre du Saint-Esprit en *mil six cent trente-cinq.* Le *dessin* correct, la couleur modérée, l'exactitude consciencieuse de ses œuvres *indiquent*, sans qu'on puisse s'y méprendre, un Flamand devenu Français. On tombe ensuite sur une charmante peinture : c'est le portrait de la *feue* marquise de Largillière, au corsage de guêpe en velours bleu, *élégante* et *fière.* Plus d'un *Rubens* force le visiteur à s'arrêter et *captive* son attention ; un entre autres, qui représente un *Christ crucifié ;* les yeux vitreux, la chair livide, la froide blancheur des teintes *pâlies, tout* répand sur cette puissante ébauche l'affreuse poésie de la mort. Les *Glaizes* sont rares : il y en a un célèbre, *la Mort de saint Jean-Baptiste.* Le bourreau, la tête *nue*, la poitrine *nue*, les bras *nus* et *nu*-jambes, qui tient la tête, est une superbe brute, machine de mort indifférente qui vient de bien faire son métier. Une toile d'Eugène Delacroix nous montre Muley-Abd-el-Rhaman. Il est triste et immobile sur un cheval bleuâtre. Des

(1) Grégoire, évêque de Tours, contemporain de Chilpéric, et le plus ancien de nos historiens nationaux.
(2) La plupart des noms propres que renferme cette dictée, appartiennent à des peintres dont le talent ou le génie est connu de tout le monde. — Notons qu'il y a eu deux *Carraches.*
(3) *Philippe de Champagne*, l'un de nos plus vieux et de nos meilleurs peintres français.

files de soldats *présentent* les armes, *serrés* par masse dans une atmosphère *étouffante*, têtes *lourdes, stupides* et *vivantes, enca-puchonnées* dans des burnous blancs ; des tours *écrasées* s'entassent derrière eux sous un soleil de plomb. Ces couleurs *crues*, ces vêtements *pesants*, ces membres bronzés, ces parasols massifs, cette expression inerte et accablée sous le poids du climat et de la civilisation, tout rappelle la manière du grand coloriste.

(D'après H. Taine.)

QUATRIÈME PARTIE.

DICTÉES DONNÉES

DANS LES EXAMENS DE L'HÔTEL-DE-VILLE ET A LA SORBONNE.

234ᵉ Dictée.

CONTRE LA VANITÉ.

Il y a peu de gens assez grossièrement vains pour aimer des louanges visiblement fausses, et il ne faut qu'avoir un peu d'honnêteté pour n'être pas bien aise que l'on se trompe tout à fait sur notre sujet. C'est une sottise, par exemple, dont peu de personnes sont capables, que d'aimer à passer pour savant dans une langue que l'on *n*'a jamais *étudiée*, ou pour habile dans les mathématiques, lorsque l'on *n*'y sait rien du tout. On aurait peine à ne pas ressentir quelque confusion *intérieure* d'une vanité si basse. Mais pour peu de fondement qu'ait cette estime, nous la recevons avec une complaisance qui nous *convainc* à peu près de la même bassesse, et de la même mauvaise foi. Car, pour en donner quelque image, que dirait-on d'un homme qui se trouvant *frappé et défiguré* depuis les pieds jusques à la tête, d'un mal horrible et incurable, sans avoir rien de sain qu'une petite partie du visage, et sans savoir même si cette partie ne serait point *corrompue* au dedans, l'exposerait à la vue en cachant tout le reste ; et *se* verrait louer avec plaisir de la beauté de cette partie. On dirait sans doute que l'excès de cette vanité approcherait de la folie. Cependant *ce* n'est qu'un portrait de la nôtre, et qui ne la représente pas encore dans toute sa difformité. Nous sommes pleins de *défauts*, de *péchés*, de corruption. Ce que nous avons de bon est fort peu de chose, et *ce* peu de chose est souvent *gâté* et *corrompu* par *mille* vues et *mille retours* d'amour-propre. Et néanmoins s'il arrive que des gens qui ne voient pas la plupart de nos défauts, regardent avec quelque estime *ce* peu de bien qui *paraît* en nous, qui est peut-être tout *corrompu*, ce jugement, *tout aveugle* et *tout mal* fondé qu'il est, ne laisse pas de nous flatter.

Je dis que cette image ne représente pas notre vanité dans toute sa difformité. Car, celui qui *se* trouvant frappé d'un mal si étrange, *se* plairait dans l'estime que l'on ferait de la beauté de cette partie saine, serait sans doute vain et ridicule : mais au moins il ne serait pas aveugle, et ne laisserait pas de connaître son état. Mais notre vanité est jointe à l'aveuglement. En cachant aux autres nos défauts, nous tâchons de nous les cacher à *nous-mêmes* ; et c'est à quoi nous réussissons le mieux. Nous ne voulons être *vus* que par *ce* petit endroit que nous considérons comme exempt de *défauts* : et nous ne nous regardons nous-mêmes que par là.   (Nicole).

235ᵉ Dictée.

INJUSTICE D'UN ANCIEN ENVERS LES FEMMES.

Un ancien disait autrefois, que les hommes étaient *nés* pour l'action, et pour la conduite du monde, et que les dieux leur avaient *donné* en partage la valeur dans les combats, la prudence dans les conseils, la modération dans les prospérités, et la confiance dans la mauvaise fortune. Que les femmes n'étaient *nées* que pour le repos et pour la retraite ; que toute leur vertu consistait à être *inconnues*, sans s'attirer ni blâme, ni louange ; et que celle-là était sans doute la plus vertueuse, de qui on avait le moins *parlé*. Ainsi il les retranchait de la République, pour les renfermer dans l'obscurité de leur famille. De toutes les vertus morales, il ne leur accordait qu'une pudeur farouche ; il leur ôtait même cette bonne réputation qui semble être *attachée* à l'honnêteté de leur sexe, et les *réduisant* à une oisiveté qu'il croyait louable, il ne leur laissait pour toute gloire que celle de n'en avoir point.

Il est *aisé* de reconnaître l'injustice de *ce* sentiment. Car, outre que la philosophie nous apprend que l'esprit et la sagesse sont de tout sexe, que les âmes d'une même espèce ont des mouvements semblables, et qu'*ayant* des principes communs de raison et d'équité naturelles, elles sont capables des mêmes vertus, l'expérience nous apprend encore que Dieu *suscite* de temps en temps des femmes fortes, qu'il élève au-dessus des faiblesses ordinaires de la nature, à qui il paraît qu'il donne un tempérament particulier, et qu'il rend dignes de soutenir de grands emplois et de servir d'exemple et d'ornement à leur siècle.   (Fléchier).

236ᵉ Dictée.

LE STYLE.

Le style n'est que l'ordre et le mouvement qu'on met dans *ses* pensées. Si on les enchaîne étroitement, si on les serre, le style devient ferme, nerveux et *concis ;* si on les laisse se succéder lentement et ne se joindre qu'à la faveur des mots, quelque *élégants* qu'ils soient, le style sera diffus, lâche et *traînant.*

Mais, avant de chercher l'ordre dans lequel on présentera *ses* idées, il faut s'en être fait un autre plus général et plus fixe, où ne doivent entrer que les premières vues et les principales idées : c'est en marquant leur place sur *ce* premier plan qu'un sujet sera circonscrit, et que l'on en connaîtra l'étendue; *c'est en se* rappelant sans cesse *ces* premiers *linéaments,* qu'on déterminera les justes intervalles qui séparent les idées principales, et qu'il naîtra des idées accessoires et moyennes qui serviront à les remplir. Par la force du génie, on *se* représentera toutes les idées générales et particulières sous leur véritable point de vue; par une grande finesse de discernement on distinguera les pensées stériles des idées fécondes; par la sagacité que donne la grande habitude d'écrire, on sentira d'avance quel sera le 'produit de toutes *ces* opérations de l'esprit. Pour peu que le sujet soit vaste ou compliqué, il est bien rare qu'on puisse l'embrasser d'un coup d'œil, ou le pénétrer en entier d'un seul et premier effort de génie; et il est rare encore qu'après bien des réflexions on en saisisse tous les rapports. On ne peut donc trop s'en occuper; c'est même le seul moyen d'affermir, d'étendre et d'élever *ses* pensées; plus on leur donnera de substance et de force par la méditation, plus il sera facile ensuite de les réaliser par l'expression.

Ce plan n'est pas encore le style, mais il en est la base; il le soutient il le dirige, il règle son mouvement et le soumet à des lois; sans cela, le meilleur écrivain s'égare; sa plume marche sans guide, et jette à l'aventure des traits irréguliers et des figures *discordantes. Quelque brillantes* que soient les couleurs qu'il emploie, *quelques beautés* qu'il *sème* dans les détails, comme l'ensemble choquera, *ou* ne *se* fera pas assez sentir, l'ouvrage ne sera point *construit;* et, en admirant l'esprit de l'auteur, on pourra soupçonner qu'il manque de génie. C'est par cette raison que ceux qui écrivent comme ils parlent, quoiqu'ils parlent très-bien, écrivent mal ; que ceux qui s'abandonnent au premier feu de leur imagination prennent un ton qu'ils ne peuvent soutenir ; que ceux qui craignent de perdre des pensées isolées, fugitives, et qui écrivent en différents temps des morceaux *détachés,* ne les réunissent jamais sans transitions *forcées;* qu'en un mot il y a tant d'ouvrages *faits* de pièces de rapport, et si peu qui soient *fondus* d'un seul jet. (BUFFON.)

237ᵉ Dictée.

LA MORT.

Pourquoi craindre la mort, si l'on a assez bien *vecu* pour n'en pas craindre la suite? Pourquoi redouter cet instant, puisqu'il est *préparé* par une infinité d'autres instants du *même* ordre, puisque la mort est aussi *naturelle* que la vie, et que l'une et l'autre nous *arrivent* de la même façon sans que nous le sentions, sans que nous puissions nous en apercevoir? Qu'on interroge les hommes *accoutumés* à observer les actions des mourants et *à* recueillir leurs derniers sentiments; ils conviendront qu'à l'exception d'un très-petit nombre de maladies aiguës, où l'agitation, *causée* par des mouvements convulsifs, semble indiquer les souffrances du malade, dans toutes les autres on meurt tranquillement, doucement et sans douleurs; et même ces terribles agonies effraient plus les spectateurs qu'elles ne tourmentent les malades; car combien n'en a-t-on pas *vus* qui, après avoir été à cette dernière extrémité, n'avaient aucun souvenir de ce qui *s'était passé*, non plus que de *ce* qu'ils avaient *senti!* ils avaient réellement *cessé* d'être pour eux pendant ce temps, puisqu'ils sont *obligés* de rayer du nombre de leurs jours tous ceux qu'ils ont *passés* dans *cet* état, duquel il ne leur reste aucune idée.

La plupart des hommes meurent donc sans le savoir; et sur le petit nombre de ceux qui conservent de la connaissance jusqu'au dernier soupir, il ne s'en trouve peut-être pas un qui ne conserve en même temps de l'espérance, et qui ne *se* flatte d'un retour vers la vie. La nature a, pour le bonheur de l'homme, *rendu ce* sentiment plus fort que la raison. Un malade dont le mal est incurable, qui peut juger son état par des exemples fréquents et familiers, qui en est averti par les mouvements inquiets de sa famille, par les larmes de *ses* amis, par la contenance ou l'abandon des médecins, n'en est pas plus *convaincu* qu'il touche à sa dernière heure; l'intérêt est si grand qu'on ne s'en rapporte qu'à soi; on *n'en* croit pas les jugements des autres, on les regarde comme des larmes peu *fondées;* tant qu'on se sent et qu'on pense on ne réfléchit, on ne *raisonne* que pour *soi,* et tout est mort que l'espérance vit encore. (BUFFON.)

238ᵉ Dictée.

VIE PRIVÉE DE FÉNELON.

Son humeur était *égale,* sa politesse *affectueuse* et simple, sa conversation féconde et *animée.* Une gaieté douce tempérait en lui la dignité de son ministère, et le zèle de la religion n'eut jamais chez lui ni sécheresse ni amertume. Sa table était ouverte, pendant la guerre, à tous les officiers ennemis ou nationaux que sa réputation attirait en foule à Cambrai. Il trouvait encore des moments à leur donner, au milieu des devoirs et des fatigues de l'épiscopat. Son sommeil était court, ses repas d'une extrême frugalité, ses mœurs d'une pureté irréprochable. Il ne connaissait ni le jeu ni l'ennui ; son seul délassement était la promenade ; encore trouvait-il le secret de la faire rentrer dans ses exercices de bienfaisance. Il rencontrait des paysans, il se plaisait à les entretenir. On le voyait *assis* sur l'herbe au milieu d'eux, comme autrefois saint Louis sous le chêne de Vincennes. Il entrait même dans leurs cabanes, et recevait avec plaisir tout ce que lui offrait leur simplicité hospitalière. Sans doute ceux qu'il honora de semblables visites racontèrent plus d'une fois à la génération qu'ils virent naître que leur toit rustique avait *reçu* Fénelon.

(LA HARPE.)

239· Dictée.

L'ÉCUREUIL.

L'écureuil est un joli petit animal qui n'est qu'à demi sauvage, et qui, par sa gentillesse, par sa docilité, par l'innocence même de *ses* mœurs, mériterait d'être épargné ; il n'est ni carnassier, ni nuisible, quoiqu'il saisisse quelquefois des oiseaux ; sa nourriture ordinaire *sont* des fruits, des *amandes*, des noisettes, de la *faîne* et du gland ; il est propre, leste, vif, très-alerte, très-éveillé, très-industrieux ; il a les yeux pleins de feu, la physionomie fine, le corps nerveux, les membres très-dispos : sa jolie figure est encore *rehaussée*, *parée*, par une belle queue en forme de panache, qu'il relève jusque dessus sa tête, et sous laquelle il *se* met à l'ombre ; il est, pour ainsi dire, moins quadrupède que les autres ; il *se* tient ordinairement assis presque debout, et *se* sert de *ses* pieds de devant, comme d'une main, pour porter à sa bouche ; au lieu de *se* cacher sous terre, il est toujours en l'air ; il approche des oiseaux par sa légèreté ; il demeure comme eux sur la cime des arbres, parcourt les forêts en sautant de l'un à l'autre, y fait son nid, cueille les graines, boit la rosée, et ne descend à terre que quand les arbres sont *agités* par la violence des vents. On ne le trouve point dans les champs, dans les lieux *découverts*, dans les pays de plaine ; il n'approche jamais des habitations, il ne reste point dans les taillis, mais dans les bois de hauteur, sur les vieux arbres des plus belles *futaies*. Il craint l'eau plus encore que la terre, et l'on assure que, lorsqu'il faut la passer, il *se* sert d'une écorce pour vaisseau, et de sa queue pour voile et pour gouvernail. Il ne s'engourdit pas comme le loir pendant l'hiver, il est en tout temps très-éveillé; et pour peu que l'on touche au pied de l'arbre sur lequel il repose, il sort de sa petite bauge, fuit sur un autre arbre, ou se cache à l'abri d'une branche. Il ramasse des noisettes pendant l'été, et en *remplit* les *troncs*, les fentes des vieux arbres, et a recours en hiver à sa provision; il les cherche aussi sous la neige, qu'il détourne en grattant. Il a la voix *éclatante*, et plus *perçante* encore que celle de la fouine; il a de plus un murmure à bouche *fermée*, un petit grognement de mécontentement qu'il fait entendre toutes les fois qu'on l'irrite. Il est trop léger pour marcher; il va ordinairement par petits *sauts*, et quelquefois par bonds; il a les ongles si *pointus* et les mouvements si *prompts*, qu'il grimpe en un instant sur un hêtre dont l'écorce est fort lisse.

On entend les écureuils, pendant les belles nuits d'été, crier en courant sur les arbres les uns après les autres; ils *semblent* craindre l'ardeur du soleil; ils *demeurent* pendant le jour à l'abri de leur domicile, dont ils *sortent* le soir pour s'exercer, jouer, courir et manger; *ce* domicile est propre, chaud et impénétrable à la pluie; c'est ordinairement sur l'enfourchure d'un arbre qu'ils l'établissent : ils commencent par transporter des bûchettes qu'ils *mêlent*, qu'ils *entrelacent* avec de la mousse; ils la *serrent* ensuite, ils la *foulent*, et donnent assez de capacité et de solidité à leur ouvrage pour y être à l'aise et en sûreté avec leurs petits; il n'y a qu'une ouverture vers le haut, juste, étroite, et qui suffit à peine pour passer ; au-dessus de l'ouverture est une espèce de couvert en cône qui met le tout à l'abri, et fait que la pluie s'écoule par les côtés, et ne pénètre pas. Ils *muent* au sortir de l'hiver, le poil nouveau est plus roux que celui qui tombe. Ils *se peignent*, ils *se polissent* avec les mains et les dents; ils sont propres, ils n'ont aucune mauvaise odeur ; leur chair est assez bonne à manger. Le poil de la queue sert à faire des pinceaux; mais leur peau ne fait pas une bonne fourrure.   (BUFFON.)

240ᵉ Dictée.

LE CHEVAL DOMPTÉ.

Voyez ce cheval ardent et impétueux, pendant que son écuyer le conduit et le dompte; que de mouvements irréguliers! C'est un effet de son ardeur, et son ardeur vient de sa force, mais d'une force mal *réglée*. Il *se* compose, il devient plus obéissant sous l'éperon, sous le *frein*, sous la main qui le manie à droite et à gauche, le pousse, le retient comme elle veut. A la fin il est *dompté* : il ne fait que *ce* qu'on lui demande : il sait aller le pas, il sait courir, non plus avec cette activité qui l'épuisait, par laquelle son obéissance était encore *désobéissante*. Son ardeur *s'est changée* en force, ou *plutôt* puisque cette force était en quelque façon dans cette ardeur, elle *s'est réglée*. Remarquez : elle n'est pas *détruite*, elle se *règle*; il ne faut plus d'éperon, presque plus de bride; car la bride ne fait plus l'effet de dompter l'animal fougueux; par un petit mouvement, qui n'est que l'indication de la volonté de l'écuyer, elle l'avertit plutôt qu'elle ne le force, et le paisible animal ne fait plus pour ainsi dire, qu'écouter; son action est tellement *unie* à celle de celui qui le mène, qu'il ne s'ensuit plus qu'une seule et *même* action.   (BOSSUET.)

241ᵉ Dictée.

DE L'ATTENTION.

Outre la force *donnée* à la volonté pour empêcher le dernier effet des passions, elle peut encore, en prenant la chose de plus haut, les arrêter et les modérer dans leur principe; et cela par le moyen de l'attention qu'elle fera volontairement à certains objets, *ou* dans le temps des passions pour les calmer, *ou devant* (1) les passions pour les prévenir.

Cette force de l'attention et l'effet qu'elle a sur le cerveau, par le cerveau sur tout le corps, et même sur la partie imaginative de l'âme, et par là sur les passions et sur les appétits, est digne d'une grande considération.

Nous avons déjà *observé* que la contention de la tête se ressent fort grande dans l'attention; et par là il est sensible qu'elle a un grand effet dans le cerveau.

On éprouve d'ailleurs que cette action dépend de la volonté, en sorte que le cerveau doit être sous son empire, en tant qu'il sert à l'attention.

Pour entendre tout ceci, il faut remarquer que les pensées naissent dans notre âme quelquefois à l'agitation naturelle du cerveau, et quelquefois par une attention volontaire.

Pour ce qui est de l'agitation du cerveau, nous avons *observé* qu'elle passe quelquefois d'une partie à une autre; alors nos pensées sont vagues comme le *cours* des esprits; mais, quelque-

---

(1) Aujourd'hui on dirait plutôt : ou *avant* les passions.

fois aussi elle se fait en un seul endroit; et alors nos pensées sont fixes, et l'âme est plus *attachée*, comme le cerveau est aussi plus fortement et plus uniformément *tendu*.

Par là nous observons en nous-mêmes une attention *forcée* ce n'est pas là toutefois *ce* que nous appelons attention, nous donnons *ce* nom seulement à l'attention *où* nous choisissons notre objet, pour y penser volontairement.

Que si nous n'étions capables d'une attention, nous ne serions jamais maîtres de nos considérations et de nos pensées, qui ne seraient qu'une suite de l'agitation nécessaire du cerveau ; nous serions sans liberté, et l'esprit serait en tout *asservi* au corps, toutes choses contraires à la raison et même à l'expérience.

Par ces choses on peut comprendre la nature de l'attention, et que c'est une application volontaire de notre esprit sur un objet.

Mais il faut encore ajouter, que nous voulions considérer cet objet par l'entendement, c'est-à-dire, raisonner dessus, ou enfin y contempler la vérité. Car s'abandonner volontairement à quelque imagination qui nous plaise, sans vouloir nous en détourner, ce n'est pas attention; il faut vouloir entendre et *raisonner*.

C'est donc proprement par l'attention que *commence* le raisonnement et les réflexions; et l'attention commence elle-même par la volonté de considérer et d'entendre.

Et il paraît clairement que pour se rendre attentif, la première chose qu'il faut faire, c'est d'ôter l'empêchement naturel de l'attention, c'est-à-dire la dissipation, et *ces* pensées vagues qui s'élèvent dans notre esprit; car il ne peut pas être tout ensemble dissipé et attentif.

Pour faire taire *ces* pensées qui nous dissipent, il faut que l'agitation naturelle du cerveau soit en quelque sorte *calmée*; car, tant qu'elle *durera*, nous ne serons jamais assez *maîtres* de nos pensées, pour avoir de l'attention.

Ainsi, le premier effet du commandement de l'âme, est que, voulant être attentive, elle *apaise* l'agitation *naturelle* du cerveau.

Et nous avons déjà *vu* que, pour cela, il n'est pas besoin qu'elle connaisse le cerveau, *ou* qu'elle ait intention d'agir sur lui : il suffit qu'elle veuille faire *ce* qui dépend d'elle immédiatement, c'est-à-dire, être attentive. Le cerveau, s'il n'est *prévenu* par quelque agitation trop violente, obéit naturellement et *se* calme par la seule subordination du corps à l'âme.

Mais, comme les esprits qui *tournoient* dans le cerveau, tendent toujours à l'agiter à leur ordinaire, son mouvement ne peut être *arrêté* sans quelque effort : C'est *ce* qui fait que l'attention a quelque chose de pénible, et veut être *relâchée* de temps en temps.

Aussi le cerveau, *abandonné* aux esprits et aux vapeurs qui le poussent sans cesse, *souffrirait* un mouvement trop irrégulier ; les pensées seraient trop *dissipées* ; et cette dissipation, outre qu'elle tournerait à une espèce d'extravagance, d'elle-même est *fatigante*. C'est pourquoi il faut nécessairement, même pour son propre repos, brider *ces* mouvements irréguliers du cerveau.

Voilà donc l'empêchement levé, c'est-à-dire la dissipation *ôtée*. L'âme se trouve tranquille, et *ses* imaginations confuses sont *disposées* à tourner en raisonnement et en considération.

(Bossuet.)

242ᵉ Dictée.

NAISSANCE ET ACTION DES FLEUVES.

Les eaux qui tombent sur les crêtes et les sommets des montagnes, *ou* les vapeurs qui s'y *condensent*, *ou* les neiges qui s'y liquéfient, descendent par une infinité de filets le long de leurs pentes ; elles en enlèvent quelques parcelles, et y marquent leur passage par des sillons légers. Bientôt *ces* filets *se* réunissent dans les creux plus *marqués*, dont la surface des montagnes est *labourée ;* ils *s'écoulent* par les vallés profondes qui en entament le pied, et vont former ainsi les rivières et les fleuves, qui reportent à la mer les eaux que la mer avait *données* à l'*atmosphère*. A la fonte des neiges, *ou* lorsqu'il survient un orage, le volume de *ces* eaux de montagnes, subitement *augmenté*, *se* précipite avec une vitesse *proportionnée* aux pentes ; elles vont heurter avec violence le pied de *ces* croupes de débris qui couvrent les flancs de toutes les hautes vallées ; elles *entraînent* avec elles les fragments déjà *arrondis* qui les composent ; elles les émoussent, les polissent encore par le frottement ; mais à mesure qu'elles arrivent à des vallées plus *unies, où* leur *chute* diminue, *ou* dans des bassins plus larges, *où* il leur est *permis* de s'épandre, *elles jettent* sur la plage les plus grosses de *ces* pierres, qu'elles roulaient ; les débris plus *petits* sont *déposés* plus bas, et il n'arrive guère au grand canal de la rivière que les parcelles les plus *menues*, ou le limon le plus imperceptible. Souvent même le cours de *ces* eaux, avant de former le grand fleuve inférieur, est *obligé* de traverser un lac vaste et profond *où* leur limon *se* dépose, et d'*où* elles ressortent limpides. Mais les fleuves inférieurs, et tous les ruisseaux qui naissent des montagnes plus basses *ou* des collines, *produisent* aussi, dans les terrains qu'ils *parcourent*, des effets plus ou moins analogues à ceux des torrents des hautes montagnes. Lorsqu'ils sont *gonflés* par de grandes pluies, ils attaquent le pied des collines terreuses *ou* sableuses qu'ils rencontrent dans leur cours, et en portent les débris sur les terrains bas qu'ils inondent, et que chaque inondation *élève* d'une quantité quelconque ; enfin lorsque les fleuves arrivent aux grands lacs *ou* à la mer, et que cette rapidité, qui entraîne ces parcelles de limon, vient à cesser tout à fait, ces parcelles se déposent aux côtés de l'embouchure ; elles finissent par y former des terrains qui prolongent la côte ; et, si cette côte est telle que la mer y *jette* de son côté du sable, et contribue *à cet* accroissement, il *se* crée ainsi des provinces, des royaumes entiers, ordinairement les plus fertiles, et bientôt les plus riches du monde, si les gouvernements laissent l'industrie s'y exercer en paix.

(CUVIER.)

243ᵉ Dictée.

LES ANIMAUX SAUVAGES.

Dans les animaux domestiques, et dans l'homme, nous n'avons *vu* la nature que *contrainte*, rarement *perfectionnée*, souvent *altérée*, *défigurée*, et toujours *environnée* d'entraves ou *chargée* d'ornements étrangers : maintenant elle va paraître *nue*, *parée* de sa seule simplicité, mais plus *piquante* par sa beauté naïve, sa démarche légère, son air libre, et par les autres attributs de la noblesse et de l'indépendance. Nous la *verrons* parcourant en souveraine la surface de la terre, partager son domaine entre les animaux, assigner à chacun son élément, son climat, sa subsistance ; nous la verrons dans les *forêts*, dans les *eaux*, dans les *plaines*, dictant *ses* lois simples, mais immuables, imprimant sur chaque espèce ses caractères inaltérables, et *dispensant* avec équité *ses* dons, *compenser* le bien et le mal, *donner* aux uns la force et le courage, *accompagnés* du besoin et de la voracité ; aux autres, la douceur, la tempérance, la légèreté du corps, avec la crainte, l'inquiétude et la timidité ; à tous, la liberté avec des mœurs constantes.

Amour et liberté, quels bienfaits ! *ces* animaux que nous appelons sauvages, parce qu'ils ne nous sont pas *soumis*, ont-ils besoin de plus pour être heureux ? Ils ont encore l'égalité, ils ne sont ni les esclaves, ni les tyrans de leurs semblables; l'individu n'a pas à craindre, même l'homme, tout le reste de son espèce : ils ont entre eux la paix, et la guerre ne leur vient que des étrangers ou de nous. Ils ont donc raison de fuir l'espèce humaine, de se dérober à notre aspect, de s'établir dans les solitudes *éloignées* de nos habitations, de *se* servir de toutes les ressources de leur instinct pour *se* mettre en sûreté, et d'employer, pour *se* soustraire à la puissance de l'homme, tous les moyens de liberté que la nature leur a *fournis* en *même* temps qu'elle leur a *donné* le désir de l'indépendance.

Les uns, et *ce* sont les plus doux, les plus innocents, les plus tranquilles, *se* contentent de s'éloigner, et passent leur vie dans nos campagnes : ceux qui sont plus défiants, plus farouches, *s'enfoncent* dans les bois; d'autres, comme s'ils savaient qu'il n'y a nulle sûreté sur la surface de la terre, *se creusent* des demeures *souterraines*, se réfugient dans des cavernes ou gagnent les sommets des montagnes les plus inaccessibles; enfin, les plus féroces ou *plutôt* les plus fiers n'habitent que les déserts, et règnent en souverains dans *ces* climats *brûlants*, *où* l'homme, aussi sauvage qu'eux, ne peut leur disputer l'empire.

(Bossuet.)

244ᵉ Dictée.

CHARLEMAGNE.

On voit, dans les lois de ce Prince, un esprit de prévoyance qui comprend tout, et une certaine force qui entraîne tout; les prétextes pour éluder les devoirs sont *ôtés*, les négligences *corrigées*, les abus *réformés ou prévenus*; il savait punir, il savait encore mieux pardonner. Vaste dans *ses desseins*, simple dans l'exécution, personne *n'*eut à un plus haut degré l'art de faire les plus grandes choses avec facilité, et les difficiles avec promptitude.

Il parcourait sans cesse son vaste Empire, portant la main partout *où* il allait tomber. Les affaires renaissaient de toutes parts, il les finissaient de toutes parts. Il *se* joua de tous les périls, et particulièrement de ceux qu'éprouvent presque toujours les grands conquérants, c'est-à-dire des conspirations.

Ce prince prodigieux était extrêmement modéré; son caractère était doux, ses manières simples : il aimait à vivre avec les gens de sa cour.

On ne dira plus qu'un mot : il ordonnait qu'on *vendît* les *œufs* des *basses-cours* de *ses* domaines, et les herbes inutiles de *ses* jardins; et il avait *distribué* à *ses* peuples toutes les richesses des Lombards et les immenses trésors de *ces* Huns qui avaient *dépouillé* l'univers.

245ᵉ Dictée.

PUISSANCE DE L'HOMME SUR TOUS LES ÊTRES DE LA CRÉATION.

Qu'elle est belle cette nature *cultivée!* Que, par les soins de l'homme, elle est *brillante* et pompeusement *parée!* Il en fait lui-même le principal ornement ; il en multiplie le germe le plus précieux : elle-même aussi semble *se* multiplier avec lui ; il met au jour par son art tout *ce* qu'elle recélait dans son sein. Que de trésors *ignorés!* Que de richesses nouvelles! Les fleurs, les fruits, les grains *perfectionnés, multipliés* à l'infini; les espèces utiles d'animaux *transportées, propagées, augmentées*, sans nombre ; les espèces nuisibles *réduites, confinées, reléguées ;* l'or, et le fer plus nécessaire que l'or, *tirés* des entrailles de la terre; les torrents *contenus*, les fleuves *dirigés, resserrés*; la mer *soumise, reconnue, traversée* d'un hémisphère à l'autre; la terre accessible partout, partout *rendue* aussi *vivante* que féconde; dans les vallées, de riantes prairies; dans les plaines, de riches pâturages *ou* des moissons encore plus riches; les collines *chargées* de vignes et de fruits, leurs sommets *couronnés* d'arbres utiles et de jeunes forêts ; les déserts *devenus* des cités, *habités* par un peuple immense, qui, circulant sans cesse, se répand de *ces* centres jusqu'aux extrémités; des routes *ouvertes* ou *fréquentées*, des communications *établies* partout, comme autant de *témoins* de la force et de l'union de la société ; mille autres *monuments* de puissance et de gloire démontrent assez que l'homme, maître du domaine de la terre, en a *changé, renouvelé* la surface *entière*, et que de tout temps il partage l'empire avec la nature.

Cependant il ne règne que par droit de conquête ; il jouit *plutôt* qu'il ne possède, il ne conserve que par des soins toujours *renouvelés, S'ils cessent*, tout languit, tout s'altère, tout change, tout rentre sous la main de la nature : elle reprend *ses* droits, efface les ouvrages de l'homme, couvre de poussière et de mousse *ses* plus fastueux monuments, les détruit avec le temps, et ne lui laisse que le regret d'avoir perdu, par sa faute, ce que *ses* ancêtres avaient conquis par leurs travaux. Ces temps *où* l'homme perd son domaine, ces siècles de barbarie pendant *lesquels* tout périt, sont toujours *préparés* par la guerre, et arrivent avec la disette et la dépopulation. L'homme, qui ne peut que par le nombre, qui n'est fort que par sa réunion, qui n'est heureux que par la paix, a la fureur de s'armer pour son malheur et de combattre pour sa ruine ; *excité* par l'insatiable avidité, *aveuglé* par l'ambition encore plus insatiable, il renonce aux sentiments d'humanité, tourne toutes *ses* forces contre lui-même, cherche à s'entre-détruire, *se* détruit en effet; et, après des jours de sang et de carnage, lorsque la fumée de la gloire *s'est dissipée,* il voit d'un œil triste la terre *dévastée,* les arts *ensevelis,* les nations *dispersées,* les peuples *affaiblis,* son propre bonheur *ruiné,* et sa puissance réelle *anéantie.*   (BUFFON.)

246ᵉ Dictée.

CROMWELL.

Un homme *s'est rencontré,* d'une profondeur d'esprit incroyable; *hypocrite raffiné* autant qu'habile politique ; capable de tout entreprendre et de tout cacher, également actif et infatigable dans la paix et dans la guerre, qui ne laissait rien à la Fortune de ce qu'il pouvait lui ôter par conseil et par prévoyance, mais au reste si vigilant et si prêt à tout, qu'il n'a jamais *manqué* les occasions qu'elle lui a *présentées ;* enfin, un de ces esprits *remuants* et audacieux qui *semblent* être *nés* pour changer le monde.

Que le sort de tels esprits est hasardeux ; et qu'il en *paraît* dans l'histoire à qui leur audace a été funeste! Mais aussi que ne sont-ils pas, quand il *plaît* à Dieu de s'en servir! Il fut *donné* à celui-ci de tromper les peuples et de prévaloir contre les Rois. Car, comme il *eut aperçu* que, dans ce mélange infini de sectes qui *n'avaient* plus de règles certaines, le plaisir de dogmatiser, sans être repris ni contraint par aucune autorité ecclésiastique ni séculière, était le charme qui possédait les esprits, il sut si bien les concilier par là, qu'il *fit* un corps redoutable de cet assemblage monstrueux.

Quand une fois on a *trouvé* le moyen de prendre la multitude par *l'appât* de la liberté, elle suit en aveugle, pourvu qu'elle en entende seulement le nom. Ceux-ci, *occupés* du premier objet qui les *avait transportés,* allaient toujours, sans regarder qu'ils allaient à la servitude : et leur subtil conducteur, qui, en combattant, en dogmatisant, en mêlant mille personnages divers, en faisant le docteur et le prophète, aussi bien que le soldat et le capitaine, vit qu'il avait tellement *enchanté* le monde, qu'il était *regardé* de toute l'armée comme un chef envoyé de Dieu pour la protection de l'indépendance, commença à s'apercevoir qu'il pouvait encore les pousser plus loin. C'était le conseil de Dieu d'instruire les Rois. Quand ce grand Dieu a *choisi* quelqu'un pour être l'instrument de *ses desseins*, rien n'en *arrête* le cours; ou il enchaîne, ou il aveugle, ou il dompte tout ce qui est coupable de résistance.   (BOSSUET.)

247ᵉ Dictée.

LA MORT.

Nous la portons tous en naissant dans le sein. Il semble que nous avons *sucé*, dans les entrailles de nos mères, un poison lent, avec lequel nous venons au monde, qui nous fait languir ici-bas, les uns plus, les autres moins, mais qui finit toujours par le trépas. Nous *mourons* tous les jours; chaque instant nous dérobe une portion de notre vie, et nous avance d'un pas vers le tombeau. Le corps dépérit, la santé s'use, tout *ce* qui nous environne nous détruit, les aliments nous *corrompent*, les remèdes nous *affaiblissent*, ce feu spirituel qui nous anime au dedans, nous consume, et toute notre vie n'est qu'une longue et pénible agonie. Or, dans cette situation, quelle image devrait être plus familière à l'homme que celle de la mort? Un criminel *condamné* à mourir, quelque part qu'il jette les yeux, que peut-il voir que *ce* triste objet? Et le plus ou le moins que nous avons à vivre fait-il une différence assez grande pour nous regarder comme immortels sur la terre?

Il est vrai que la mesure de nos destinées n'est pas égale : les uns voient *croître* en paix, jusqu'à l'âge le plus reculé, le nombre de leurs années; et, héritiers des bénédictions de l'ancien temps, ils meurent pleins de joie, au milieu d'une nombreuse postérité; les autres, *arrêtés* dès le milieu de leur course, voient les portes du tombeau s'ouvrir en un âge encore florissant, et cherchent en vain le reste de leurs années. Enfin, il en est qui ne font que se montrer à la terre, qui finissent du matin au soir, et qui, semblables à la fleur des champs, ne *mettent* presque point d'intervalle entre l'instant qui les voit éclore et celui qui les voit sécher et disparaître. Le moment fatal, marqué à chacun, est un secret écrit dans le livre éternel.

Nous vivons donc tous, incertains de la durée de nos jours; et cette incertitude, si capable *toute seule* de nous rendre *attentifs* à cette dernière heure, endort elle-même notre vigilance. Nous ne *songeons* point à la mort, parce que nous ne savons pas *où* la placer dans les différents âges de notre vie.

Nous ne regardons pas même la vieillesse comme le terme du moins sûr et inévitable. Le doute si l'on y parviendra, qui devait, ce semble, borner en deçà nos espérances, fait que nous les étendons même au delà de cet âge. Notre crainte, ne pouvant poser sur rien de certain, n'est plus qu'un sentiment vague et *confus* qui ne porte sur rien du tout; de sorte que l'incertitude, qui ne devait tomber que sur le plus ou le moins, nous rend *tranquilles* sur le *fond* même.

248e Dictée.

EXORDE D'UNE ORAISON FUNÈBRE.

Loin donc de cette chaire cet art qui loue vainement les hommes par les actions de leurs ancêtres, qui remonte à des sources souvent inconnues, pour flatter l'orgueil des familles ambitieuses, et qui s'arrête à des généalogies sans fin, comme parle l'apôtre, plus propres à satisfaire une vaine curiosité qu'à édifier une foi solide. Vous savez, messieurs, et c'est assez, que la noble maison de Wignerod, originaire d'Angleterre, *établie* en France sous le règne de Charles VII, s'est *élevée* au rang qu'elle y tient par une longue succession de vertus, et a mérité, par de *signalées* victoires *remportées* sur terre et sur mer, de perpétuels accroissements d'honneur et de gloire.

Vous savez que la maison de Plessis-Richelieu, après s'être *soutenue* durant plusieurs siècles par elle-même et par ses glorieuses alliances avec des princes, des rois et des empereurs, s'est enfin *trouvée* au plus haut point de grandeur où des personnes d'illustre naissance puissent atteindre. Que dois-je dire après cela de notre vertueuse duchesse, sinon qu'elle a *ennobli* par sa piété ces familles dont elle est *sortie*, et que, réduisant l'honneur à son véritable principe, elle a *reconnu* que la naissance glorieuse du chrétien est celle qui le rend enfant de Dieu, qu'il y a une pureté de mœurs plus estimable que celle du sang, et une noblesse spirituelle qui consiste à être conforme à l'image de Jésus-Christ.

Ces sentiments furent *gravés* dans son esprit aussitôt qu'elle en fut capable; et quand ne le fut-elle pas? La sagesse n'attendit pas en elle la maturité de l'âge; elle eut de bonnes inclinations; elle *conçut* de bons désirs; elle fit de bonnes œuvres presque au même temps. Les vertus semblaient lui être *inspirées* avant qu'on les lui *eût apprises*, et son heureux naturel ne laissa presque rien à faire à l'éducation. Ainsi Dieu prévient quelquefois *ses élus* de bénédictions *avancées*; et, par des dons naturels préparant lui-même les *voies* à la grâce qu'il leur destine, il porte leurs volontés naissantes au bien par des impressions *secrètes* de son amour et de sa crainte, pour les conduire aux fins que sa providence leur a *marquées*.

Cette jeune plante, ainsi *arrosée* des *eaux* du ciel, ne fut pas longtemps sans porter du fruit. On vit croître en cette admirable fille tant de louables habitudes aussitôt qu'on les eut *vues* naître : cette piété qui la fit recourir à Dieu dans tous *ses* besoins; cette modestie qui la retint toujours dans les lois d'une austère vertu et d'une exacte bienséance; cette prudence qui lui fit discerner le vrai d'avec le faux, le vil d'avec le précieux; cette grandeur d'âme qui la soutint également dans la bonne et la mauvaise fortune ; cette tendresse et cette compassion qui la rendirent sensible à toutes les misères *connues*, et cette attention perpétuelle qu'elle eut à rendre aux uns tout ce qu'elle leur devait, à faire aux autres tout le bien dont elle s'estimait capable. Ces vertus, qui sont les fruits de l'expérience et d'une longue réflexion dans les personnes ordinaires, étaient, ce semble, le fond de l'esprit et du tempérament de celle-ci

249ᵉ Dictée.

UN OURAGAN DANS LA MER DES INDES.

Quand nous *eûmes doublé* (1) le cap de Bonne-Espérance (2), et que nous *vîmes* l'entrée du canal de Mozambique (3), le 23 de juin, vers le *solstice* d'été, nous *fûmes assaillis* par un vent épouvantable du sud. Le ciel était *serein*, on n'y voyait que quelques petits nuages *cuivrés*, semblables à des vapeurs *rousses*, qui le *traversaient* avec plus de vitesse que celle des oiseaux. Mais la mer était *sillonnée* par cinq ou six vagues *longues* et *élevées* semblables à des chaînes de collines, *espacées* entre elles par de *larges* et *profondes vallées*. Chacune de ces collines aquatiques *était* à deux ou trois étages. Le vent détachait de *leurs sommets anguleux* une espèce de crinière d'écume où *se peignaient* çà et là les couleurs de l'*arc-en-ciel*. Il en emportait aussi des tourbillons d'une poussière *blanche*, qui se répandait au loin dans leurs vallons, comme celle qu'il élève sur les grands chemins en été. Ce qu'il y avait de plus redoutable, c'est que quelques sommets de ces collines, *poussés* en avant de leurs bases par la violence du vent, *se déferlaient* en énor-

(1) Dépassé.
(2) Au sud de l'Afrique.
(3) Entre l'île de Madagascar et le continent africain.

mes voûtes, qui *se* roulaient sur *elles-mêmes* en mugissant et
en écumant, et eussent *englouti* le plus grand vaisseau, s'il *se
fût trouvé* sous leurs ruines. L'état de notre vaisseau con-
courait avec celui de la mer à rendre notre situation affreuse.
Notre grand *mât* (1) avait été brisé la nuit par la foudre, et le
mât de misaine, notre unique voile, avait été emporté le matin
par le vent. Le vaisseau, incapable de gouverner, voguait en
travers, jouet du vent et des lames. J'étais sur le gaillard d'arrière, me tenant *accroché* aux *haubans* du mât d'artimon, *tâ-
chant* de me familiariser avec ce terrible spectacle. *Quand* une
de ces montagnes approchait de nous, j'en voyais le sommet
à la hauteur de nos *huniers*, c'est-à-dire à plus de cinquante
pieds au-dessus de ma tête. Mais la base de cette effroyable
digue venant à passer sous notre vaisseau, elle le faisait tellement pencher que *ses* grandes vergues trempaient à moitié
dans la mer qui mouillait le pied de *ses mâts*, de sorte qu'il
était au moment de chavirer. Quand il se trouvait sur sa crête,
il *se* redressait et *se* renversait tout à coup en sens contraire
sur sa pente *opposée* avec non moins de danger, tandis qu'elle
s'écoulait de dessous lui avec la rapidité d'une écluse, en large
nappe d'écume. Nous restâmes ainsi entre la vie et la mort depuis le lever du soleil jusqu'à trois heures après-midi.

Il était alors impossible de recevoir quelque consolation d'un
ami ou de lui en donner. Le vent était si violent, qu'on ne
pouvait entendre les paroles *même* qu'on se disait à l'oreille
en criant *à tue-tête*. L'air emportait la voix, et ne permettait
d'ouïr que le sifflement aigu des vergues et des cordages, et
les bruits *rauques* des flots, semblables aux *hurlements des bêtes
féroces*.

Ces tempêtes, *appelées* aux Indes *ouragans*, et *typhons* à la
Chine, arrivent tous les ans vers les *solstices* (2), tandis qu'elles
n'ont lieu dans notre *zone tempérée* que vers les *équinoxes*.

(BERNARDIN DE SAINT-PIERRE.)

250e Dictée.

LE BIENFAIT PERPÉTUEL.

Passy, 22 avril 1781.

Mon cher Monsieur,

J'ai *reçu* votre lettre du 15 courant, et le mémoire qui y était
joint. Le tableau que vous me *faites* de votre situation m'af-

---

(1) Pour l'explication des termes de marine, voir la dictée nº 98.
(2) Pour l'explication des termes de cosmographie, voir la dictée nº 108.

flige. Je vous envoie ci-inclus un billet de dix louis. Je ne prétends pas vous *donner* cette somme ; je ne fais que vous la *prêter*. Lorsque vous retournerez dans votre patrie, avec une bonne réputation, vous ne *pourrez* manquer de prendre un intérêt dans quelque affaire qui vous mettra en état de payer vos dettes ; dans ce cas, si vous rencontrez un honnête homme qui se trouve dans une détresse semblable à celle que vous éprouvez en ce moment, vous me *payerez* en lui *prêtant* cette somme, et vous lui enjoindrez d'acquitter sa dette par une semblable opération, dès qu'il sera en état de le faire, et qu'il en trouvera une occasion du même genre. J'espère que les dix louis passeront de la sorte dans beaucoup de mains avant de tomber dans celles d'un malhonnête homme qui veuille en arrêter la marche. C'est un artifice que j'emploie pour faire beaucoup de bien avec peu d'argent. Je ne suis pas assez riche pour en consacrer beaucoup à de bonnes œuvres, et je suis obligé d'user d'adresse afin de faire le plus possible avec peu. C'est en vous offrant tous mes vœux pour le succès de votre mémoire et pour votre prospérité future, que j'ai l'honneur d'être, mon cher Monsieur.

Votre très-humble serviteur,

B. FRANKLIN.

251ᵉ Dictée.

EXORDE DE L'ORAISON FUNÈBRE DE LA REINE D'ANGLETERRE.

Celui qui règne dans les cieux et de qui *relèvent* tous les empires, à qui seul appartient la gloire, la majesté et l'indépendance, est aussi le seul qui se glorifie de faire la loi aux rois, et de leur donner, quand il lui plaît, de grandes et terribles leçons. Soit qu'il élève les trônes, soit qu'il les abaisse, soit qu'il communique sa puissance aux princes, soit qu'il la retire à lui-même et ne leur laisse que leur propre faiblesse, il leur apprend leurs devoirs d'une manière souveraine et digne de lui : car, en leur donnant sa puissance, il leur commande d'en user comme il fait lui-même pour le bien du monde ; et il leur fait voir, en la retirant, que toute leur majesté est *empruntée*, et que, pour être assis sur le trône, ils n'en sont pas moins sous sa main et sous son autorité suprême. C'est ainsi qu'il instruit les princes, non-seulement par des discours et par des paroles, mais encore par des effets et par des exemples.

Chrétiens, que la mémoire d'une grande reine, fille, femme.

mère de rois si puissants, et souveraine de trois royaumes, appelle de tous côtés à cette triste cérémonie, ce discours vous fera paraître un de *ces* exemples redoutables qui étalent aux yeux du monde sa vanité *tout* entière. Vous verrez dans une seule vie toutes les extrémités des choses humaines; la félicité sans bornes aussi bien que les misères; une longue et paisible jouissance d'une des plus nobles couronnes de l'univers; *tout ce que peuvent* donner de plus glorieux la naissance et la grandeur *accumulé* sur une tête qui ensuite est *exposée* à *tous* les outrages de la fortune; la bonne cause suivie d'abord de bons succès, et depuis, des retours soudains, des changements *inouïs*; la rébellion longtemps *retenue*, à la fin tout à fait maîtresse; nul frein à la licence; les lois *abolies*; la majesté *violée* par des attentats jusqu'alors *inconnus*; l'usurpation et la tyrannie sous le nom de liberté; une reine fugitive, qui ne trouve aucune retraite dans trois royaumes, et à qui sa propre patrie n'est plus qu'un triste lieu d'exil; neuf voyages sur mer, *entrepris* par une princesse, malgré les tempêtes; l'Océan *étonné* de se voir *traversé* tant de fois en des appareils si divers, et pour des causes si différentes; un trône indignement *renversé*, et miraculeusement *rétabli*. Voilà les enseignements que Dieu donne aux rois : ainsi fait-il voir au monde le néant de *ses* pompes et de *ses* grandeurs. Si les paroles nous manquent, si les expressions ne répondent pas à un sujet si vaste et si relevé, les choses parleront assez d'*elles-mêmes*; le cœur d'une grande reine, autrefois *élevé* par une si longue suite de prospérités, et puis *plongé* tout à coup dans un abîme d'amertumes, parlera assez haut; et s'il n'est pas *permis* aux particuliers de faire des leçons aux princes sur des événements si étranges, un roi me *prête ses* paroles pour leur dire : Entendez, ô grands de la terre! Instruisez-vous, arbitres du monde.   (Bossuet.)

252ᵉ Dictée.

TURENNE ET CONDÉ.

Ça été, dans notre siècle, un grand spectacle de voir, dans le même temps et dans les mêmes campagnes, ces deux hommes que la voix commune de toute l'Europe égalait aux plus grands capitaines des siècles *passés*, tantôt à la tête de corps *séparés*, tantôt *unis*, plus encore par le concours des mêmes pensées, que par les ordres que l'inférieur recevait de l'autre; tantôt *opposés* front à front, et redoublant l'un dans l'autre, l'activité et la vigilance, comme si Dieu, dont souvent, selon l'Ecriture, la sagesse *se* joue dans l'univers, *eût* voulu nous les montrer en

toutes les formes, et nous montrer ensemble tout ce qu'il peut
faire des hommes. Que de campements, que de belles marches,
que de hardiesse, que de précautions, que de périls, que de ressources! vit-on jamais en deux hommes les mêmes vertus, avec
des caractères si divers, pour ne pas dire si contraire?

L'un paraît agir par des réflexions profondes et l'autre par de
soudaines illuminations : celui-ci, par conséquent plus vif, mais
sans que son feu eût rien de précipité; celui-là d'un air froid,
sans jamais avoir rien de lent, plus hardi à faire qu'à parler, résolu et déterminé au dedans, lors même qu'il paraissait embarrassé au dehors. L'un, dès qu'il paraît dans les armées, donne
une haute idée de sa valeur, et fait attendre quelque chose d'extraordinaire, mais toutefois s'avance par ordre, et vient comme
par degrés aux prodiges qui ont *fini* le cours de sa vie; l'autre
comme un homme inspiré dès sa première bataille, s'égale aux
maîtres les plus *consommés*. L'un, par de vifs et continuels efforts, emporte l'admiration du genre humain, et fait taire l'envie;
l'autre jette d'abord une si vive lumière, qu'elle n'osait l'attaquer. L'un enfin, par la profondeur de son génie et les incroya-
bles ressources de son courage, s'élève au-dessus des plus grands
périls, et sait même profiter de toutes les infidélités de la fortune;
l'autre, et par l'avantage d'une si haute naissance, et par ces
grandes pensées que le ciel envoie, et par une espèce d'instinct
admirable dont les hommes ne connaissent pas le secret, semble né pour *entraîner* la fortune dans *ses desseins*, et forcer les
destinées.

Et, afin que l'on *vit* toujours dans *ces* deux hommes de grands
caractères, mais divers, l'un emporté d'un coup soudain, meurt
pour son pays, comme un Judas Machabée; l'armée le pleure
comme un père, et la cour et tout le peuple gémissent; sa piété
est *louée* comme son courage, et sa mémoire ne *se* flétrit point
par le temps : l'autre, *élevé* par les armes au comble de la gloire
comme un David, comme lui meurt dans son lit, en publiant les
louanges de Dieu, et instruisant sa famille, et laisse tous les
cœurs *remplis* tant de l'éclat de sa vie que de la douceur de sa
mort. Quel spectacle! de voir et d'étudier *ces* deux hommes et
d'apprendre de chacun d'eux *toute* l'estime que méritait l'autre.

(BOSSUET.)

253ᵉ Dictée.

LE CIEL ET LES ÉTOILES.

Mais regardons encore une fois ces voûtes immenses où brillent les astres, et qui couvrent nos têtes. Si se sont des voûtes solides, qui en est l'architecte? Qui est-ce qui a *attaché* tant de grands corps lumineux à certains endroits de *ces* voûtes de distance en distance? Qui est-ce qui fait tourner si régulièrement *ces* voûtes autour de nous? Si au contraire les cieux ne sont que des espaces immenses *remplis* de corps *fluides*, comme l'air qui nous environne; d'*où* vient donc que tant de corps solides y *flottent* sans s'enfoncer jamais, et sans se rapprocher jamais les uns des autres? Depuis tant de siècles que nous avons des observations astronomiques, on est encore à découvrir le moindre dérangement dans les cieux. Un corps fluide donne-t-il un arrangement si constant et si régulier aux corps solides qui nagent circulairement dans son enceinte?

Mais que signifie cette multitude presque innombrable d'étoiles? La profusion avec laquelle la main de Dieu les a *répandues* sur son ouvrage fait voir qu'elles ne *coûtent* rien à sa puissance. Il en a *semé* les cieux, comme un prince magnifique répand l'argent à *pleines* mains, ou comme il met des pierreries sur *ses* habits. Que quelqu'un dise, tant qu'il lui plaira, que ce sont au tant de mondes semblables à la terre que nous habitons; je le suppose pour un moment : combien doit être puissant et sage celui qui fait des mondes aussi innombrables que les grains de sable qui couvrent le rivage des mers, et qui conduit sans peine, pendant tant de siècles, tous *ces* mondes *errants*, comme un berger conduit un troupeau! Si au contraire ce sont seulement des flambeaux *allumés* pour luire à nos yeux, dans ce petit globe qu'on nomme la terre, quelle puissance, que rien ne lasse, et à qui rien ne *coûte!* quelle profusion, pour donner à l'homme, dans ce petit coin de l'univers, un spectacle si étonnant!

Mais parmi ces astres j'aperçois la lune, qui semble partager avec le soleil le soin de nous éclairer. Elle se montre à point nommé, avec toutes les étoiles quand le soleil est *obligé* d'aller ramener le jour dans l'autre hémisphère. Aussi la nuit même, malgré ses ténèbres, a une lumière, sombre à la vérité, mais douce et utile. Cette lumière est *empruntée* au soleil, quoique absent. Ainsi tout est *ménagé* dans l'univers avec un si bel art, qu'un globe voisin de la terre, et aussi ténébreux qu'elle par lui-même, sert néanmoins à lui renvoyer par réflexion les rayons qu'il reçoit du soleil ; et que le soleil éclaire par la lune les peuples qui ne peuvent le voir, pendant qu'il doit en éclairer d'autres.   (FÉNELON.)

254ᵉ Dictée.

LES CATACOMBES.

Un jour j'étais allé visiter la fontaine *Egérie* (1) : la nuit me surprit. Pour regagner la voie Appienne, je me dirigeai vers le tombeau de *Cecilia Metella*, chef-d'œuvre de grandeur et d'élégance. En traversant des champs abandonnés, j'aperçus plusieurs personnes qui se glissaient dans l'ombre, et qui toutes, s'arrêtant au même endroit, disparaissaient subitement. Poussé par la curiosité, je m'avance, et j'entre hardiment dans la caverne où s'étaient *plongés* les mystérieux fantômes. Je vis s'allonger devant moi les galeries souterraines, qu'à peine éclairaient de loin *quelques* lampes *suspendues*. Les murs des *corridors* funèbres étaient *bordés* d'un triple rang de cercueils, *placés* les uns au-dessus des autres. La lumière lugubre des lampes, rampant sur les parois des voûtes, et se mouvant avec lenteur le long des sépulcres, répandait une mobilité effrayante sur les objets éternellement immobiles.

En vain, prêtant une oreille attentive, je cherche à saisir quelques sons pour me diriger à travers un abîme de silence ; je n'entends que le battement de mon cœur dans le repos absolu de ces lieux. Je voulus retourner en arrière, mais il n'était plus temps ; je pris une fausse route, et au lieu de sortir du dédale (2), je m'y enfonçai. De nouvelles avenues, qui s'ouvrent et se croisent de toutes parts, augmentent à chaque instant mes perplexités. Plus je m'efforce de trouver un chemin, plus je m'égare ; *tantôt* je m'avance avec lenteur ; tantôt je passe avec vitesse. Alors, par un effet des *échos* qui répètent le bruit de mes pas, je croyais entendre marcher précipitamment derrière moi.

Il y avait déjà longtemps que j'errais ainsi ; mes forces commençaient à s'épuiser : je m'assis à un carrefour solitaire de la cité des morts. Je regardais avec inquiétude la lumière des lampes presque *consumée* qui menaçait de s'éteindre. Tout à coup

(1) Fontaine consacrée à la nymphe Egérie, avec qui Numa avait feint d'avoir des entretiens.
(2) *Dédale*, synonyme de *labyrinthe*, entre-croisement de routes ainsi nommé, de l'ingénieux Dédale, architecte du labyrinthe de l'île de Crète, où l'on prétendait qu'était renfermé le Minotaure.

une harmonie, semblable au chœur lointain des esprits célestes, sort du fond de ces demeures *sépulcrales* : ces divins accents expiraient et renaissaient tour à tour ; ils semblaient s'adoucir encore en s'égarant dans les routes tortueuses du souterrain. Je me lève, et je m'avance vers les lieux d'*où s'échappent* les magiques concerts ; je découvre une salle *illuminée*. Sur un tombeau *paré* de fleurs, Marcellin célébrait le mystère des chrétiens : des jeunes filles, *couvertes* de voiles blancs, chantaient au pied de l'autel ; une nombreuse assemblée *assistait* au sacrifice. Je reconnais les *Catacombes* (1) !   (CHATEAUBRIAND.)

255ᵉ Dictée.

LES DÉSERTS DE L'ARABIE PÉTRÉE.

Qu'on *se* figure un pays sans verdure et sans eau, un soleil *brûlant*, un ciel toujours sec, des plaines sablonneuses, des montagnes encore plus arides, sur lesquelles l'œil s'étend et le regard se perd sans pouvoir s'arrêter sur aucun objet *vivant*, une terre morte, et pour ainsi dire *écorchée* par les vents ; laquelle ne présente que des ossement, des *cailloux jonchés*, des rochers debout *ou renversés* ; un désert entièrement *découvert*, *où* le voyageur n'a jamais *respiré* sous l'ombrage ; *où* rien ne lui rappelle la nature *vivante* : solitude *absolue*, mille fois plus affreuse que celle des *forêts ;* car les arbres sont encore des êtres pour l'homme qui se voit seul ; plus isolé, plus dénué, plus perdu dans ces lieux vides et sans bornes, il voit partout l'espace comme son tombeau ; la lumière du jour, plus triste que l'ombre de la nuit, ne renaît que pour éclairer sa nudité, son impuissance, et pour lui présenter l'horreur de sa situation, en reculant à ses yeux les barrières du vide, en étendant autour de lui l'abîme de l'immensité qui le sépare de la terre *habitée ;* immensité qu'il tenterait en vain de parcourir ; car la faim, la soif et la chaleur *brûlante* pressent tous les instants qui lui restent entre le désespoir et la mort.

(BUFFON.)

256ᵉ Dictée.

EXISTENCE DE DIEU.

Qu'est-il besoin de nouvelles recherches et de spéculations

---

1. Vastes souterrains qui s'étendent sous une partie de Rome, et où les chrétiens se réfugièrent pendant les persécutions.

pénibles pour connaître ce qu'est Dieu ? Nous n'avons qu'à
lever les yeux en haut, nous voyons l'immensité des cieux
qui sont l'ouvrage de *ses* mains, *ces* grands corps de lumière
qui roulent si régulièrement et si majestueusement sur nos
têtes, et auprès desquels la terre n'est qu'un atome imperceptible. Quelle magnificence ! Qui a dit au soleil : « Sortez
du néant, et présidez au jour ? » Et à la lune : « Paraissez, et
soyez le flambeau de la nuit ? » Qui a *donné* l'être et le nom
à cette multitude d'étoiles qui décorent avec tant de splendeur
le firmament, et qui sont autant de soleils immenses, *attachés* chacun à une espèce de monde nouveau qu'ils éclairent ?
Quel est l'ouvrier dont la toute-puissance a pu opérer *ces* merveilles, *où* tout l'orgueil de la raison éblouie se perd et se con-
fond ? Quel autre que le souverain créateur de l'univers pourrait les avoir *opérées* ? Seraient-elles *sorties d'elles-mêmes* du
sein du hasard et du néant ? Et l'impie serait-il assez déses-
péré pour attribuer à *ce* qui n'est pas une toute-puissance, ce
qu'il ose refuser à celui qui est essentiellement et par qui tout
a été fait ?

Les peuples les plus grossiers et les plus barbares entendent
le langage des cieux. Dieu les a *établis* sur nos têtes comme
des *hérauts* célestes qui ne cessent d'annoncer à tout l'univers
sa grandeur : leur silence majestueux parle la langue de tous
les hommes et de toutes les nations : c'est une voix *entendue*
partout *où* la terre nourrit des habitants. Qu'on *parcoure* jusqu'aux extrémités les plus *reculées* de la terre et les plus dé-
sertes, nul lieu dans l'univers, quelque caché qu'il soit au
reste des hommes, ne peut *se* dérober à l'éclat de cette puissance qui brille au-dessus de nous dans les globes lumineux
qui *décorent* le firmament.

Voilà le premier livre que Dieu a *montré* aux hommes pour
leur apprendre *ce* qu'il était ; c'est là *où* ils étudièrent d'abord
ce qu'il voulait leur manifester de *ses* perfections infinies :
c'est à la vue de *ces* grands objets que, *frappés* d'admiration
et d'une crainte respectueose, ils se prosternèrent pour en
adorer l'Auteur tout-puissant. Il ne leur fallait pas des prophètes pour les instruire de ce qu'ils devaient à la majesté suprême, la structure admirable des cieux et de l'univers le leur
apprenait assez. Ils laissèrent cette religion simple et pure à
leurs enfants ; mais ce précieux dépôt se corrompit entre leurs
mains. A force d'admirer la beauté et l'éclat des ouvrages de
Dieu, il les prirent pour Dieu même : les astres, qui ne *paraissaient* que pour annoncer sa gloire aux hommes, devinrent
eux-mêmes leurs divinités. Insensés ! ils offrirent des vœux et

des hommages au soleil et à la lune, et à toute la milice du ciel, qui ne pouvaient ni les entendre ni les recevoir! La beauté de ces ouvrages fit oublier aux hommes ce qu'ils devaient à leur auteur.   (MASSILLON.)

257ᵉ Dictée.

BONHEUR DE LA SOLITUDE.

J'allais d'un pas tranquille chercher quelque lieu sauvage dans la forêt, quelque lieu désert, où rien, en me montrant la main de l'homme, ne m'annonçât la servitude et la domination, quelque asile où je pusse croire avoir pénétré le premier, et où nul tiers importun ne *vînt* s'interposer entre la nature et moi : c'était là qu'elle semblait déployer à mes yeux une magnificence toujours nouvelle. L'or des genêts et la pourpre des bruyères frappaient mes yeux d'un luxe qui touchait mon cœur; la majesté des arbres qui me *couvraient* de leur ombre, la délicatesse des arbustes que je foulais sous mes pieds, tenaient mes esprits dans une alternative continuelle d'observation et d'admiration; le concours de tant d'objets *intéressants* qui *se disputaient* mon attention, m'attirait sans cesse de l'un à l'autre, favorisait mon humeur rêveuse et paresseuse, et me faisait souvent redire à moi-même : *Non, Salomon dans toute sa gloire ne fut jamais vêtu comme l'un d'eux* (1).

Mon imagination ne laissait pas longtemps déserte la terre ainsi *parée*; je la *peuplais* bientôt d'êtres selon mon cœur; et, chassant bien loin l'opinion, les préjugés, toutes les passions factices, je transportais dans les asiles de la nature des hommes dignes de les habiter; je m'en formais une société charmante dont je ne me sentais pas indigne; je me faisais un siècle d'or à ma fantaisie, et, remplissant *ces* beaux jours de toutes les *scènes* de ma vie qui m'avaient *laissé* de doux souvenirs, et de toutes celles que mon cœur désirait encore, je m'attendrissais jusqu'aux larmes sur les vrais plaisirs de l'humanité : plaisirs délicieux, si près de nous, et qui sont désormais si loin des hommes. Oh! si dans *ces* moments quelque idée de Paris, de mon siècle et de ma petite gloriole d'auteur, venait troubler mes rêveries, avec quel dédain je les chassais à l'instant pour me livrer sans distraction aux sentiments exquis dont mon âme était pleine! Cependant, au milieu de tout cela, je l'a-

---

(1) Allusion à un passage des Evangiles (*S. Mathieu*, ch. VI, vers. 29).

196   QUATRIÈME PARTIE.

voue, le néant de mes chimères venait quelquefois me contrister tout à coup : quand tous mes rêves *se* seraient *tournés* en réalité, ils ne m'*auraient* pas *suffi* ; j'aurais *imaginé*, *rêvé*, *désiré* encore : je trouvais en moi un vide inexplicable que rien n'aurait pu *remplir*, un certain élancement de mon cœur vers une autre sorte de jouissance dont je n'avais pas l'idée, et dont pourtant je sentais le besoin. Hé bien, Monsieur, cela était une jouissance, puisque j'en étais *pénétré* d'un sentiment très-vif, et d'une tristesse *attirante* que je n'aurais pas *voulu* ne pas avoir.   (J.-J. ROUSSEAU.)

258ᵉ Dictée.

LE FAT.

C'est un homme dont la vanité seule forme le caractère, qui ne fait rien par goût, qui n'agit que par ostentation, et qui, voulant s'élever au-dessus des autres, est *descendu* au-dessous de lui-même. Familier avec *ses* supérieurs, important avec *ses* égaux, impertinent avec *ses* inférieurs, il tutoie, il protége, il méprise. Vous le saluez, il ne vous voit pas ; vous lui parlez, il ne vous écoute pas ; vous parlez à un autre, il vous interrompt. Il lorgne, il persiffle, au milieu de la société la plus respectable et de la conversation la plus sérieuse. Il dit à l'homme vertueux de venir le voir, et lui indique l'heure du brodeur et du bijoutier. Il n'a aucune connaissance, et il donne des avis aux savants et aux artistes. Il *en eût donné* à Vauban sur les fortifications, à Le Brun sur la peinture, à Racine sur la poésie.

Il fait un long calcul de *ses* revenus ; il n'a que soixante mille livres de rente, il ne peut vivre. Il consulte la mode pour *ses* travers comme pour *ses* habits, pour son médecin comme pour son tailleur. Vrai personnage de théâtre, à le voir, vous croiriez qu'il *a* un masque ; à l'entendre, vous diriez qu'il joue un rôle : *ses* paroles sont vaines, *ses* actions sont des mensonges, son silence même est menteur. Il manque aux engagements qu'il a ; il en feint quand il n'en a pas. Il ne va pas où on l'attend ; il arrive tard là *où* il n'est pas *attendu*. Il n'ose avouer un parent pauvre, ou peu connu. Il *se* glorifie de l'amitié d'un grand à qui il n'a jamais *parlé*, ou qui ne lui a jamain *répondu*. Il a du bel-esprit la suffisance et les mots *satiriques* ; de l'homme de qualité, les talons rouges, le coureur et les créanciers.

Pour peu qu'il *fût* fripon, il serait en tout le contraire de l'honnête homme : en un mot, c'est un homme d'esprit pour les sots qui l'*admirent*; c'est un sot pour les gens *sensés* qui l'*évitent*. Mais si vous connaissez bien cet homme, ce n'est ni un homme d'esprit ni un sot ; c'est un *fat*, c'est le modèle d'une infinité de jeunes sots mal *élevés*.   (DESMAHIS.)

259· Dictée.

LE RENARD.

Le renard est fameux par ses ruses, et mérite en partie sa réputation; *ce* que le loup ne fait que par force, il le fait par adresse, et réussit plus souvent. Sans chercher à combattre les chiens ni les bergers, sans attaquer les troupeaux, sans *traîner* les cadavres, il est plus *sûr* de vivre. Il emploie plus d'esprit que de mouvement; ses ressources semblent être en lui-même : *ce* sont, comme l'on sait, celles qui manquent le moins. Fin autant que circonspect, ingénieux et prudent même jusqu'à la patience, il varie sa conduite; il a des moyens de réserve qu'il sait n'employer qu'à propos. Il veille de près à sa conservation; quoique aussi infatigable, et même plus léger que le loup, il ne *se* fie pas entièrement à la vitesse de sa course, il sait se mettre en sûreté en *se* pratiquant un asile *où* il se retire dans les dangers *pressants*, *où* il s'établit, *où* il élève *ses* petits : il n'est point animal vagabond, mais animal *domicilié*.

Cette différence, qui se fait sentir même parmi les hommes, a de bien plus grands effets, et suppose de bien plus grandes causes parmi les animaux. L'idée seule du domicile présuppose une attention singulière sur soi-même; ensuite le choix du lieu, l'art de faire son manoir, de le rendre commode, d'en dérober l'entrée, sont autant d'indices d'un sentiment supérieur. Le renard en est doué, et tourne tout à son profit; il se loge au bord des bois, à portée des hameaux; il écoute le chant des coqs et le cri des volailles; il les savoure de loin, il prend habilement son temps, cache son dessein et sa marche, se glisse, se traîne, arrive et fait rarement des tentatives inutiles. S'il peut franchir les clôtures, ou passer par-dessous, il ne perd pas un instant, il ravage la basse cour, il y met tout à mort, se retire ensuite lestement en emportant sa proie, qu'il cache sous la mousse *ou* porte à son terrier; il revient *quelques* moments après en chercher une autre, qu'il emporte et cache de même, mais dans un autre endroit, ensuite une troisième, une quatrième, etc., jusqu'à ce que le jour ou le mouvement dans la maison l'*avertisse* qu'il faut se retirer et ne plus revenir. Il fait la même manœuvre dans les *pipées* (1) et dans les boquetaux (2) *où* l'on prend les grives et les bécasses au lacet; il devance le pipeur, va de très-grand matin, et souvent plus d'une fois par jour, visiter les lacets, les gluaux, emporte successivement les oiseaux qui *se* sont *empêtrés*, les dépose tous en différents endroits, surtout au bord des chemins, dans les ornières, sous de la mousse, sous un *genièvre*, les y laisse quelquefois pendant deux ou trois jours, et sait parfaitement les retrouver au besoin. Il chasse les jeunes *levrauts* en plaine, saisit quelquefois les lièvres *au gîte*, ne les manque jamais lorsqu'ils sont *blessés*; déterre les lapereaux dans les garennes, découvre les nids de perdrix, de cailles, prend la mère sur les œufs, et détruit une quantité prodigieuse de gibier. Le loup nuit plus au paysan, le renard nuit plus au gentilhomme.

La chasse du renard demande moins d'appareil que celle du loup; elle est plus facile et plus amusante. Tous les chiens ont de la répugnance pour le loup; tous les chiens au contraire chassent le renard volontiers, et même avec plaisir; car, *quoiqu'il* ait l'odeur très-forte, ils le préfèrent souvent au cerf, au chevreuil et au lièvre.   (Buffon.)

260° Dictée.

HENRI IV A L'ASSEMBLÉE DES NOTABLES.

Si je faisais gloire de passer pour excellent orateur, j'aurais apporté ici plus de belles paroles que de bonne volonté; mais mon ambition tend à quelque chose de plus haut que de bien parler : j'aspire au glorieux titre de libérateur et de restaurateur de la France. Déjà, par la faveur du ciel, par les conseils de mes fidèles serviteurs, et par l'épée de ma brave et généreuse noblesse (de laquelle je ne distingue point mes princes, la qualité de gentilhomme étant le plus beau titre que nous possédions), je l'ai *tirée* de la servitude et de la ruine. Je désire maintenant la remettre en sa première force et en son ancienne splendeur. Participez, mes sujets, à cette seconde gloire, comme vous avez *participé* à la première. Je ne vous ai point *appelés*, comme *faisaient* mes prédécesseurs, pour vous obliger d'approuver aveuglément mes volontés; je vous ai *fait* assembler pour recevoir vos conseils, pour les croire, pour les suivre, en un mot, pour me mettre en tutelle entre vos mains ; c'est une envie

(1) Chasse avec des gluaux.
(2) Petits bois.

qui ne prend guère aux rois, aux barbes grises et aux victorieux comme moi; mais l'amour que je porte à mes sujets, et l'extrême désir que j'ai de conserver mon Etat, me font trouver tout facile et tout honorable.

261ᵉ Dictée.

LA CATARACTE DU NIAGARA (1).

Nous arrivâmes bientôt au bord de la cataracte qui s'annonçait par d'affreux mugissements. Elle est *formée* par la rivière de Niagara, qui sort du lac *Érié*, et *se* jette dans le lac Ontario; sa hauteur perpendiculaire est de *cent quarante-quatre pieds;* depuis le lac Érié jusqu'au saut, le fleuve arrive toujours en déclinant par une pente rapide; et, au moment de la chute, c'est moins un fleuve qu'une mer, dont les torrents se pressent à la bouche béante d'un gouffre. La cataracte se divise en deux branche et *se* courbe en fer à cheval. Entre les deux chutes s'avance une île, creusée en dessous, qui pend avec tous ses arbres, sur le *chaos* des ondes. La masse du fleuve qui se précipite au midi, s'arrondit en un vaste cylindre, puis se déroule en nappe de neige, et brille au soleil de toutes les couleurs; celle qui tombe au levant descend dans une ombre effrayante; on dirait une colonne d'eau du déluge. Mille *arcs-en-ciel se* courbent et *se* croisent sur l'abîme. L'onde frappant le roc *ébranlé* rejaillit en tourbillons d'écume qui s'élèvent au-dessus des forêts comme la fumée d'un vaste embrasement. Des pins, des noyers sauvages, des rochers *taillés* en forme de fantôme décorent la *scène*. Des aigles, *entraînés* par le courant d'air, descendent en tournoyant au fond du gouffre, et des *carcajoux* se suspendent par leurs longues queues au bout d'une branche *abaissée*, pour saisir dans l'abîme les cadavres *brisés* des *élans* et des *ours*.

(Chateaubriand.)

262ᵉ Dictée.

LE SPECTACLE D'UNE BELLE NUIT DANS LES DÉSERTS DU NOUVEAU-MONDE.

Une heure après le coucher du soleil, la lune se montra au-dessus des arbres; à l'horizon opposé, une brise embaumée, qu'elle amenait de l'Orient avec elle, semblait la précéder,

---

(1) C'est la plus gigantesque chute du Nouveau-Monde.

comme sa fraîche haleine, dans les forêts. La reine des nuits monta peu à peu dans le ciel : tantôt elle suivait paisiblement sa course *azurée*, tantôt elle se reposait sur des groupes de nues qui ressemblaient à la cime des hautes montagnes *couronnées* de neige. Ces nues, ployant et déployant leurs voiles, se déroulaient en *zones diaphanes* de satin blanc, *se* dispersaient en légers flocons d'écume, ou formaient dans les cieux des bancs d'une ouate éblouissante, si doux à l'œil, qu'on croyait ressentir leur mollesse et leur élasticité.

La scène, sur la terre, n'était pas moins ravissante ; le jour bleuâtre et velouté de la lune descendait dans les intervalles des arbres, et poussait des gerbes de lumière jusque dans l'épaisseur des plus profondes ténèbres. La rivière qui coulait à mes pieds, tour à tour se perdait dans les bois, tour à tour reparaissait brillante des constellations de la nuit, qu'elle répétait dans son sein. Dans une vaste prairie, de l'autre côté de cette rivière, la clarté de la lune dormait sans mouvement sur le gazon. Des bouleaux *agités* par les brises, et *dispersés* çà et là dans la *savane*, formaient des *îles* d'ombres *flottantes* sur une mer immobile de lumière. Auprès, tout était silence et repos, hors la chute de quelques feuilles, le passage brusque d'un vent subit, les gémissements rares et interrompus de la hulotte (1), mais au loin, par intervalle, on entendait les roulements solennels de la cataracte du Niagara, qui, dans le calme de la nuit *se prolongeaient* de désert en désert, et *expiraient* à travers les forêts solitaires.

La grandeur, l'étonnante mélancolie de *ce* tableau ne sauraient s'exprimer dans des langues humaines ; les plus belles nuits en Europe ne peuvent en donner une idée. En vain, dans nos champs *cultivés*, l'imagination cherche à s'étendre ; elle rencontre *de toutes parts* les habitations des hommes ; mais, dans *ces* pays déserts, l'âme *se* plaît à s'*enfoncer* dans un océan de *forêts*, à errer aux bords des lacs immenses, à planer sur le gouffre des cataractes, et, pour ainsi dire *à se* trouver *seule* devant Dieu.

(CHATEAUBRIAND.)

263ᵉ Dictée

LE PRINTEMPS DU CLIMAT DE LA GRÈCE.

Dans l'heureux climat que j'habite, le printemps est comme l'aurore d'un beau jour : on y jouit des biens qu'il amène, et de

---

(1) Sorte de chouette.

ceux qu'il promet. Les feux du soleil ne sont plus *obscurcis* par des vapeurs grossières : ils ne sont pas encore *irrités* par l'aspect ardent de la canicule : c'est une lumière pure, inaltérable, qui se repose doucement sur tous les objets, c'est la lumière dont les dieux sont *couronnés* dans l'Olympe.

Quand elle se montre à l'horizon, les arbres agitent leurs feuilles naissantes : les bords de l'Ilyssus retentissent du chant des oiseaux, et les *échos* du mont Hymette (1) du son des chalumeaux rustiques. Quand elle est *près* de s'éteindre, le ciel se couvre de voiles *étincelants*, et les *nymphes* de l'*Attique* (2) vont d'un pas timide essayer sur le gazon leurs danses légères : mais bientôt elle *se hâte* d'éclore, et alors on ne regrette ni la fraîcheur de la nuit qu'on vient de perdre, ni la splendeur du jour qui l'avait *précédée ;* il semble qu'un nouveau soleil se lève sur un nouvel univers, et qu'il apporte de l'orient des couleurs *inconnues* aux mortels. Chaque instant ajoute un nouveau trait aux beautés de la nature ; à chaque instant le grand ouvrage du développement des *êtres* avance vers sa perfection.

O jours brillants ! ô nuits délicieuses ! quelle émotion *excitait* dans mon âme cette suite de *tableaux* que vous offriez à tous mes sens ! O dieu des plaisirs ! ô printemps ! je vous ai *vu* cette année dans toute votre gloire ; vous parcouriez en vainqueur les campagnes de la Grèce, et vous détachiez de votre tête les fleurs qui devaient les embellir : vous paraissiez dans les vallées, elles se changeaient en prairies *riantes ;* vous paraissiez sur les montagnes, le serpolet et le thym exhalaient mille parfums ; vous vous éleviez dans les airs, et vous y répandiez la sérénité de vos regards. Les amours *empressés* accouraient à votre voix, ils lançaient de toutes parts des traits *enflammés*, la terre en était *embrasée*. Tout renaissait pour l'embellir : tout s'embellissait pour plaire. Tel parut le monde au sortir du chaos, dans *ces* moments *fortunés où* l'homme, ébloui du séjour qu'il habitait, surpris et satisfait de son existence, semblait n'avoir un esprit que pour connaître le bonheur, un cœur que pour le désirer, une âme que pour le sentir. (BARTHÉLEMY.)

(1) Montagne voisine d'Athènes peuplée d'abeilles qui produisaient un excellent miel.

(2) Partie de la Grèce dont Athènes, sur l'Ilyssus, petit ruisseau, étoit la capitale.

9.

264ᵉ Dictée.

SONGE DE MARC-AURÈLE (1).

Je *voulus* méditer sur la douleur, la nuit était déjà *avancée*; le besoin du sommeil fatiguait ma paupière; je luttai quelque temps, enfin je fus *obligé* de céder, et je m'assoupis; mais dans *cet* intervalle, je *crus* avoir un songe. Il me sembla voir dans un vaste portique une multitude d'hommes *rassemblés*; ils avaient tous quelque chose d'auguste et de grand. Quoique je n'eusse jamais *vécu* avec eux, leurs traits pourtant ne m'étaient pas étrangers; je *crus* me rappeler que j'avais *contemplé* leurs *statues* dans Rome. Je les regardais tous, quand une voix terrible et forte retentit sous le portique : Mortels, apprenez à souffrir. Au même instant, devant l'un, je vis s'allumer des flammes, et il y posa la main. On apporta à l'autre du poison; il but, et fit une libation aux dieux. Le troisième était debout auprès d'une statue de la Liberté brisée; il tenait d'une main un livre, de l'autre il prit une épée, dont il regardait la pointe. Plus loin, je distinguai un homme tout sanglant, mais calme et plus tranquille que *ses* bourreaux; je courus à lui en m'écriant : « O Régulus! est-ce bien toi? » Je ne pus soutenir le spectacle de *ses* maux, et je détournai mes regards. Alors j'aperçus Fabricius dans la pauvreté, Scipion mourant dans l'exil, Epictète écrivant dans les chaînes, Sénèque et Thraséas (2) les veines ouvertes, et regardant d'un œil tranquille leur sang couler. Environné de tous *ces* grands hommes malheureux, je versais des larmes, ils en parurent *étonnés*. L'un d'eux, ce fut Caton, approcha de moi, et me dit : « Ne nous plains pas, mais imite-nous; et toi aussi, apprends à vaincre la douleur! » Cependant il me parut *prêt* à tourner contre lui le fer qu'il tenait à la main; je *voulus* l'arrêter, je frémis et je m'*éveillai*. Je *réfléchis* sur ce songe, et je *conçus* que *ces* prétendus maux n'avaient pas le droit d'ébranler mon courage; je *résolus* d'être homme, de souffrir et de faire le bien.

(THOMAS.)

265ᵉ Dictée.

LES CHAMPS-ÉLYSÉES.

Télémaque s'avança vers ces rois, qui étaient dans des bocages odoriférants, sur des gazons toujours renaissants et fleuris

---

(1) L'un des meilleurs empereurs romains.
(2) Sénèque et Thraséas s'ouvrirent les veines dans un bain par ordre de Néron.

mille petits ruisseaux d'une onde pure arrosaient *ces* beaux lieux, et y faisaient sentir une délicieuse *fraîcheur* ; un nombre infini d'oiseaux faisaient *résonner* ces bocages de leur doux chant. On voyait *tout ensemble* les fleurs du printemps qui *naissaient* sous les pas, avec les plus riches fruits de l'automne qui *pendaient* des arbres. Là, jamais on ne ressentit les ardeurs de la furieuse canicule ; là jamais les noirs aquilons n'osèrent souffler ni faire sentir les rigueurs de l'hiver. Ni la guerre *altérée* de sang, ni la cruelle *envie* qui mord d'une dent venimeuse, et qui porte des vipères entortillées dans son sein et autour de ses bras, ni les jalousies, ni les défiances, ni la crainte, ni les vains désirs, *n'approchent* jamais de cet heureux séjour de la paix. Le jour n'y finit point, et la nuit, avec *ses* sombres voiles, y est *inconnue ;* une lumière *pure* et douce se répand autour des corps de *ces* hommes justes, et les *environne* de *ses* rayons comme d'un vêtement. Cette lumière n'est point semblable à la lumière sombre qui *éclaire* les yeux des misérables mortels, et qui n'est que ténèbres ; c'est *plutôt* une gloire céleste qu'une lumière : elle pénètre plus subtilement les corps les plus épais, que les rayons du soleil ne *pénètrent* le plus pur cristal : elle n'éblouit jamais ; au contraire, elle fortifie les yeux, et porte dans le fond de l'âme je ne sais quelle sérénité : c'est d'elle seule que *ces* hommes bienheureux sont *nourris ;* elle sort d'eux et elle y entre ; elle les *pénètre* et s'*incorpore* à eux comme les aliments s'*incorporent* à nous. Ils la voient, ils la sentent, ils la respirent ; elle fait naître en eux une source intarissable de paix et de joie : ils sont *plongés* dans *cet* abîme de délices comme les poissons dans la mer ; ils ne *veulent* plus rien ; ils ont tout sans rien avoir, car *ce* goût de lumière *pure* apaise la faim de leur cœur ; tous leurs désirs sont *rassasiés*, et leur plénitude les *élève* au-dessus de tout *ce* que les hommes vides et *affamés cherchent* sur la terre : *toutes les délices* qui les *environnent* ne leur sont rien, *parce que* le comble de leur félicité, qui vient du dedans, ne leur laisse aucun sentiment pour tout ce qu'ils voient de délicieux au dehors : ils sont tels que les dieux, qui, *rassasiés* de nectar et d'ambroisie, ne daigneraient pas *se* nourrir des viandes grossières qu'on leur présenterait à la table la plus exquise des hommes mortels. Tous les maux s'enfuient loin de *ces* lieux tranquilles : la mort, la maladie, la pauvreté, la douleur, les regrets ; les remords, les craintes, les espérances *même*, qui *coûtent* souvent autant de peines que les craintes, les divisions, les *dégoûts*, les dépits, ne peuvent y avoir aucune entrée. (FÉNELON.)

266ᵉ Dictée.

LE GÉNÉRAL AU MOMENT D'UNE BATAILLE.

S'il y a une occasion au monde *où* l'âme pleine d'*elle-même* soit en danger d'oublier son Dieu, c'est dans *ces* postes *éclatants où* un homme, par la sagesse de sa conduite, par la grandeur de son courage par la force de son bras, et par le nombre de *ses* soldats, devient comme le Dieu des autres hommes, et *rempli* de gloire en *lui-même, remplit* tout le reste du monde, d'amour, d'admiration ou de frayeur. Les dehors même de la guerre, le son des instruments, l'éclat des armes, l'ordre des troupes, le silence des soldats, l'ardeur de la mêlée, le commencement, le progrès et la consommation de la victoire, les cris différents des vaincus et des vainqueurs *attaquent* l'âme par tant d'endroits, *qu'enlevée* à tout *ce* qu'elle *a* de sagesse et de modération, elle ne *connaît* ni Dieu, ni *elle-même.* C'est alors que les impies *Salmonées* (1) osent imiter le tonnerre de Dieu, et répondre par les foudres de la terre aux foudres du ciel; c'est alors que les sacrilèges Antiochus (2) n'adorent que leurs bras et leur cœur, et que les insolents Pharaons (3), *enflés* de leur puissance, s'écrient : « C'est moi qui me suis fait moi-même! » Mais aussi la religion et l'humanité ne paraissent-elles jamais plus majestueuses que lorsque, dans ce point de gloire et de grandeur elles *retiennent* le cœur de l'homme dans la soumission et la dépendance *où* la créature doit être à l'égard de son Dieu.

267ᵉ Dictée.

SUR LES CAUSES DE NOS ERREURS.

Le premier besoin comme le premier bien de l'homme, c'est la vérité : oui, vérité dans la religion, qui, en nous donnant des idées hautes et pures de la Divinité, nous apprend à lui rendre des hommages dignes d'elle; vérité dans la morale, qui trace leurs devoirs à toutes les conditions sans rigorisme comme sans mollesse; vérité dans la politique, qui en rendant l'autorité plus juste et les sujets plus soumis, sauve les gouvernements des passions de la multitude, et la multitude de la tyrannie des gouvernements; vérité dans les tribunaux, qui fait pâlir le vice, ras-

---

(1) *Salmonée*, disent les poëtes, fut foudroyé par les dieux à cause de son impiété.
(2) Antiochus, roi de Syrie, persécuta les Juifs : ce fut lui qui fit périr les sept frères Machabées.
(3) Les Pharaons, souverains de l'Égypte.

sure l'innocence, et amène le triomphe de la justice ; vérité dans l'éducation, qui, mettant en accord les doctrines et la conduite, fait que les instituteurs ne sont pas moins les modèles que les maîtres de l'enfance et de la jeunesse ; vérité dans les lettres et les arts, qui les *préserve* de la contagion du mauvais goût, des faux ornements comme des fausses *pensées* ; vérité dans le commerce de la vie, qui en bannissant la fraude et l'imposture, fait la sûreté commune ; vérité en tout, vérité avant tout : voilà au fond *ce* que cherche, par les désirs secrets de son cœur, le genre humain tout entier : tant les peuples ont compris que la vérité est utile, et que le mensonge est nuisible !

Et en effet, lorsque les véritables doctrines sont universellement *enseignées*, qu'elles ont *pénétré* dans les cœurs, qu'elles animent toutes les classes de la société, si elles n'arrêtent pas tous les désordres, elles auront du moins l'avantage d'en arrêter un grand nombre ; elles seront fécondes en sentiments généreux, en actions vertueuses, et l'on comprendra que la vérité est pour le corps social un principe de vie. Que si au contraire l'erreur sur des choses capitales vient à dominer dans les esprits, surtout dans ceux qui sont *appelés* à servir de guides et de modèles, elles les égarera, les jettera dans de fausses routes, et en corrompant les *pensées*, les sentiments et les actions, elle deviendra un principe de dissolution et de mort. (FRAYSSINOUS.)

268ᵉ Dictée.

LA MORT DU JUSTE.

Mais au lit de mort, la pensée la plus consolante pour une âme fidèle, c'est le souvenir des violences qu'elle s'est *faites* pour son Dieu. Elle comprend alors tout le mérite de la pénitence, et combien les hommes sont insensés de disputer à Dieu un instant de contrainte, qui doit être *payé* d'une félicité sans fin et sans mesure. Car ce qui la console, c'est qu'elle n'a *sacrifié* que des plaisirs d'un instant, et dont il ne lui resterait alors que la confusion et la honte ; c'est que tout *ce* qu'elle aurait souffert pour le monde serait *perdu* pour elle dans ce dernier moment : au lieu que tout *ce* qu'elle a souffert pour Dieu, une larme, une violence, un goût mortifié, une vivacité *réprimée*, une vaine satisfaction *sacrifiée*, tout cela ne sera jamais *oublié*, et durera autant que Dieu même. Ce qui la console, c'est que de toutes les joies et les voluptés humaines, hélas ! il n'en reste pas plus au lit de la mort, au pécheur qui les a toujours goûtées, qu'au juste qui s'en est toujours *abstenu* ; que les plaisirs sont également *passés* pour tous les deux ; mais que l'un portera éternellement le crime de s'y être *livré* ; et l'autre, la gloire d'avoir *su* les vaincre.

Voilà *ce* qu'offre le passé à l'âme fidèle, au lit de la mort. Des violences, des afflictions qui ont peu *duré*, et qui vont être éternellement *consolées* ; le temps des dangers et des tentations *passé*, les attaques que le monde livrait à la foi, enfin *terminées* ; les périls où son innocence avait couru tant de risques, enfin *disparus* ; les occasions où la vertu avait été si près du naufrage, enfin pour toujours *éloignées* ; les combats éternels qu'elle avait *eu* à soutenir du côté de ses passions, *finis* enfin ; les obstacles que la chair et le sang avaient toujours mis à la piété, enfin *anéantis*. Quand on est *arrivé* au port, qu'il est doux de rappeler le souvenir des orages et de la tempête ! quand on est *sorti* vainqueur de la course, qu'on aime à retourner en esprit sur ses pas, et à revoir les endroits de la carrière les plus *marqués* par les travaux, les obstacles, les difficultés, qui les ont *rendus* célèbres ! Il me semble que le juste est alors comme un autre Moïse mourant sur la montagne sainte, *où* le Seigneur lui avait *marqué* son tombeau ; lequel avant d'expirer, tournant la tête du haut de ce lieu sacré, et jetant les yeux sur cette étendue de terre, de peuples, de royaumes, qu'il vient de parcourir et qu'il laisse derrière lui, y retrouve les périls innombrables auxquels il est *échappé* : les combats de tant de nations *vaincues* ; les fatigues du désert ; les embûches de Madian ; les murmures et les calomnies de ses frères ; les rochers *brisés* ; les difficultés des chemins *surmontées* ; les dangers de l'Égypte *évités* ; les eaux de la mer Rouge *franchies* ; la faim, la soif, la lassitude *combattues* ; et touchant enfin au terme heureux de tant de travaux, et saluant enfin de loin cette patrie promise à ses pères, il chante un cantique d'actions de grâces, meurt transporté, et par le souvenir de tant de dangers *évités* et par la vue du lieu du repos que le Seigneur lui montre de loin ; et regarde la montagne sainte où il va expirer, comme la récompense de ses travaux, et le terme heureux de sa course.　　　　　　　(MASSILLON.)

TABLE DES MATIÈRES.

PREMIÈRE PARTIE.

Dictées élémentaires sur les premières règles de la Grammaire.

DEUXIÈME PARTIE.

Orthographe d'usage et homonymes.

TROISIÈME PARTIE.

Dictées sur les difficultés du supplément et de la syntaxe.

QUATRIÈME PARTIE.

Dictées données dans les examens de l'Hôtel-de-Ville et de la Sorbonne.

ATLAS DES ÉCOLES PRIMAIRES

NOUVELLE ÉDITION, ENTIÈREMENT REFONDUE

ET CONTENANT VINGT-HUIT CARTES COLORIÉES

Avec des notions de Géographie et un Questionnaire placés au-dessous des cartes,
et formant une suite de devoirs gradués

Par M. Th. BÉNARD

Officier de l'Instruction publique, chef du premier bureau de l'enseignement
primaire au Ministère de l'Instruction publique.

1 vol. petit in-4°, cart. . . . . 1 fr. 10 c.

Le même, cart., dos toile anglaise. . . . . . 1 fr. 25 c.

DÉTAIL DES CARTES

1. Mappemonde. — Eléments de cosmographie.
2. France élémentaire divisée en 86 départements.
3. Europe physique.
4. Europe, divisions politiques.
5. Asie.
6. Afrique.
7. Amérique du Nord. — Amérique centrale.
8. Amérique du sud. Terres australes.
9. Océanie.
10. Planisphère (*avec application à des voyages de terre ou de mer*).
11. France physique. — Elévation des principales montagnes.
12. France administrative, agricole, industrielle, commerciale, etc. — Chemins de fer et principaux canaux.
13. 14. Algérie et colonies
15. Europe centrale : Allemagne — Prusse — Autriche-Hongrie.
16. Belgique et Hollande, ou Pays-Bas.
17. Iles Britanniques.
18. Russie — Suède et Norvége — Danemark.
19, 20. Suisse — Espagne et Portugal.
21. Italie.
22. Turquie — Grèce et Principautés Danubiennes.
23, 24. Asie occidentale. — Terre Sainte divisée en 12 tribus.
25. Carte pour l'Histoire ecclésiastique.
26. France divisée en 32 gouvernements.
27. Europe. — Empire français. 1804-1814.
28. Carte du département.

L'*Atlas des Écoles primaires* se distingue des autres publications analogues par une très-grande simplicité de forme jointe à un choix bien entendu des détails. Tandis que les autres atlas destinés à cet enseignement ne donnent que les cartes générales des cinq parties du monde, M. Bénard présente la géographie des contrées les plus importantes, les accidents physiques, les chemins de fer pour la France et l'Europe, les lieux remarquables au point de vue historique ou comme centres d'industrie et de commerce. Trois cartes particulières sont applicables à l'histoire de France (*Ancienne monarchie* et *Empire français*) et à l'histoire sainte, prescrites aujourd'hui dans les écoles.

Le texte qui accompagne cet Atlas se compose pour chaque carte de deux parties : 1° une *légende*, que l'élève doit apprendre et réciter ; 2° un *questionnaire*, auquel il doit répondre par écrit, et qui forme une suite de *devoirs de géographie*.

Les 86 départements de la France, publiés dans le format de l'*Atlas des Écoles primaires*, présentant la topographie, les chemins de fer, les canaux, les centres de production, les villes industrielles, les lieux historiques et un croquis géologique pour l'étude des terrains, avec texte explicatif sur les produits agricoles ou manufacturiers, etc., les personnages célèbres, etc., etc. Prix de chaque département.   **5 c.**

CARTE EN RELIEF

LA FRANCE, GÉOGRAPHIE PHYSIQUE

Relief du sol. Voies de communication

PAR MM. H. PIGEONNEAU ET DRIVET.

Dimension de la carte : 0m,25. *Prix.* . . . . **2 fr.**

Carte couronnée par la Société pour l'instruction élémentaire, approuvée pour les bibliothèques scolaires et adoptée par la commission des Écoles de la Ville de Paris.

Cette carte dressée à l'échelle horizontale de $\frac{1}{4,500,000}$, et à l'échelle verticale de $\frac{1}{1,000,000}$, indique par le relief, le véritable aspect du sol, la forme et les proportions exactes des hauteurs qui dépassent 250 m.; par la diversité et la dégradation des teintes, l'élévation des terrains au-dessus du niveau de la mer et les profondeurs des mers au-dessus et au-dessous de 50 mètres. Elle reproduit du reste avec la nomenclature, tous les traits essentiels de la géographie physique et le tracé des grandes voies de communication (canaux et chemins de fer, principales villes situées sur le parcours). La carte est accompagnée d'une notice explicative et d'une légende indiquant la superficie et la population de la France avant et après 1871, les principales altitudes, la longueur des cours d'eaux, etc.

CARTE MURALE EN RELIEF

DE LA FRANCE

PAR LES MÊMES AUTEURS.

L'utilité des cartes en relief, reconnue par les juges les plus compétents et démontrée par l'expérience, n'est plus aujourd'hui en question; mais, pour que ces cartes pénètrent dans l'enseignement, elles doivent réunir trois conditions indispensables : le bon marché, la disposition pratique qui permette aux élèves de les lire sans peine et qui dispense le professeur de trop longs commentaires, et l'exactitude scientifique, rigoureuse, qu'on a toujours le droit d'exiger, même dans une œuvre élémentaire. Tel est le but que nous avons essayé d'atteindre dans la carte que nous publions.

Cette carte, à l'échelle du huit-cent-millième, dont les dimensions sont d'un mètre soixante centimètres, en hauteur et en largeur, et la superficie de 2m,25, présente par conséquent les proportions d'une carte murale ordinaire. Elle a été construite d'après les travaux de l'Etat-Major français et les publications les plus récentes et les plus autorisées de la Suisse et de l'Allemagne : les procédés particuliers employés pour la construction du relief ont permis de reproduire avec une exactitude presque mathématique le véritable aspect du terrain.

Dans l'étude si importante du relief du sol, il y a deux choses à considérer : la hauteur relative des divers points d'une surface déterminée, c'est-à-dire le mouvement du terrain plat ou accidenté et la hauteur absolue au-dessus d'une base considérée comme constante et uniforme, le niveau de la mer.

Relief du sol. — Le relief, exagéré dans la proportion constante de 4 à 1 par rapport aux surfaces horizontales, fait ressortir même les collines et les plateaux dont l'élévation moyenne ne dépasse pas 150 m.; il reproduit fidèlement le mouvement du terrain, la forme et les proportions relatives de tous les accidents de quelque importance, depuis les simples collines jusqu'aux plus hautes montagnes.

Élévation au-dessus du niveau de la mer. — La diversité et la dégradation des teintes marquent par six plans successifs (0 à 100 mètres; 100 à 200; 200 à 400; 400 à 800; 800 à 1600; 1600 à la limite des neiges éternelles) la hauteur absolue, et permettent de se rendre compte de la direction générale des pentes et par conséquent du régime des eaux.

Profondeur des mers. — Des courbes, tracées d'après les travaux si justement appréciés de M. Delesse, indiquent les profondeurs des mers et prolongent ainsi au-dessous du niveau de la mer la déclivité du sol.

Hydrographie. — La partie hydrographique a été l'objet de soins tout particuliers. On a marqué par un signe de convention le point où commence la navigation des fleuves et des rivières : les noms des cours d'eau les plus importants sont imprimés en caractères noirs, faciles à distinguer de loin; tandis que ceux des rivières moins considérables, imprimés en bleu, ressortent assez pour qu'ils puissent, sans charger la carte, se lire en l'étudiant de plus près.

Forêts. — Les principaux massifs de forêt, si importants au double point de vue stratégique et économique, ont été fidèlement reproduits d'après les documents inédits de l'Administration forestière.

Voies de communication. — Comme corollaire de la géographie physique on a reproduit, d'après les documents officiels, le tracé des canaux et des chemins de fer, tracé déterminé par les accidents du sol.

Géographie politique. — La dimension de la carte a permis d'indiquer en caractères très-apparents les noms des départements, ceux des chefs-lieux d'arrondissement et des grands centres industriels.

La géographie physique des contrées voisines de la France et qu'on met dans le cadre de la carte a été traité avec le même soin que celle de notre pays; enfin un plan en relief des environs de Paris reproduit avec exactitude la topographie du département de la Seine et d'une partie du département de Seine-et-Oise, et les noms de toutes les localités importantes comprises dans un périmètre de 25 kilomètres environ autour de Paris.

Les perfectionnements apportés dans la fabrication permettent de garantir d'une manière absolue la solidité de cette nouvelle carte qui mérite, croyons-nous, par l'exactitude scientifique et par l'exécution matérielle, l'attention de tous ceux qui s'intéressent aux progrès des connaissances géographiques.

NOUVELLE MÉTHODE
D'ÉCRITURE FRANÇAISE

PAR

M. ED. FLAMENT

Professeur au Lycée, aux Écoles normales, à l'Institution Saint-Jean, aux Dames
Bernardines de Flines et aux cours de calligraphie de la ville de Douai.

Dédiée à M. FLEURY
Recteur de l'Académie de Douai, Officier de la Légion d'honneur.

Le cent de cahiers. . . . . 9 fr.

Méthode couronnée aux expositions de Lille (1868), de Beauvais
(1869), de Londres (1872) et de Vienne (1873).

1er CAHIER. — Jambages et mots composés de jambages.

2e CAHIER. — Exercices sur les lettres
courbes, mots compo-
sés de courbes et de
droites.

3e CAHIER. — Étude des lettres à bou-
cles, mots détachés ré-
capitulant les exerci-
ces contenus dans le
premier et le deuxième
cahier.

4e CAHIER. — Majuscules, phrases
commençant par des
majuscules, chiffres
esquissés.

5e CAHIER. — Suite de l'application
des majuscules, chif-
fres non esquissés.

6e CAHIER. — 1re moitié, petite moyenne ; 2e moitié, exer-
cices préparatoires à
l'expédiée française.
Chiffres et majuscu-
les au bas de chaque
page.

7e et 8e CAHIERS. — Expédiée française, majuscules, chif-
fres arabes, chiffres
romains, accolades.

9e, 10e et 11e CAHIERS. — Ronde, bâ-
tarde, gothique.

Ce genre d'écriture est vite et facilement acquis par les élèves, grâce à l'a-
vantage immense qu'il a sur l'anglaise qui, pour être nette et lisible, a besoin
d'un degré de perfection auquel peu d'élèves arrivent.

Les résultats obtenus par l'auteur ont valu à cette méthode *trois premières
récompenses en un an, et l'approbation* de MM. les Recteurs et de MM. les Inspecteurs généraux.

CETTE MÉTHODE A POUR BUT :

1° D'offrir aux élèves le moyen d'acquérir en peu de temps une écriture simple, uniforme et exempte de tous ces traits, de toutes ces fioritures, qui rendent souvent l'écriture illisible, ou tout au moins d'un vilain aspect ;

2° De leur donner au moyen d'exercices gradués une marche sûre et rapide,
qui doit inévitablement les conduire à posséder une bonne et solide écriture ;

3° De faciliter aux jeunes enfants l'imitation du modèle placé en tête de
chaque page, en les faisant d'abord passer sur les lettres pleines, puis sur
celles qui le sont moins, pour les abandonner ensuite à eux-mêmes ;

4° De leur rappeler fréquemment la forme des lettres en les leur retraçant
dans la page à de courts intervalles ;

5° D'intéresser les élèves en leur donnant en tête de chaque page de nouveaux modèles résumant les exercices antérieurs.

S.-CLOUD. — IMP. DE Mme Ve EUG. BELIN.

www.ingramcontent.com/pod-product-compliance
Lightning Source LLC
Chambersburg PA
CBHW062224270326
41930CB00009B/1859